Böhlau

Roland Girtler

Ein Lesebuch

Das Beste vom
vagabundierenden
Kulturwissenschafter

Textauswahl von
Traude und Wolfgang Fath

Böhlau Verlag Wien Köln Weimar

Gedruckt mit Unterstützung durch
die Kulturabteilung der Stadt Wien, MA 7

Bibliografische Information Der Deutschen Bibliothek:
Die Deutsche Bibliothek verzeichnet diese Publikation in der
Deutschen Nationalbibliografie;
detaillierte bibliografische Daten sind im Internet über http://dnb.ddb.de abrufbar.

ISBN 3-205-77492-2
ISBN 978-3-205-77492-1

© 2006 by Böhlau Verlag Ges.m.b.H. und Co.KG, Wien · Köln · Weimar
http://www.boehlau.at
http://www.boehlau.de
Gedruckt auf Munkenbook creme
Druck: Spaudos projektai, 09117 Vilnius

Inhalt

Meister einer differenzierten Menschenkunde

Für Roland Girtler zum 65. Geburtstag

Geburtstagsfeste geben Anlass, über das Curriculum Vitae nachzu-
denken – im Allgemeinen über den „Stafettenlauf" des Lebens, den
jeder Mensch mit mehr oder weniger großen Hürden und über un-
terschiedliche Distanzen durchläuft, im Besonderen über jenen des
Sozialforschers Roland Girtler. Girtler gehört – als Forscher ebenso
wie als Mensch – zu jenen originellen Persönlichkeiten, die nicht
nach den konventionellen Maßstäben leben und arbeiten und gesehen werden können.

Ich habe Roland Girtler, der gerade eine Stelle als Universitäts-
assistent am Institut für Soziologie in Wien angetreten hatte, im
Sommersemester 1971 – ich wollte mich als Geschichtsstudent in-
terdisziplinär vertiefen – kennen gelernt. Mitte der 70er Jahre haben wir zum ersten Mal gemeinsam über die Bedeutsamkeit von
Ritualen für das gesellschaftliche Leben publiziert („Ritus und Gesellschaft" in: Beiträge zur historischen Sozialkunde, 1977). In den
80er Jahren, in denen Girtler u. a. seine wichtigen Bücher über die
Polizei, die Sandler, die Prostitution, das alte Landleben, die feinen
Leute geschrieben hat, haben wir gemeinsam eine Reihe interdiszi-
plinärer historisch-soziologischer Seminare geleitet (1980–1989). Ich
hatte über 35 Jahre immer wieder aus großer Nähe Gelegenheit einer
teilnehmenden Beobachtung von Roland Girtlers Forschungen und
seiner anderen Passionen. Anfang der 70er Jahre habe ich Roland
in die Kunst des Segelns eingeführt; die Seefahrt blieb im Leben
des Sozialforschers jedoch ein Strohfeuer; bald kamen das Klettern,
das Radfahren als Lebenshaltung des vazierenden – Herrenreiter auf
dem Drahtesel – Forschers, das Jonglieren.

Die Grenzen zwischen Profession, Alltag und Freizeit, die bei
WissenschafterInnen immer fließend sind, kommen in Roland
Girtlers Leben nicht einmal rudimentär vor: Radfahren ist Teil der

Methode der Exploration (Gebot Nummer 5 von Girtlers Dekalog der Feldforschung); Klettern gehört zu den Kulturtechniken, die die von Girtler erforschten Wilderer beherrschen müssen; Jonglieren ist für ihn wohl auch eine Metapher für das Gauklerhafte an der Arbeit der WissenschafterInnen. Klettern, Wandern, Radfahren und Jonglieren waren und sind für Girtler immer – gleichzeitig und gleichermaßen als Anbahnungs- und Distanzierungsmittel (Girtler begibt sich weiter fort bis an einen anderen Ort) – integraler Bestandteil seines Lebens als Feldforscher und seines vazierenden Alltags, in dem der Vagabund Girtler merk- und denkwürdiger Weise auch Professor an der Universität Wien ist.

In den 90er Jahren war das facettenreiche Bild des Rad fahrenden „teilnehmenden Beobachters", der auf Soziologiekongressen seine Jonglierkünste vorführt, schon sehr dicht. Heute ist Roland Girtler selbst gleichermaßen Unikum und Unikat der Sozialwissenschaftsszene, ein beständig arbeitender Beobachter, Beschreiber und Bilanzierer des sozialen Lebens mit einem Hang zu Romantik und Nostalgie, der mir im Hinblick auf die radikale Umgestaltung der Gesellschaften im Zuge einer neoliberalen Neuordnung der Welt verständlich und sympathisch ist.

Girtler ist ein Vorkämpfer für den Freiraum des Individuellen, und er beruft sich in seiner Argumentation der freien Handlungs- und Interpretationsspielräume der Menschen gerne auf klassische Autoren wie Wilhelm Busch: „Kein Ding sieht so aus, wie es ist. Am wenigsten der Mensch, dieser lederne Sack voller Pfiffe und Kniffe". Die Geschichte von Roland Girtler könnte man auch mit folgendem Titel überschreiben: „Einer, der sich aufmachte, die Pfiffe und Kniffe seiner ZeitgenossInnen in unterschiedlichen Lebenswelten zu enttarnen". Gemäß diesem Postulat war und ist Girtler weder der Schöpfer einer kritischen Gesellschaftstheorie im Sinne von Jürgen Habermas, noch der einer „Soziologie der symbolischen Formen", wie sie Pierre Bourdieu entworfen hat; zu aller letzt ist er Konstrukteur einer strukturell-funktionalen Theorie nach Talcott Parsons. Girtler entwickelt in seinen Büchern auf der Basis eines großen Beobachtungsmaterials eine sehr differenzierte Menschenkunde, die Anleitungen gleichermaßen für das Verständnis der Handlungsweise von Menschen in sozialen Situationen, als auch für den/die BeobachterIn gibt.

Der erste Hauptsatz von Girtlers Menschenkunde lautet: Gleich in welcher sozialen, kulturellen und wirtschaftlichen Situation sich ein Mensch befindet, er verfolgt mit seinen Handlungen mehr oder weniger explizit auch eine Strategie: Er möchte sozial anerkannt werden, im eigenen sozialen Umfeld und darüber hinaus, und er entfaltet als „animal symbolicum" eine Vielzahl von Strategien, die ihm diese Anerkennung sichern – und zeigt sich so als „animal ambitiosum". In diesem Bestreben gleichen einander Ganoven und Polizisten, Vagabunden und feine Leute, Gebildete und Ungebildete. Die Öffnung des Blickes auf die Strategien, mit denen u. a. ProfessorInnen, AristokratInnen, Prostituierte und Pfarrersköchinnen ihr alltägliches Leben mit jeweils spezifischen Strategien der symbolischen Interaktion gestalten, hat eine emanzipatorische und humanistische Perspektive. Sie zeigt, dass Könige und Bettler im gesellschaftlichen Leben ähnliche Wege der Selbstbehauptung und -darstellung beschreiten müssen. Beide leben fraglos in sehr unterschiedlichen Welten der Wahrnehmung und Erinnerung, Interpretation und Bewertung ihrer „Wirklichkeiten", die jedoch im Hinblick auf die symbolische und rituelle Selbstbehauptung der Individuen vieles gemeinsam haben. Girtlers Perspektive ist emanzipatorisch, weil sie den Blick von sozialen und ökonomischen Unterschieden zwischen Individuen und Gruppen, die sich in einer kapitalistischen Weltordnung gerne als ontologisch ausgeben, ablenkt und auf historisch-anthropologische Gemeinsamkeiten hinweist; der Stoff, aus dem „des Kaisers neue Kleider" sind, wird enttarnt; gleichzeitig entsteht Verständnis für die AkteurInnen, die sich mit diesem virtuellen Stoff schmücken.

Der ethnologische Blick des teilnehmenden Beobachters Girtler, eröffnet den Blick auch auf jene Handlungsqualitäten der Menschen, die darin bestehen, dass diese nicht nur vor den anderen gut dastehen, sondern auch ehrenvoll handeln wollen. Die Ehre, die Individuen und Gruppen im sozialen Interaktions- und Diskursgeschehen entwickeln und anstreben, ist auch – so Girtler – untrennbar mit den Kohäsionskräften in einem sozialen Feld, das heißt mit Solidarität, verknüpft. Girtler erforscht mit Vorliebe Lebenswelten, in denen die Individuen auf „Ehre und Treue" miteinander verbunden sind. Dass die bürgerlich-industriellen Gesellschaften in den letzten 200 Jahren und in noch stärkerem Maß die postindustriellen Gesellschaften der letzten Jahrzehnte auf den sozialen Kitt, den Ehre und Treue in der Geschichte darstellten, verzichten, konstatiert Roland Girtler mit einem Bedauern, das seine Kritiker als romantische Nostalgie bezeichnen.

Girtler ist ein begeisterter und kreativer Erforscher der conditio humana in einer unendlichen comédie humaine. Bewusst hat er von Beginn seiner akademischen Karriere auf professorale Selbstdarstellungsformen verzichtet. Wann immer man ihn trifft, findet man ihn - häufig auf dem Rad oder in der Lobau mit seinem Dackel promenierend oder in einem ero-epischen Gespräch - mit einem neuen, mit einem reifenden oder vollendeten Projekt. Begeistert und begeisternd erzählt er dann von seinen neuen Erkenntnissen und Einblicken in eine Kultur, die vorher für den/die BetrachterIn durch jene massiven Schlösser, die Klischees, Konventionen und Tabus immer darstellen, versperrt war.

Roland Girtlers reiches Opus beflügelt die soziale Phantasie und macht StudentInnen und WissenschafterInnen, die häufig neidvoll auf den kreativen Kollegen schauen, Lust auf Forschung. Girtlers Opus bietet ein spannendes Panorama der verschwindenden feudalen bäuerlichen und bürgerlichen Lebenswelten am Ende des 20. und am Beginn des 21. Jahrhunderts. FreundInnen und LeserInnen freuen sich schon auf sein nächstes Projekt. Den alten akademischen Wunsch wird Roland Girtler, wie ich ihn kenne, wohlwollend zur Kenntnis nehmen: ad multos annos!

Hubert Christian Ehalt

Mein Freund Roland Girtler

„… tler", meldet sich der angefragte Professor am Telephon, denn Roland Girtler ist bei sich daheim gerade mit der Formulierung eines Satzes in einem Typoskript beschäftigt, oder hat auf der zweiten Leitung ein anderes Gespräch, oder bewirtet einen Gast, oder fragt Birgitt, seine „liebenswürdige Frau", nach einem verschwundenen Buch, oder scherzt mit einem Enkerl, oder hilft dem von der Dakkellähmung niedergeworfenen Dr. Waldi auf die Hinterbeine, oder jongliert (jetzt schon mit vier!!!! Bällen), oder nimmt einen köstlichen Schafskäse zu sich, oder beantwortet den Brief eines Journalisten/Studenten/Diplomanden/Dissertanden/Studienobjekts/akademischen Kollegen, oder sinniert beim Anhören bzw. Ansehen der Zib über den Lauf der Welt nach, oder … wie immer es auch im einzelnen Fall sei, rufen diese und andere Tätigkeiten des Roland Girtler samt und sonders den „…tler"-Fernsprech-Effekt hervor. Er ergibt sich durch das insistente Läuten des Telephons, worauf Roland inmitten seiner konzentrierten Beschäftigung zum Hörer greift, indes noch in der Bewegung des Abhebens die erste Silbe seines Namens „Gir…" nennt und endlich den zweiten Teil, eben „…tler" (oder „…tla"), in die Muschel bellt. „Na guat, hör zu!" ist dann oft die nächste Wendung, mit der sofort klargestellt ist, daß Roland die Themenführerschaft für das nun folgende Gespräch übernommen hat. Denn Themen hat er immer parat, für jeden, der ihn fragt oder auch nicht.

Roland Girtler ist das, was prosaisch ein „Kommunikator" genannt wird.

Er sucht die Spannung, sammelt Menschen, Köpfe und Typen, wohl merkend, daß auch er selbst nach und nach zur Kunstfigur geworden ist – und das meine ich nicht despektierlich!

„Man braucht an guaten Schmäh!" sagt er oft und meint damit sich selbst – zu Recht. Dabei ist Roland kein Übertüncher von

Gegensätzen – er stellt höchstens Tangenten her, wo noch keine sind, oder legt solche offen, wo sie denn verborgen waren. Obwohl Menschenfreund und an sich gutmütig, scheut er sich nicht, durch Offenheit zu polarisieren. Roland trägt sein Herz auf der Zunge. Er ist bar jeder Heuchelei.

Vom Urteil der Umwelt läßt er sich nur insofern in seinen Vorhaben beeinflussen, als sie ihn zu bestärken vermag. Wer ihn kennt, weiß es: Roland ist ein zu Bestärkender. Auf erworbenem Ruhm kann er sich aus seinem Selbstverständnis heraus nicht ausruhen. Beständig fragt er seine Freunde danach, ob's „eh paßt", was er gerade tut. Ich denke, daß diese manchmal belächelte Geste kein leerer Spleen ist, sondern Sorge um die Güte seines Schaffens. Daß er dazu im Unterschied zu so vielen anderen „Geistesmenschen" die sportliche Herausforderung auch auf körperlichem Gebiet sucht, reduziert seine Lebensjahre zur bloßen Formalzahl:

Roland Girtler hat sich längst in die Alterslosigkeit geradelt.

Schon in den 80er Jahren fuhr er mir unsportlichem Teenager mühelos davon, als ich ihn mit einem geborgten Drahtesel auf den Küniglberg begleitete, wo er wieder einmal ins ORF-Zentrum zur Kultfernsehsendung „Club 2" geladen war. Der Natur der Sendung entsprechend, war es bereits späterer Abend und gerade auf dem steilen Straßenstück in Hietzing sprang die Kette meines Fahrrades immer wieder heraus. Einige Male machte Roland kehrt und fädelte für mich die ölige Kette wieder ein. Die Nachtportiers der Sendeanstalt zögerten ein bißchen, uns die Pforten zu öffnen, zwei ölverschmierten und verschwitzten Gestalten, die mitten in der Nacht begehrten, ins Allerheiligste öffentlich-rechtlicher „Talk"-Kultur vorgelassen zu werden.

Später, als ich selbst Journalist geworden war, zählte Roland zu meinen allerersten Interviewpartnern. Meine erste lange Radiosendung über „Wiener Studentenleben im Wandel der Jahrhunderte" enthielt seine Botschaft, daß man aus den Gründerjahren der Wiener Alma Mater Rudolfina eigentlich nur die Namen derjenigen

Geistesgrößen kenne, die betrunken vor der Universität lagen und deren Lieder von der „Saftigkeit künden, mit der man damals gelebt hat". Im Nebel der Bedeutungslosigkeit seien hingegen die blassen Streber versunken.

Mir scheint, daß Roland in seinen teilnehmenden Beobachtungen auch sein eigenes Leben und dessen Begleitumstände reflektiert. Alles zusammengenommen ergibt das die gigantische autobiographische Skizze eines Menschen, der beständig das Abenteuer gesucht und dabei das Leben, wie es eben ist, ohne Pathos aufgezeichnet hat.

Girtler, diesen traditionalistischen Progressiven und volkstümlichen Kosmopoliten müssen freilich jene ablehnen, die glauben, die Moral für sich gepachtet zu haben. Girtler ist in seiner geraden Art eine Provokation für intolerante Meinungsmonopolisten, die in Politik, Wissenschaft und Medien die Gesinnungsschnüffelei zu ihrem Leitmotiv erhoben haben.

Groß im Einstecken ist der sensible Roland nicht, aber er ist auch kein „Angsthaber". Dafür findet er in allen Lagern Freunde und Unterstützung. An Roland Girtler scheiden sich die Geister nicht entlang der Links-Rechts-Barriere – eine der wenigen Grenzen übrigens, die den Sozialwissenschafter nie interessiert haben.

So scheint Roland Girtler als Naturkind in einer relativistischen Plastikwelt überlebt zu haben, die Gut und Böse zwar abgeschafft, aber durch einen komplizierten Benimm-Kanon ersetzt hat, dem er sich nicht unterordnen will. Entgegen anderslautenden Vorwürfen läßt er sich auch nicht „vereinnahmen" – ein Lieblingswort säkularer Inquisitoren. Da er frei von Vorurteilen ist, hat er es nicht nötig, sich von irgend jemandem „abzugrenzen". Verkrampft reagiert er nur dann, wenn man ihn tatsächlich instrumentalisieren will. Noch nie habe ich in den über zwanzig Jahren, die ich ihn kenne, von ihm ein abfälliges Wort über Arme, Geschundene, Benachteiligte und gesellschaftlich Unterlegene gehört – ganz im Gegensatz zu vielen seiner Gegner, die oft vom Abkanzeln anderer leben.

Mir ist es eine Freude und Ehre, mit Roland Girtler und seiner lieben Familie befreundet zu sein. Und so schließe ich mit einem Dichterwort, das ein ungenannter Geist so trefflich gereimt hat:

Ein Pereat! dem bösen Geist,
ein Vivat! dem, der Girtler heißt!

Martin Haidinger ist Journalist in Wien

Wohlgeboren und hoch verehrt

Niemand hat geahnt, was für eine Fülle von interessanten, wundersamen und aufregenden Begegnungen sich ergeben würde, als wir Professor Roland Girtler fragten, ob er denn die wissenschaftliche Leitung für die Ausstellung „Wilderer im Alpenraum, Rebellen der Berge" im Rahmen der oberösterreichischen Landesausstellung 1998 „Land der Hämmer – Heimat Eisenwurzen", im barocken Pfarrhof St. Pankraz übernehmen würde. Er hat „Ja!" gesagt und ist uns seitdem treu geblieben. Die räumliche Nähe zu seiner Heimat Spital am Pyhrn mag alles wohl begünstigt haben.

Das Ende der Landesausstellung brachte für uns einen neuerlichen Anfang – die Ausstellung wanderte in das in einem Trakt des Gasthofes Steyrbrücke errichtete Wilderermuseum. Roland Girtler hat dafür die Androhung von Arrest wegen illegalen Waffenbesitzes in Kauf genommen und sch(l)ußendlich den Waffenbesitzschein gemacht – die Begebenheit ist zu einer seiner vielen skurrilen Geschichten geworden.

Eingegangene Bindungen werden erst genommen – so trifft man einander beim Wildererstammtisch im Gasthof bei Willi Kerbl oder durch Zufall beim Radfahren, wie Brigitte Butschek erzählt. Höflich eingeladen zur gemeinsamen Weiterfahrt, ging es durch wilde Gegenden steil hinab oder hinauf, notfalls das Rad auch tragend. Für Eva Bodingbauer wurde dann auch noch aus der Frage „Ein Wildererkochbuch … hast du keine Lust …?" eine kurzweilige, unterhaltsame und spannende Zusammenarbeit.

Gott segne ihn!

Eva Bodingbauer, Puppenspielerin und Kochbuchautorin
Brigitte Butschek, Museumsbetreuerin
Willi Kerbl, Wirt des Gasthauses Steyrbrücke

Erst ein dienstlich zugeteilter Gast, dann ein Freund für das Leben!

Das hat sich keiner von uns Sicherheitswachebeamten träumen lassen, nämlich einen „echten" Universitätsprofessor als Mitglied der Funkwagenbesatzung! Für seine Studien des „Alltags" der Polizei war das gerade das Richtige! So lernte er das vielfältige Einschreiten seiner „Kollegen" sehr gut kennen. Es waren Verkehrsunfälle, Streitschlichtungen, Hilfeleistungen, Funde und Verluste, Auskünfte usw.! Den Clou schoss aber eine Amtshandlung in einem Rotlichtlokal unseres Wachzimmerrayons ab, wo einer der einschlägig bekannten „Gäste" des Lokals beim Erscheinen von Professor Girtler laut ausrief: „Habst ihr einen neichen Kieberer?" Roland Girtler musste herzlich lachen! Von den Sicherheitswachebeamten erhielt der Rufer keine Antwort und wurde in seinem Glauben belassen.
Roland Girtlers Auftreten im Wachzimmer entsprach so gar nicht dem eines Universitätsprofessors. Ein freundlicher, im Dialekt sprechender Mann, mittlerer Statur und Alters und in legerer Kleidung. Polizisten sind schon von Berufs wegen oft genötigt, sich schnell ein Bild ihres Gegenübers zu machen. Bei der Vorstellung meines Stellvertreters Pol. Bez. Insp. Herbert Krähan und der Mannschaft betrachtete ich deren Gesichter und konnte beurteilen, dass Roland Girtler mit seinem natürlichem Entree einen guten Eindruck bei ihnen hinterlassen hatte. Dies erwies sich als richtig, da unser Gast sich bald im Tagraum bei der Mannschaft aufhielt, bei diesen auch Kaffee trank und sich ausgiebig unterhielt. Dann sah er auch gerne dem diensthabenden Beamten bei der Behandlung von Parteien im Parteienraum zu. Schließlich konnten wir uns in ruhigeren Abendstunden auch in meinem Amtsraum ausgiebig unterhalten. Er erzählte mir einiges von seiner Tätigkeit und ich ihm von meinen außerberuflichen Beschäftigungen als Ornithologe, Chorsänger beim Polizeichor Wien, Hobbymaler, Blumenliebhaber usw.

Als er seine Studien beendet hatte und uns wieder verlassen musste, vermissten wir ihn alle sehr, denn er war in der Zwischenzeit von unserer Mannschaft einfach „einverleibt" worden. Ich aber hatte einen guten, treuen Freund gewonnen! Er war ein Mensch, der unsere Arbeit realistisch beurteilte und dem es nie eingefallen wäre, uns mit der mittelalterlichen Rumorwache zu vergleichen oder gar als „Bullen" zu bezeichnen!

Jahre später schrieb ich ihm einen Brief, in dem ich meine Weisungen an die Mannschaft, damals vor seinem Erscheinen im Wachzimmer beschrieb. Roland Girtler hat diese dann in seinem Buch „10 Gebote der Feldforschung" veröffentlicht.

Er bleibe mir weiterhin ein lieber, ehrlicher und treuer Freund, wie ich es auch für mich versprechen will!

Professor Leopold Aschenbrenner
Pol. Gr. Insp. i. R.

Der Einladung, ein Vorwort für diesen Band zu verfassen, folge ich gerne, denn dies kann meiner Erfahrung nach bisweilen unerwartet positive Folgen haben. Vor Jahren wurde ich gebeten, einleitende Bemerkungen für eine chinesische Ausgabe von Roland Girtlers Studie über die Prostitution in Wien zu verfassen. Lange Zeit danach unternahm ich eine Studienexkursion nach China. Als erstes wurde ich dort gefragt, ob ich jener Professor sei, der das Vorwort zu diesem berühmten Buch verfasst habe.

Und obwohl die Mienen meiner Gastgeber undurchdringlich blieben, konnte ich mich doch des Eindrucks nicht erwehren, dass mein Ansehen in ihren Augen erheblich gestiegen war.

Wer Roland Girtler persönlich kennt, weiß, daß er etwas von einem Naturereignis an sich hat. Er spielt viele Rollen, nur nicht die eines langweiligen und unverständlichen Wissenschafters. Girtler ist Gelehrter, aber meiner Meinung nach vor allem Lehrer und nicht zuletzt auch Professor im eigentlichen Sinn des Wortes. Er ist aber auch fahrender Scholar, er ist Nostalgiker und in letzter Zeit mehr und mehr Medienstar. Viele Kollegen gönnen ihm weder dies noch seine bisweilen geradezu beunruhigende Vielseitigkeit.

Girtlers Gelehrtentum kommt in einer schon fast unübersehbaren Anzahl von Büchern zum Ausdruck, in denen er, nahe an der Realität, immer neue Themen anschneidet. Dabei haben es ihm vor allem Randgruppen und exklusive Nischen unserer Gesellschaft angetan. Sein Fleiß und seine intellektuelle Redlichkeit stehen dabei außer Zweifel. Als Lehrer beeindruckt und fasziniert er Studenten, was ich bei gemeinsamen Lehrveranstaltungen selbst erleben konnte. Seine durch Empathie und Scharfsichtigkeit geprägten Beobachtungen haben dabei auch mich oft überrascht. Girtler ist imstande, Umstände und Verhaltensweisen zu sehen und zu vermitteln, die anderen verborgen blieben. Aber Girtler ist auch Professor, also Bekenner, jemand, der zu seiner Meinung steht. Dabei legt er sich gerne mit Autoritäten an, denen andere lieber mit Respekt begegnen oder ganz aus dem Weg gehen. Dabei ist es nicht immer leicht, ihm Folge zu leisten.

Alljährlich und zu jeder Jahreszeit kann man ihm, dem fahrenden Scholaren, und seinem Drahtesel auf den Bergen und in den Ebenen Österreichs und Europas begegnen. Dabei ist er unermüdlich unterwegs und weitet den Horizont seiner Beobachtungen stetig aus. Als Nostalgiker ist er ein Kind aus jener Generation, die zu einer Zeit auf dem Land aufgewachsen ist, als dort noch Ochsenkarren das Hauptverkehrsmittel waren. An diese Welt erinnert er sich nicht ohne Zuneigung und versucht, sie in vielen seiner Bücher festzuhalten. Das gilt auch für die strengen Schulen, die er besucht hat und die ihm und anderen trotz allem vielleicht mehr fürs Leben mitgegeben haben, als man heute meist glaubt. Girtlers zunehmende Popularität als Medienstar beruht sicher zum Teil auf diesem Verständnis für unsere Herkunft und für zeitgeschichtliche Zusammenhänge, die in der Oberflächlichkeit der Medienwelt – und oft auch der trockenen Wissenschaft – zu leicht verloren gehen.

In diesem Sinne empfehle ich den Lesern dieses Buches, mit Roland Girtler auf Reisen in die Zeit und in die Gesellschaft zu gehen. Sie werden dabei Erbauung und Erkenntnis erfahren sowie Unterrichtung und Unterhaltung erleben.

Peter Gerlich
Minneapolis, USA

Von der Enge und
Strenge der alten Schule

Die Ankunft im Kloster –
die Konviktsnummer und das Heimweh

Am Ende der unbeschwerten Volksschuljahre mußten künftige Gymnasiasten eine Aufnahmeprüfung ablegen. In Begleitung der Eltern kamen die Kinder in die höhere Schule ihrer Wahl und mußten in einem der Klassenzimmer des Gymnasiums einen Aufsatz schreiben und Rechenkünste vorweisen. Hatte im Stift Kremsmünster ein Bursch bestanden, wurde dem künftigen Gymnasiasten von einem der geistlichen Lehrer eröffnet, daß er aufgenommen sei. Dann suchten die Eltern mit dem jungen Burschen den Konviktsdirektor auf, der den künftigen Zögling mit freundlich-strengen Blicken erzittern ließ und ihm die künftige Konviktsnummer mitteilte, die ihn in den nächsten Lebensjahren begleiten sollte. Diese Konviktsnummer hielt der Herr Direktor in einem Büchlein fest. Der vorige Besitzer dieser Nummer war bereits ausgestrichen. Nun wurde der Name des neuen Zöglings zur Nummer geschrieben. Diese Vergabe der Nummer hatte etwas von einem Ritual an sich, das – allerdings nur im entfernteren – an die Zuteilung von Nummern an die neu eingelieferten Bewohner eines Gefängnisses erinnerte. Hier wie dort wird dem Neuankömmling mehr oder weniger klargemacht, daß er ab nun einer Institution angehöre, die ihn vollkommen vereinnahmen werde. Der Soziologe Goffman hat für Institutionen dieser Art den Begriff „totale Institution" entwickelt. Damit soll ausgedrückt werden, daß der Angehörige einer solchen Einrichtung in dauerndem Kontakt mit seinen Mitzöglingen (oder Mithäftlingen) steht, daß die Kontrolle über ihn ziemlich perfekt ist, daß eine Möglichkeit des persönlichen Rückzuges kaum besteht und daß die verschiedenen Lebensbereiche, die ansonsten eher getrennt sind, ab nun zusammenfallen. So sind die Bereiche, in denen geschlafen, gegessen, gelernt, gearbeitet und sonst gelebt wird, in der „totalen Institution" grundsätzlich vereint. Und dies ist charakteristisch für das klassische Kloster und ebenso für die Klosterschule. Hinter der Klostermauer befinden sich Studierzimmer, Schlafsäle, Speisesäle und auch das Gymnasium. Allerdings ist das Konvikt, in dem die Burschen leben, vom Gymnasium baulich getrennt, jedoch nicht tatsächlich, denn die lehrenden Patres waren auch die Präfekten, die Erzieher, im Konvikt.

Wohl gab es für das Konvikt und das Gymnasium verschiedene Direktoren. Beide waren Mönche. Und es konnte durchaus sein, daß der Gymnasialdirektor Präfekt im Konvikt oder der Konviktsdirektor Professor, zum Beispiel für Latein und Griechisch, im Gymnasium war. Gymnasium und Konvikt waren für Patres und Zöglinge eng miteinander verbunden.

Das bedeutete, daß Ärgernisse im Gymnasium sich im Konvikt fortsetzen konnten und umgekehrt. So wurde lausbübisches Handeln im Konvikt bisweilen durch strengere Prüfungen im Gymnasium geahndet. Und schlechtes Abschneiden zum Beispiel im Griechischen konnte den Pater als Lehrer und Präfekt veranlassen, den faulen Studenten durch Abprüfen von Vokabeln oder durch Strafstudium in der Freizeit zu bändigen.

Das Leben im Konvikt war räumlich von dem im ungefähr zweihundert Meter entfernten Gymnasium getrennt, ein Unterschied, der schon durch den Marsch der Studenten vom Konvikt im Stiftshof über die Brücke und durch den Gang entlang des Wassergrabens zum Gymnasium symbolisiert wurde. Dieser Weg war nicht der kürzeste, der kürzeste führte vom inneren Siftshof gerade durch den Konventgarten zum hinteren Tor der Schule. Dieser Weg, ebenso wie der Garten, war den Patres vorbehalten. Der Konventgarten diente mit seinen prächtigen Sträuchern und Blumenbeeten alleine der Erbauung der Mönche. Einmal sogar, wie ich mich erinnere, ließ man ein Reh, das offensichtlich dem Forstmeister des Klosters gebracht worden war, hier ein freundliches Dasein führen. Dieser Konventgarten unterschied sich wesentlich von den staubigen Höfen des Klosters.

Der Konventgarten trennte räumlich Konvikt und Gymnasium, aber er trennte nicht nur, sondern er verband auch beides, gerade für die Patres, die an schönen Sommertagen am Weg zum Gymnasium sich noch kurz erholen konnten.

Für den Studenten war dieser Garten heilig, da er ihn nur äußerst selten betreten durfte. Ich kann mich an ein einziges Mal erinnern, daß wir ihn für den Durchgang benutzen durften, nämlich, als große Kälte das Land überzog. Tiefe Minustemperaturen ließen uns frieren. Vielleicht war dies der Grund, daß einer der beiden Direktoren Mitleid mit uns hatte und uns den kürzeren Weg zur Schule gestattete.

Das Konvikt mit dem nahen Gymnasium erfaßte die Schüler vollkommen, ganz im Sinne des Begriffes der „totalen Institution". Eine solche ist das Gefängnis, aber in anderer Weise als ein Konvikt, obwohl im Englischen Konvikt auch Gefängnis bedeutet. Dies nur nebenbei.

Durch die Überreichung einer Nummer an den künftigen Zögling durch den Konviktsdirektor begann die Karriere des Klosterschülers. Ich bekam also die Nummer 107, die meine gütige Mutter während des Sommers in irgendeiner Firma in großer Zahl auf ein dünnes Band sticken ließ. Von diesem schnitt sie jeweils ein Stück, auf dem meine Initialen mit der Konviktsnummer „RG 107" standen, herunter. So ziemlich alles, was ich zu tragen hatte, Hosen, Röcke, Mantel, Stutzen, Hemden, diverse Wäschestücke, wurden nun mit der mich ausweisenden Nummer versehen. Während der Ferien verbrachten meine Mutter und eine von ihr bestellte Näherin viel Zeit damit, dieses Merkmal meiner Person auf die betreffenden Stücke zu nähen. Die meisten meiner Hemden wurden gleich vorne in der Mitte derart verziert. Im Konvikt war es dadurch kein Problem, den einzelnen Burschen ihr Eigentum zuzuordnen. Auch die Schultasche und das Schuhzeug wurden mit meiner Nummer beschriftet. Noch heute besitze ich Gegenstände, wie einen Schal oder ein Handtuch, die meine Konviktsnummer tragen. Sie erinnern mich an die erste Zeit in der Klosterschule, aber auch an die Arbeit meiner Mutter. In Erinnerungen dieser Art schwelgt der Altkremsmünsterer Obermayr: „Ich habe die Konviktsnummer 170 gehabt. Heute habe ich noch alte Wollhandschuhe, die mir meine Großmutter geschenkt hat und die ich beim Eisstockschießen verwende. In diesen steht noch immer meine Konviktsnummer."

Die Aufnahme in die Klosterschule wurde also schon vor den Ferien abgemacht. Mein Vater marschierte mit mir nach der Aufnahmsprüfung und dem Besuch beim Konviktsdirektor in ein Gasthaus im Markt, wo er sich mit Freunden aus seiner Kremsmünsterer Zeit traf.

Die Söhne tranken Kracherl, die Väter Bier. Man war heiter und lachte über uns künftige Gymnasiasten. Man bezeichnete uns als Volksschulmaturanten, als Absolventen der Volksschule, die die Aufnahmsprüfung bestanden hatten.

Nach den Ferien, in denen wir Buben noch einmal die alte Freiheit genießen durften, begann dann die bittere Zeit fernab der Eltern in der Klosterschule.

Mein Vater machte mich beim Nachtmahl des öfteren nicht besonders taktvoll darauf aufmerksam, daß das schöne Leben für mich nun zu Ende sei. Ich, der ich damals vom Herumstreunen bei den Bauern und vom Schwimmen im Dorfschwimmbad tief braun war, müsse gefaßt sein, daß vom Studium meine Haut erbleiche. Solche Aussichten waren wenig tröstlich, ebenso die Vorstellung, daß ich ab Herbst regelmäßig die Schule zu besuchen und zu lernen hatte. Die gestrengen Patres würden darauf achten. Mir wurde klargemacht, daß ich ab nun in meinem Tun kontrolliert werden würde. Die Aussichten waren für mich nicht sehr erfreulich, denn während der Volksschulzeit hatte ich ein relativ freies Leben geführt, da meine beiden Eltern als Ärzte nur wenig Zeit hatten, sich um mich und meinen Bruder zu kümmern.

Meine Freude, bald stolzer Klosterschüler zu sein, war eher gedämpft. Aber andererseits war ich meinen Freunden gegenüber stolz, daß ich, obwohl ein im Dorf bekannter Lausbub, demnächst in eine gehobene und angesehene Schule überwechseln würde.

Der Herbst nahte, und das Gymnasium drohte. Mit dem Eintreffen im Konvikt wechselte ich in eine vollkommen neue Welt, in der nicht mehr die Eltern zu bestimmen hatten, sondern wildfremde Menschen, noch dazu Mönche. Typisch für diese neue Welt des Konviktes war, das war vielleicht das Beklemmendste für jeden einzelnen, daß man nun mit vielen anderen Gleichaltrigen das Leben zu teilen hatte.

Für Buben, die wohlbehütet bei ihren Eltern oder auch bei Mutter und Tante, wie ein Bekannter von mir, dessen Vater im Krieg geblieben war, aufgewachsen waren, bedeutete diese neue Situation etwas ungemein Belastendes, gerade in der ersten Zeit. Daher wollte man auch von der Seite der Patres nicht, daß in den ersten Wochen Eltern auf Besuch kamen.

Der Abschied von den Eltern, die zu Beginn des Schuljahres im Herbst ihren Sohn zum erstenmal in das Konvikt gebracht hatten, war daher regelmäßig schwer für beide Seiten. Der Sohn eines Gastwirtes, der wahrscheinlich ähnlich frei wie ich aufwuchs, empfand es so: „Mir hat der Schulanfang in der ersten Klasse ein bisserl weh getan, weil ich daheim etwas lockerer erzogen worden bin. Meine Eltern hatten ein Gasthaus und eine Metzgerei. Bei ihnen hat übrigens der Pater Rupert seine Primiz [die erste Meßfeier, bei der nachher in den betreffenden Gasthäusern groß eingeladen wird] gehabt, so um 1920. Zu mir hat er immer gesagt: ‚Drei Kreuzer für eine Speckwurst haben wir bei euch gezahlt, S., du Hund du.‘ Von diesem Gasthaus bin ich in die Klosterschule gekommen. Ein bisserl Heimweh habe ich schon gehabt, genauso wie die anderen. Ein paar von uns haben geröhrt [geweint]. Das ist halt so. Ein paar arme Würstel waren schon dabei. Man hat halt die Krot [Kröte] gefressen, hat es hingenommen. Ich habe mir damals gedacht, wenn ich mich richtig zurückerinnere, es kommt einmal die Zeit, in der ich etwas anderes tue." Aber dennoch bedrückte es ihn, als seine Eltern ihn alleine zurückließen in dieser neuen Welt des Klosters: „Beide Eltern haben mich in Kremsmünster abgeliefert, sogar mein Vater ist mitgefahren, obwohl er nie viel Freude mit mir gehabt hat. Sie brachten mich in die erste Abteilung, und plötzlich sehe ich mich als verlassenes Ding. Ich wollte nicht, daß meine Eltern wegfahren. Da ist mir etwas eingefallen, damit sie wenigstens noch zehn Minuten dableiben. Ich habe zu meiner Mutter gesagt, daß ich das Zahnbürstel vergessen habe. Jetzt sind sie noch eine Viertelstunde geblieben, wir haben das Zahnbürstel nicht gefunden. Das hat mir über die erste Nacht hinweggeholfen. Ich habe gehofft, sie kommen in zwei oder drei Tagen mit dem Zahnbürstel."

Für die Erstklaßler, wie man die Studenten der ersten Klasse nannte, bedeutete der Abschied von den Eltern am ersten Tag eine große Belastung. So empfand auch einer meiner früheren Klassenkollegen. Dieser Bursche war nach dem Krieg, er ist Jahrgang 1941, in Altaussee aufgewachsen. Dorthin hatte es ihn mit Schwester und Mutter verschlagen, der Vater, ein in Wien beliebter Schauspieler – Unterkircher ist sein Name –, war bereits während des Krieges auf die Idee gekommen, sich in Aussee anzusiedeln, da er bereits das Problem mit den Russen voraussah. Er hatte seinen Sohn Sepp nach Kremsmünster in die Klosterschule gegeben, weil diese nahe bei Aussee zu sein schien. Mit dem Auto, der Vater hatte schon eines, waren sie über Lambach und Sattledt – in der Nähe von Wels – nach Kremsmünster gefahren. Nach einer freundlichen Abschiedsszene ließen die Eltern den Buben im Stift zurück und fuhren ab. Jetzt erst wurde dem Buben so richtig bewußt, daß er alleine war und nun ohne Eltern auskommen müsse. Die unbeschwerte Zeit in Aussee war zu Ende. Er erzählte: „Ich bin auf der Stiftsbrücke, auf der Brücke, die über den Wassergraben führt, gestanden, auf der Seite, auf der im Wasser die Karpfen geschwommen sind. Dort habe ich meine Tränen hinuntergelassen. Wie ich so stehe und weine, hat mir einer auf die Schulter geklopft. Das war der Wöran, der Turnprofessor, der hat zu mir gesagt: ‚Du wirst es schon überstehen.' So war das bei mir. Irgendwie habe ich es überstanden."

Aber es war nicht leicht für den Burschen, der noch ein Kind war und fernab der Heimat in diese angebliche Eliteschule einrükken mußte. Den Altkremsmünsterer O. plagte wie viele andere das Heimweh: „Es war am Anfang sehr hart für uns. Wir durften sechs Wochen keinen Besuch erhalten. Und die ersten vier Wochen durften wir keinen Brief empfangen, um das Heimweh zu überwinden. Das war hart für uns. Wahrscheinlich war es für die Mütter härter. Vielleicht auch für die Väter." Das war eine Art Roßkur, die hinter sich zu bringen war, um einigermaßen an Leib und Seele überleben zu können.

Für den jungen Burschen war daher das Hinbringen in den Schulort von großer Bedeutung. Manche Eltern brachten ihre Buben mit dem Zug, manche aber bereits mit dem Auto. Die Fahrt hatte geradezu etwas Rituelles an sich. Allmählich näherte man sich dem Studienort, und man wußte, daß es nicht mehr lange dauern würde, daß man der Obhut, Fürsorge und Zuneigung von Eltern, Geschwistern und Freunden aus der Volksschulzeit entrissen wird. Das Heimweh, die Trauer, die liebgewordene Welt des heimatlichen Dorfes und des häuslichen Herdes verlassen zu müssen, stieg an und konnte sich schließlich in Tränen äußern, wie bei Sepp Unterkircher, der seine Tränen dem Wassergraben mit seinen Karpfen übergab.

Bei mir spielte sich die erste Ankunft im Kloster ähnlich, aber doch um eine Nuance anders ab. Ich war zu Schulbeginn an irgendeinem Fieber erkrankt, was mir damals gerade recht kam. Erst nach ungefähr vierzehn Tagen hielten mich meine Eltern, die Ärzte, für körperlich geeignet, mich in das Konvikt zu bringen. Tage zuvor wurde ein großer, verschließbarer Korbkasten aus geflochtenen Weidenruten mit den mir gehörenden Wäschesachen bepackt. Auf diese Truhe wurde mein Name mit meiner Konviktsnummer geschrieben. Ich erinnere mich, daß während des Packens in unserer

Küche ein Patient meiner Eltern kam und neugierig zusah. Dann fragte er, ob ich nun in eine Lehre zu einem Handwerker, vielleicht zu einem Schuster, käme. Man verneinte und erzählte stolz von meinem künftigen Gymnasium. Wenn ich heute zurückdenke, so wird mir klar, daß damals noch, zu Beginn der fünfziger Jahre, Menschen mit Sack und Pack zu bestimmten Zeiten herumzogen. So waren Dienstboten mit ähnlichen Truhen, wie ich eine hatte, zu Bauern unterwegs, um dort zu arbeiten, oder Lehrbuben suchten ihre Meister auf, bei denen sie Kost und Quartier erhielten. Nicht anders war es offensichtlich mit einem Klosterschüler, der sich nun einer neuen Welt anvertrauen mußte, die ihn vollständig umschloß. Heute hat sich hierin Wesentliches geändert. Die meisten Schüler fahren heute täglich mit der Bahn oder einem Schulbus von ihren Eltern zu ihrem Gymnasium und zurück. Sie fallen eigentlich nicht wirklich aus ihrer häuslichen Welt heraus, denn sie können täglich in sie zurückkehren. Ähnlich ist es auch mit Arbeitern und anderen Leuten, die pendeln müssen. Damals jedoch verließ man eine Welt, um in einer anderen, zumindest für eine Zeit, zu leben. Und daher war es nötig, daß der oder die Abreisende die notwendigen Habseligkeiten mit sich führte. So wurde mit mir auch mein gewaltiger Wäschekoffer in die Klosterschule gebracht. In ihrem alten Auto, einem Steyrer Baby, brachte mich meine Mutter nach ungefähr zwei Wochen in das Konvikt der Klosterschule. Meine Mitschüler waren bereits eine Zeit dort und schon gewissermaßen eingewöhnt. Für mich war die Sache schwierig. Meine Mutter kaufte für mich in einem kleinen Lebensmittelgeschäft des Ortes noch ein großes Glas Erdbeermarmelade, aus dem ich täglich sparsam etwas auf das trockene Brot, das man mir vorsetzen würde, schmieren könne. Sie begleitete mich zum Präfekten, irgendwie kam mein Wäschekasten hinauf in den zweiten Stock des Konvikttraktes. Der Präfekt, ein manchmal listig-freundlicher und manchmal gestrenger Herr, begrüßte mich mit lächelndem Ernst. Mir wurde mein Bett im Schlafraum und mein Pult im Studiersaal gezeigt. In diesem Saal saßen ruhig die Erstklaßler beim Studium, es war gerade Studierstunde, und taten so, als ob sie lernten. Neugierig blickten einige mich an, nicht gerade freundlich.

Der Präfekt zeigte mir den Waschraum, die Toiletten und das Eßkastl, in dem ich mein Marmeladeglas verwahren konnte.

Meine Mutter verabschiedete sich, ich war sehr traurig, versuchte es aber nicht zu zeigen. Dann betrat ich den Studiersaal der ersten Abteilung, in der die Buben der ersten Gymnasialklasse untergebracht waren. Für mich begann eine nicht leichte Zeit.

Typologie der Studenten

In meiner Klasse waren 56 Burschen. Von diesen 56 haben dreizehn maturiert, darunter war ich. Insgesamt waren wir 21 bei der Matura, samt den später Hinzugestoßenen. Viele von denen, die die Schule verlassen haben, wurden von ihren Eltern aus der Schule genommen, weil sie mit dem psychischen Druck der Klosterschule nicht fertig geworden waren. Die meisten mußten aus disziplinären Gründen, weil sie gegen wichtige Regeln des Klosters verstoßen, oder aus schulischen Gründen, weil sie die entsprechenden Leistungen nicht erbrachten hatten, aus der klösterlichen Welt verschwinden. Jene, die vorzüglich studierten, brav lernten, entsprechend gehorsam waren, überlebten. Einige kamen durch, zu diesen gehörte ich, die eine Art Gratwanderung vollbrachten, indem sie rebellisch sich einiges herausnahmen, was die anderen nicht wagten, aber so, daß man sie nicht erwischte.

Bevor ich näher das Alltagsleben im Konvikt und in der Schule beschreibe, möchte ich eine Typologie der Studenten versuchen. Es ist sicher ein kühnes Unternehmen, aber ich denke, es ist notwendig, um sich ein Bild von den Studenten zu machen. Jeder für sich ist eine einmalige Persönlichkeit. Dennoch gibt es so etwas wie Typen, allerdings keine reinen. In manchen Burschen mögen sich mehrere dieser Typen vereinen, wie zum Beispiel der des Strebers und der des Arschkriechers. Folgende Typen konnte ich feststellen:

Der Streber

Hier handelt es sich um jenen Studenten, dem es grundsätzlich wichtig ist, die an ihn von Eltern und Schule herangetragenen Anforderungen durch entsprechenden Fleiß und durch Anpassung an die Normen des Konvikts und des Gymnasiums zu erfüllen. Er hat mit Professoren und Präfekten keine Schwierigkeiten. Er wird bisweilen anderen als Vorbild hingestellt. Auf ihn können sich die Lehrer verlassen. Und die Eltern sind stolz auf ihn. Allerdings ist er nicht immer bereit, Kollegen bei Lausbübereien zu unterstützen.

Der intelligente Student

Dieser Student hat den Vorteil einer schnellen Auffassungsgabe. Er versteht in kurzer Zeit den Lehrstoff zu erfassen und wiederzugeben. Hier paart sich Talent mit vielleicht schon früher erworbenem Wissen. Ihm gelingt es, ohne große Probleme das Klassenziel zu erreichen. Bisweilen zeigt sich der intelligente Student auch als guter Kamerad, der nicht abgeneigt ist, Verwegenes zu tun. Ein solcher Student war ein gewisser A. H., der einer der besten Schüler seiner Klasse und ein ausgezeichneter Schiläufer war, der sich jedoch einmal auf eine eher harmlose Spielerei einließ, die als Verstoß gegen die guten Sitten gewertet wurde. Er mußte Schule und Konvikt verlassen.

Der faule und „dumme" (minderbegabte) Student

Eine geradezu klassische Kategorie ist der faule und dumme Schüler. Ihm ist das Lernen zutiefst widerlich. Dazu gesellt sich auch eine mangelhafte Auffassungsgabe.(Ich will hier nicht auf die Diskussion eingehen, ob es Dummheit überhaupt gibt.) Die Mahnungen seiner Eltern nützen nicht viel. Er hat größte Schwierigkeiten bei Schularbeiten und Prüfungen. Studenten dieser Art schaffen es nicht lange. Entweder sie wiederholen die Klasse, oder man entfernt sie. Hie und da gelingt es einem solchen Studenten, dennoch zu maturieren. Aber dies dürfte eher selten sein.

Der fleißige und „dumme" (minderbegabte) Student

Aber es gibt auch fleißige Studenten, die eher langsam im Denken sind. Irgendwie schaffen sie die Matura. Eherner Fleiß, verbunden mit Nachhilfeunterricht durch einen Studenten einer oberen Klasse verhilft ihnen zu bescheidenen Erfolgen. Irgendwie gelten auch sie als Streber.

Mir wurde erzählt, einmal sei eine Mutter zum Lateinprofessor gekommen und habe vorgebracht, ihr Sohn hätte nur darum bei einer Schularbeit versagt, weil er faul sei. Intelligent sei er jedoch. Darauf antwortete der Pater: „Das stimmt nicht, der Bub ist sehr fleißig, aber saublöd."

Der faule und intelligente Student

Interessant ist dieser Typus des Studenten. Er kann, wenn überhaupt, durch klugen Einsatz seiner Fähigkeiten die Schule mit geringem Einsatz absolvieren. Er zieht es vor, das Leben zu genießen.

Studenten dieser Art haben Phantasie und können gute Kameraden sein. Sie sind bei rebellierenden Lausbübereien dabei, aber so, daß ihnen nichts passieren kann.

Der Arschkriecher

Ein für alle Schulen charakteristischer Typus ist der des arschkriechenden Studenten. Er wird von den anderen bisweilen als Gefahr gesehen. Er hat beste Kontakte zu den geistlichen Herren und informiert sie auch über Dinge, die in der Klasse oder Abteilung passieren. Er weiß sich ihnen bestmöglich anzubiedern und wird auch bisweilen von ihnen auf ihr Zimmer eingeladen.

Der kameradschaftliche Student

Dieser versucht, der Freund der Klasse zu sein. Er hält zu seinen Kollegen, wenn sie Probleme haben. Er hilft beim Schwindeln bei den Schularbeiten und gibt Informationen weiter, die seinen Freunden helfen können.

Grundsätzlich, wie noch zu sehen sein wird, ist das Leben der Studenten unter das Prinzip der Kameradschaft gestellt. Dieser Typ verkörpert dieses Prinzip schlechthin.

Der verwegene oder rebellierende Student

Ein Held der Klasse ist dieser Student, er wagt Dinge, die sich andere nicht getrauen. Er besucht verbotenerweise Kinos, trifft sich im verborgenen mit Mädchen und umgeht geschickt gewisse Normen. Auch läßt er sich auf Lausbübereien ein, die die Geistlichen ärgern. Er neigt zur Rebellion, weil ihm die Klosterordnung unangenehm ist.

Der dominierende Student

Jede Klasse und Abteilung hat Studenten, die in Kompanie mit ein paar anderen versuchen, die Klasse zu dominieren. Sie haben durch ihre Art eine gewisse Autorität. Was sie sagen, hat Gewicht. Sie sind es auch, die mitunter Kollegen gegeneinander aufhetzen. Sie haben eine Führerrolle. Andere, weniger lauthals auftretende Studenten, versuchen bisweilen, sich ihnen anzupassen, um Prestige in der Klasse zu erwerben.

Der degradierte Student

Am unteren Ende der Hierarchie der Klasse ist dieser Studententy-
pus einzuordnen. Zu ihm gehören jene, die von den anderen auf
niederträchtige Weise verspottet werden und die es nicht wagen,
sich aufzulehnen. Sie versuchen vielmehr, alle Angriffe heil zu überstehen. Sie neigen zur Feigheit. Gelingt es ihnen aber doch, einmal
ihren Schatten zu überspringen und sich gegen die Degradierung
ihrer Person zu wehren, können sie einiges Ansehen erwerben.

Der gescheiterte Student

Ihm ist es nicht gelungen, die Klosterschule hinter sich zu bringen,
weil er aus welchen Gründen immer die Schule verlassen hatte oder
verlassen mußte. Typisch für den gescheiterten Studenten ist, daß er
gelitten hat und psychisch mit der Situation der Klosterschule nicht
fertig geworden ist. Ich sprach mit solchen Studenten. Einer, der ein
guter Schüler war, erzählte mir, er habe die Klosterschule verlassen
müssen, weil man ihn zu Unrecht verdächtigt hatte, homosexuell
zu sein. Er maturierte in einer anderen Schule, aber er hatte es nicht
überwunden, daß er in der Klosterschule scheitern mußte. In seinem Unglück sprach er dem Alkohol kräftig zu, und er benötigte
einige Zeit, sich von diesem zu befreien. Er studierte an der Technischen Hochschule. Trotz seiner Begabung gelang es ihm nicht, sein
Studium positiv abzuschließen. Es mag sein, daß er seelisch durch
das Scheitern in der Schule dauerhaft verwundet war.

Es dauerte einige Jahre, bis er sich davon erholt hatte. Dank
seiner Talente ist er heute in seinem Beruf ein hochangesehener
Mann.

Diese Studententypologie ist freilich nur idealtypisch, denn in der
schulischen Wirklichkeit überschneiden sich vielmehr die einzelnen

Typen. Es kann aber auch sein, daß ein Bursch sich von einem Typ zu einem anderen wandelt. So kann aus einem dominierenden und verwegenen Schüler ein degradierter Schüler werden. Dies vielleicht dann, wenn er von den Patres wegen schlechter Noten oder Lausbübereien derart bestraft worden ist, daß er resigniert, um nicht aus der Schule zu fliegen. Auf diese Weise kann er zu einem Gegenstand der Neckerei werden.

Der Kampf um Behauptung, wie ich in einem der nächsten Kapitel zeigen werde, bestimmt die Hierarchie unter den Schülern.

37

Die Karriere des Studenten –
Stufen der Rebellion

Jeder Student, der acht Jahre hindurch im Konvikt und am Kloster-
gymnasium den Erziehungskünsten der Patres ausgesetzt ist, macht
eine spezifische Karriere durch, die bei den meisten, die nicht aus
der Schule entfernt werden, einigermaßen gleichmäßig verläuft. Auf
folgende sechs Phasen dieser Karriere bin ich gekommen:

1. Das Zurechtfinden – der Beginn

Der Ankömmling in der Klosterschule, der Erstklaßler, hat zunächst
das Problem des Zurechtfindens in dem System des Klosters und
der Klosterschule. Die erste Zeit leidet er an der vollkommen neuen
Welt. Er lernt aber schnell die Regeln des Gehorsams, denn deren
Nichtbefolgung ist mit Strafe bedroht.

Eigentlich lebt er in ständiger Angst, den Unwillen der Patres im
Gymnasium und im Konvikt zu erregen. Allmählich lernt er aber
Tricks, um gewisse Regeln zu umgehen. Die Rebellion ist zunächst
eine nur zaghafte. So wagt er es nur sehr vorsichtig, zum Beispiel im
Schlafsaal nach dem Abdrehen des Lichtes mit dem Bettnachbar
zu tratschen. Einige tun es doch, auch auf die Gefahr hin, daß der
Präfekt sie erwischt. Und in der Schule probiert er sporadisch zu
schwindeln.

Der Neuling entwickelt Sympathien für Schüler aus den höheren
Klassen, die sich rebellisch mit den Patres anlegen.

2. Die Kunst des Überlebens

Der Student leidet weiterhin, hat aber schon gelernt, einigermaßen
zu überleben, und er hat Freunde gewonnen, die es ihm erleichtern.

Der Schüler der zweiten und dritten Klasse fühlt sich bereits eng dem Konvikt verbunden. Immerhin ist es ihm gelungen, die erste und dann die zweite Klasse des Gymnasiums zu bewältigen. Er hat einen Erfolg, auf den er stolz sein kann.

Manche kennen nun die Regeln bereits genau und verstehen sie mit Geschick zu umgehen. So war es ein wichtiges Gebot, nicht zu rauchen. Aber dennoch faszinierte gerade das Umgehen dieses Gebotes. So holten wir aus einem nahen kleinen Wald Lianen, die wir uns in Zigarettenlänge zuschnitten. Diese rauchten wir. Es stank fürchterlich und schmeckte ebenso, aber wir hatten das Gefühl, etwas Männliches und Verbotenes geleistet zu haben. Auch kauften wir heimlich Zigaretten. Für uns waren dies rebellische Akte, mit denen wir uns gegen die Strenge des Konvikts auflehnten.

Und noch etwas ist typisch für die Schüler dieser Phase. Die schlechteren, aber verwegeneren Schüler gehen daran, bei den Schularbeiten zu schwindeln. Und entwickeln dabei bereits eine besondere Kunst. Auch ich setzte viel Energie bei der Vorbereitung von Schwindelaktionen ein.

Und noch etwas zeichnet sich ab: Manche ziehen es vor, anstatt während des Studiums zu lernen, Abenteuerbücher zu lesen, die sie in der Phantasie in die weite Welt hinaustrugen.

3. Neue Freiheiten und Kontakte zum Ort

In der dritten Phase entdeckt und schafft sich der Student neue Freiräume. Bis zur vierten Klasse ist er noch in der sogenannten Unterstufe. Der Präfekt diktiert weiterhin sein Leben. In der vierten Klasse darf der Student einen Teil der freien Zeit mit Spaziergängen in den Ort verbringen. Meist sind es die freien Schulstunden von elf bis zwölf, die derart verbracht werden dürfen. Die vorsichtige Rebellion gegen das Klosterleben wird stärker. Bewußt werden schon Regeln umgangen. Manche machen es sich während des Studiums gemütlich. Der Leidensdruck wird dadurch erleichtert, daß man sich kameradschaftlich mit anderen zusammentut.

4. Die Oberstufe

Ab der fünften Klasse befindet man sich in der Oberstufe. Die Freiheiten werden größer. Die Studenten entwickeln sich allmählich zu Individuen, die sich nicht so ohne weiteres unterkriegen lassen.

Nun gelingt es den Studenten – die Patres sprechen vom Flegelalter –, sich größere Freiräume zu erobern. Obwohl das Ortsgebiet nicht verlassen werden darf, halten sich nicht alle daran. Die Rebellion steigert sich allmählich, aber mit großer Vorsicht.

5. Das letzte Rennen

Ab der siebten Klasse sieht man allmählich, daß das Gymnasium auch einmal ein Ende haben wird. Man hat die Hoffnung, es positiv hinter sich zu bringen. Die verbotenen Aktivitäten werden immer gewagter. Mancher fliegt noch aus der Schule, bevor er zur Matura kommt.

6. Die Befreiung – die Matura

Die Matura mit ihren alten Ritualen wird von manchen als Befreiung von der Zwangsherrschaft gesehen. Daher, wie wir sehen werden, wird der Abschied vom Kloster besonders ausgelassen gefeiert.

Die fünf Prinzipien des Überlebens als Klosterschüler

Die Schüler des Gymnasiums, die gleichzeitig Zöglinge des Konvikts waren, mußten Strategien des Überlebens entwickeln, um über die Runden zu kommen. Es sind im wesentlichen fünf Prinzipien, die das Leben im Stiftsinternat bestimmen. Gewiß mögen sich ähnliche Prinzipien auch in anderen Schulen finden, in der Klosterschule sind sie jedoch von größerer Eindringlichkeit, da die Schüler ständig in engem Kontakt zueinander stehen. Diese Prinzipien sind:

1. Der ständige Kampf um Behauptung – Verspottung und Raufereien,
2. der Reiz des Verbotenen – heldenhaftes, rebellisches Tun,
3. Kameradschaft,
4. keine Standesunterschiede – aber Rangordnung,
5. Humor – Scherze und Spitznamen.

Darauf soll nun näher eingegangen werden.

1. Der ständige Kampf um Behauptung – Verspottung und Raufereien

Schon vom ersten Tag an steht der Zögling und Schüler unter dem dauernden Druck, sich behaupten zu müssen, wie ich oben schon ausgeführt habe. Der junge Bursch muß den anderen zeigen, daß er sich gewisse Angriffe nicht gefallen läßt.

Diesem Kampf um Behauptung ist derjenige am stärksten ausgesetzt, der als Neuer zu der Gemeinschaft stößt. Da ich im ersten Jahr etwas später, ich war krank gewesen, ins Gymnasium und in das Konvikt kam, mußte ich mir die erste Zeit allerhand gefallen lassen. Man machte sich lustig über mich, sagte mir, ich würde aus einem Bauerndorf kommen, außerdem sähe ich blöd aus, und mein Vater wäre nur ein gewöhnlicher Bauerndoktor.

Verspottung scheint geradezu charakteristisch für die ersten Klassen zu sein. Um selbst besser dazustehen, bedarf es des Schwächeren, den man degradieren und verspotten kann. Und der Schwächere ist der Neue, der körperlich Benachteiligte und überhaupt jeder, der sich nicht wehren kann, weil er keine Lobby hat.

Auf schutzlose Leute stürzt sich der junge Schüler mit Vorliebe. Das Abwerten anderer läßt ihn mit seinen eigenen Problemen fertig werden, mit seinem Heimweh und seiner Angst vor den schwarz gekleideten Patres. Das Opfer dieser Angriffe steht unter dem Druck, sich gegen seine Klassenkameraden verteidigen und behaupten zu müssen. Manchmal kommt es dabei zu echten Schlägereien. Körperliche Stärke kann dabei ein gewisser Vorteil sein. Manche Schlägereien werden provoziert, um dem anderen zu zeigen, daß man ihn nicht respektiere. Dies kann allerdings fatal ausgehen, wenn der Provozierte die Herausforderung annimmt und sich als besserer Raufer erweist. Eine solche Provokation leistete ich mir einmal, als ich einen mir unsympathischen Burschen, der sich mit roher Gewalt Vorteile verschaffte, regelmäßig als „fette Sau" bezeichnete. Meist wurde ich von ihm gehörig verdroschen, indem er mich mit seinen Armen an der Brust umfaßte, mich aufhob und zu Boden warf. Dennoch hörte ich nicht auf, ihn zu beschimpfen. Ich blieb bei meiner Provokation, weil ich nicht einsehen wollte, daß dieser Bursche andere nur durch seine Kraft dominierte.

Verspottung und böse Neckerei waren typisch für die unteren Klassen. In den oberen Klassen wünschte man sich allmählich Freunde unter den Klassenkollegen und begriff, daß Schlägereien eher als Zeichen der Unreife anzusehen waren. Feinere Strategien der Niedertracht wurden nun eingesetzt. Ein beliebtes Mittel bestand darin, den Kollegen nicht bei Schularbeiten zu unterstützen, ihm nicht beim Schwindeln zu helfen. Man ergötzte sich an seinem

Unglück, wenn er zum Beispiel die Mathematikaufgabe nicht richtig zusammenbrachte, bei der man ihm hätte helfen können.

Erst mit zunehmender Reife und aufgrund entsprechender Erfahrungen kamen die Burschen zu der Einsicht, daß man aufeinander angewiesen sei, und lernten dadurch gegenseitige Achtung. In diesem Sinn schrieb mir Gustav Bihlmayer: „Im Lauf der Jahre glichen sich die Gegensätze an. Man hatte Toleranz gelernt. Weder der Gescheitere noch der Stärkere dominierte. Diese Toleranz ging so weit, daß man auch die Patres mit ihren Stärken und Schwächen tolerierte."

Der Streit und die rituelle Rauferei

Zu den Rebellen zähle ich auch jene Burschen, die sich der Rauferei mit Kollegen stellten. Sie zeigten damit, daß sie bereit waren, sich Respekt zu verschaffen.

Im Sinne der Patres wäre es gewesen, daß die Zöglinge sich in allem unterordnen und jedem Streit mit ihren Kommilitonen aus dem Weg gehen. Das erklärte mir ein freundlicher Präfekt, der dahintergekommen war, daß ich mich mit einem Mitzögling ordentlich gestritten hatte. Er meinte, ich müsse lernen, Ärgernisse und Bösartigkeiten einzustecken. Dies würde mir im späteren Leben helfen, in dem viele Bösartigkeiten auf mich warteten. Es mag sein, daß ich im Kloster ein solches Einstecken gelernt habe. Dennoch lehrte die Klosterschule und speziell das Konvikt auch Streit und Selbstbehauptung unter Gleichgestellten.

Durch den engen direkten Kontakt zueinander kam es nicht nur zu der erwähnten Tyrannei der Kameradschaft, sondern auch zu einer dauernden Auseinandersetzung mit dem Kommilitonen, ein Wort, das geradezu zugeschnitten scheint auf die Insassen des Konvikts, denn Kommilitone heißt nichts anderes als „Mitsoldat" oder „Mitkämpfer". Und zu Kämpfern mußten die Burschen werden, um sich behaupten zu können.

Der einzelne mußte immer rechnen, in einen Streit mit einem Kollegen verwickelt zu werden. Meist hatte der Streit geradezu etwas

Rituelles an sich, ähnlich wie bei Kämpfen in Stammesgesellschaften, bei denen die Streitenden nach gewissen Regeln mit dem Speer aufeinander losgehen. Grundsätzlich mußte man im Kontakt mit den Kollegen vorsichtig sein. Ein falsches Wort, ein Wort der Beleidigung konnte, wenn der andere über entsprechende Kräfte und Freunde verfügte, sofort oder bei der nächsten Gelegenheit tätlich geahndet werden. In den unteren Klassen drohte ständig die Prügelei.

Über eine Rauferei, bei der er von einem Pater ertappt wurde, erzählte mir ein früherer Klosterschüler: „Einmal habe ich jemanden, der mich geärgert hat und mich Wiener ‚Bazi' genannt hat, nach dem Lichtabdrehen im Schlafsaal verdroschen. Dem haben die Schläge gebührt. Das Pech war, daß das Schlafsaalfenster zum Stiftshof hin offen war und unten gerade der Pater N. vorüberging. Der hat gehört, wie ich jemanden verdresche, weil er geschrien hat. Der Pater N. ist sofort in unseren Schlafsaal von der dritten Abteilung gerannt, obwohl er der Präfekt von der letzten Abteilung war. Er hat gar nicht hierhergehört. Er hat das Licht im Schlafsaal aufgedreht und hat gerufen: ‚Wer war das?' Ich habe mich gemeldet. Ich konnte es ja auch nicht verheimlichen. Dann hat er gesagt, daß ich ordentlich bestraft werden müsse deswegen. Ich bekam eine Woche Pultarrest und durfte dabei nichts reden."

Die Raufereien fanden im geheimen statt. Das war auch typisch für diese Art der Streitbeilegung durch Rauferei, daß man über diese nach außen Stillschweigen breitete. Es war verpönt, einem Pater zu erzählen, man sei von jemandem verdroschen worden. Es galt geradezu als unehrenhaft, derartiges an die hohen Geistlichen weiterzumelden. Ein solcher Vernaderer hätte, wäre man ihm dahintergekommen, damit rechnen müssen, irgendwann einmal zumindest geohrfeigt zu werden. Es ist übrigens bemerkenswert, daß es Patres gab, die, wenn sie von solchen Raufereien erfuhren, nicht darauf mit einer Strafe reagierten. Sie werden sich gedacht haben, daß die Schüler unter sich auf diese direkte Weise ihre Konflikte viel besser austragen, als wenn sie sich einmischten.

Eine interessante Rauferei erlebte ich einmal mit einem Schüler der dritten Klasse, den ich damals für furchtbar eingebildet hielt und der es inzwischen sogar zum Justizminister gebracht hatte. Ich hatte ihn, weil er mich so von oben herab behandelt hatte, als „blöden Kerl", was er sicher nicht war, oder als etwas Ähnliches bezeichnet. Der Bursch wollte mir daraufhin sofort eine Ohrfeige geben. Ich meinerseits wollte ihm zuvorkommen und tat so, als ob ich auf ihn einschlagen wollte. Gleich darauf balgten wir uns am Pflaster auf der Brücke vor dem inneren Stiftstor. Wir befanden uns eben auf dem Weg von der Schule in das Konvikt. Es war Mittag. Zunächst dachte ich, ich könne den Burschen zu Boden ringen. Doch bald umstanden uns Schüler aus der Klasse meines Kontrahenten, die ihn anfeuerten und mich heruntermachten. Kollegen aus meiner Klasse waren nicht zu sehen. Ich sah mich in meinem Kampf alleine. Vielleicht war dies der Grund dafür, daß meine Kräfte schwanden. Irgendwann schlug mein Kopf auf den Boden, und ich hörte auf, mich zu wehren. Damit war die Sache erledigt. Ich galt als der Besiegte, der Unterlegene, akzeptierte dies und entfernte mich schnell vom Ort des Kampfes.

Diese Rauferei hatte etwas Rituelles an sich. Insofern, als niemand von den Umstehenden und Freunden sich in die Kampfhandlung einmischte, gehorchte sie den Regeln des Duells. Es war verpönt, sich einzumischen. Darauf achteten die Zuschauer. Man mischte sich höchstens ein, wenn einer der beiden derart unterlegen war, daß die Rauferei sich auf sein körperliches Wohl unangenehm auswirken würde. Raufereien dieser Art gehörten zum Alltag im Konvikt. Sie hatten hier wesentlich mehr Bedeutung als vielleicht in den üblichen Schulen, in denen die Schüler nur eine kurze Zeit des Tages beisammen sind. Hier im Kloster dienten solche Raufereien wesentlich dazu, dem anderen klarzumachen, daß er zum Respekt verpflichtet sei, ein Respekt, der sich auch auf das Leben im Konvikt bezog und nicht bloß auf die Schule.

Bei Raufereien ging es auch um die Rangordnung in der Klasse oder in der Abteilung. Als ich in der dritten oder vierten Klasse war, kam es zu einer denkwürdigen Rauferei zwischen den beiden stärksten Burschen. Beide waren etwas älter als die anderen, der eine kam von einem Bauernhof, und der andere war der Sohn eines Landarztes. Wie zwei starke Löwen ließen sich die beiden grundsätzlich in Ruhe. Jeder von den beiden achtete den anderen, er ging ihm sogar aus dem Weg. Vielleicht hatte sich in beiden ein Groll gegeneinander aufgestaut. Im Verlauf eines Streitgesprächs zwischen den beiden kam es zur Eruption der beiden Vulkane. Sie beschimpften sich und gingen gegeneinander los, wobei bald der Bauernsohn die Oberhand gewann. Dieser Raufhandel spielte sich im Studiersaal ab, von einem Präfekten war nichts zu sehen. Und wir Kollegen der beiden umstanden wortlos das wilde Kampfschauspiel. Es endete damit, daß der Sohn des Landarztes sich seinem bäuerlichen Gegner durch Flucht zwischen den Pulten zu entziehen suchte, wobei er noch einige Schläge abbekam, ich glaube, sogar von einem dicken Seil oder einem Tuch, das der siegreiche Recke über seinem Kopf schwang. Dann herrschte Ruhe. Niemand erzählte davon dem Präfekten, und der unterlegene Kämpfer ließ fortan davon ab, seinen Gegner zu belästigen.

Körperliche Auseinandersetzungen gehörten zum Leben in der Unterstufe der alten Klosterschule, in den oberen Klassen fand man mehr und mehr gewaltfreie Formen des Streits.

Weil Raufereien üblich waren, war man, wie erwähnt, vorsichtig im Umgang miteinander, vor allem gegenüber Älteren.

Freche Äußerungen gegen Respektspersonen höherer Klassen führten sofort zu einer „Pflichtwatschen".

Wagte man zum Beispiel zu einem Älteren zu sagen, er sei ein „blöder Kerl", erhielt der Beleidiger eine Ohrfeige, eine „Pflichtwatschen". Manchmal wurde die „Watschen" nur angedroht.

In den oberen Klassen ließen körperliche Auseinandersetzungen untereinander wohl nach, aber nicht gegenüber den jüngeren Schülern, deren Frechheiten weiterhin mit Watschen bedroht waren.

Streitfälle in den oberen Klassen wurden so geahndet, daß man dem Beleidiger seinen Unmut auf andere Weise als durch körperliche Attacken spüren ließ. Ein beliebtes Mittel war, den anderen völlig zu ignorieren. Man ging an ihm grußlos vorbei und antwortete nicht, wenn dieser einmal etwas wollte. Fatal konnte sich diese Nichtbeachtung des anderen auswirken, wenn ihm Sachen verweigert wurden, die er benötigte oder besonders begehrte, wie ein Stück Kuchen, das der Beleidigte von seinen Eltern geschickt bekommen hatte. Schlimmer war noch, wenn die Hilfe bei Schularbeiten versagt wurde, indem man ihm zum Beispiel keinen Schwindelzettel bei Schularbeiten zukommen ließ. Ein besonderer Spezialist im Ignorieren war ein gewisser Aiches, so hieß er mit dem Spitznamen. Dieser Aiches konnte besonders hart gegenüber denen sein, mit denen er gestritten hatte. Diesen versagte er, der aus reichem Hause war und über reichlich Taschengeld verfügte, seine Gunst. Die bestand vor allem darin, daß er seine Freunde, die allesamt nicht viel Geld hatten, hie und da zum Beispiel auf ein Bier und einen Schweinsbraten einlud. Während der letzten Monate der achten Klasse bis zur Matura hatte Aiches heimlich ein Moped nach Kremsmünster gebracht. Irgendwo bei einem braven Bürger durfte er es einstellen. Dieses Moped schien schon deswegen begehrenswert, weil es strikt verboten war, derartige Fahrzeuge zu gebrauchen. Wir durften ja nicht einmal fahrradfahren! Mit diesem Moped ließ Aiches nur seine Freunde fahren. Mit Strategien dieser Art konnte Aiches jene treffen, mit denen er im Streit lag oder die ihn beleidigt hatten.

Der Kontakt wurde wiederhergestellt, wenn die beiden Widersacher sich gegenseitig wieder benötigten, wie bei der Vorbereitung von Schularbeiten, oder wenn sie einsahen, daß Kameradschaft überlebenswichtig war.

Da sich die Streithähne nicht einfach dem System des Klosters unterordneten, wie es im Sinne der Präfekten gewesen wäre, sondern sich wehrten, handelten sie auch rebellisch.

2. Der Reiz des Verbotenen – heldenhaftes, rebellisches Tun

Die Geschichte der Klosterschule kann auch als eine Geschichte der Rebellion beschrieben werden. Die Rebellion war für die Burschen, die unter der Härte und unnachgiebigen Disziplin der Klosterschule litten, nötig, um ihren Seelenhaushalt im Gleichgewicht zu halten. Leider liefen die Rebellen ständig Gefahr, aus Konvikt und Schule zu fliegen. Die Gratwanderung zwischen Verstoß und Anpassung gelang nicht jedem. Einige Rebellen hatten Glück und besaßen so viel Geschick, daß sie erfolgreich maturierten.

Für das Selbstverständnis des Rebellen war das Brechen von Normen wichtig. Man bewies sich und anderen, daß man sich nicht unterkriegen ließ. Das konnte so aussehen, daß man während der Studierstunde Karl May las oder sich im verborgenen am Kartenspiel mit dem Sitznachbarn ergötzte.

Ein besonders reizvolles Verbot des Klosters war, Kontakte mit Mädchen des Ortes aufzunehmen.

Ein anderes Verbot bezog sich auf den Kinobesuch. Das Kino wurde als Tempel des Lasters angesehen, in den fünfziger Jahren galten die Filme mit Brigitte Bardot oder Marilyn Monroe als besonders verrucht. Einen solchen Film mit einem dieser Sexsymbole zu sehen galt als Heldentat. Ebenso verschrien waren wegen ihrer Herkunft aus dem angeblich kulturlosen Amerika die „Wildwestfilme". Auch diese waren ein begehrtes Ziel rebellenhaften Tuns. Wurde man beim Besuch eines solchen Films im Kinosaal des Marktes erwischt, mußte man mit besonderen Strafen rechnen, unter Umständen sogar das Konvikt verlassen.

Es ist bemerkenswert, daß nicht nur ich, sondern auch andere Klosterschüler von damals sich die Freude an solchen Wildwestfilmen – vielleicht zum Spott der Ehefrauen – erhalten haben. Es mag sein, daß das durch diese Filme dargetane Heldentum oder Rebellentum auch bei den alten Herren ihren Reiz behalten hat oder sie an altes rebellisches Tun erinnert.

Eine besondere Heldentat, auf die ich heute noch stolz bin, vollführte ich während der Faschingszeit, als ich in der letzten Klasse war. Für uns war es damals gänzlich undenkbar, mit Mädchen zu tanzen oder gar einen Ball aufzusuchen. Tanzkurse gab es für uns keine, aber das Tanzen reizte uns. Ein Besuch einer Tanzveranstaltung war etwas Besonderes, etwas, das sich einige vielleicht in den Ferien gönnten. Der Besuch derart lasterhafter Veranstaltungen, bei denen wir vielleicht in körperlich harmlosen Kontakt mit dem jungen Weibsvolk treten konnten, war mit dem strengsten Verbot belegt.

Ungefähr zwei Stunden nach dem Abdrehen des Lichtes im Schlafsaal, in diesem lagen bei dreißig Burschen, stand ich auf, zog meinen schönen Sonntagsanzug an und präparierte das Bett.

Es konnte ja sein, daß der Präfekt in der Nacht einmal nachsah, ob alles in Ordnung war. Dann schlich ich mich auf den Gang und kletterte über ein großes barockes Gitter, dann ging es auf leisen Sohlen beim Kaisersaal vorbei, durch eine Tür, von der ich wußte, daß sie auch während der Nacht unversperrt blieb, auf den Stiftshof. Im Schatten der Mauern kam ich zum Gymnasium, von dort stieg ich einen kleinen bewachsenen Hang hinunter in den Markt. Der große Ball am Faschingssamstag fand im Gasthof „Zur Sonne" statt. Ich betrat, es war gegen 23 Uhr, den Ballsaal. Er war gesteckt voll, die Bürger mit ihren jugendlichen Töchtern und Söhnen waren hier versammelt. Ein äußerst hübsches Mädchen forderte mich zum Tanz auf. Sie dürfte erfaßt haben, daß ich ein Gymnasiast aus dem Klosterkonvikt war, der trotz Verbotes rebellisch an diesem Ball teilnahm. Nachdem ich mich eine Zeit bei Tanz mit dem Mädchen und bei gutem Wein vergnügt hatte, schlich ich ungesehen zurück in das Kloster und das Konvikt und legte mich wieder nieder. Es war nicht aufgefallen, daß ich die Nacht auf lasterhafte Weise verbracht hatte. In den nächsten Tagen zitterte ich, ob nicht doch jemand von den geistlichen Herren von meinem Abenteuer erfahren habe. Wäre man hinter diese Flucht für eine Nacht gekommen, hätte man mich sofort hinausgeworfen. Meine Freunde in der Abteilung, die von meiner Heldentat wußten, schwiegen kameradschaftlich. Für sie mag ich ein Held gewesen sein, zumindest glaubte ich dies damals.

Allerdings war ich, als ich das hohe Gitter überkletterte, mit der schmutzigen Sohle eines meiner Schuhe am Plafond des Ganges angekommen, so daß man den Abdruck der Sohle sehen konnte. Ein paar Tage nach meinem Abenteuer fragte mich der Präfekt etwas listig, ob ich wisse, von wem diese Spur stammen könne. Ich erwiderte höflich, ich könne mir nicht vorstellen, wer da über das Gitter geklettert sei. Der Pater stellte keine weiteren Nachforschungen an.

Dieses Barockgitter, über das ich geklettert war, wurde bereits einige Jahre vor mir von kühnen Studenten als Schleichweg in die Abteilung benutzt. Der Präfekt war dahintergekommen und hatte veranlaßt, daß auf dieses Gitter ein Stacheldraht kam. Die Herren Studenten versahen darauf, den Präfekten verhöhnend, den Stacheldraht mit WC-Papier.

Eine wahrlich rebellische Heldentat

Hier sei einer Heldentat gedacht, die ein gewisser Brandner, wir waren damals in der 1. Abteilung, vollbracht hat. Dieser Brandner, der den schönen Spitznamen „Jack" trug, war ein heiterer Bursche. Wir mochten ihn alle, weil er uns durch seine Scherze aufheiterte. Die Herrschaft des Präfekten war gewaltig. Uns gegen ihn aufzulehnen, war nicht denkbar, denn der Präfekt hatte die Möglichkeit, uns jederzeit ordentlich zu strafen, ohne daß wir etwas dagegen unternehmen hätten können. Um so mehr erfreute es uns, wenn Brandner seine eher harmlosen Späße mit dem Präfekten trieb. So meinte er zum Beispiel zu ihm, er würde lieber spazierengehen, als hier im Studiersaal langweilige Sachen studieren und den Präfekten anschauen zu müssen. Solche und ähnliche „Meldungen" kamen vom Brandner, „Meldungen", die den Präfekten verärgerten, gegen die er

aber zunächst nichts unternahm. Eines Abends, das Licht im Schlafsaal, in dem wir bei vierzig Buben in unseren in zwei Reihen ange-
ordneten Betten lagen, war schon abgedreht. Das Licht im Studiersaal hatte der Präfekt noch angedreht. Wir sahen es unter der Türritze
durchschimmern. Plötzlich ging die Tür auf, und da stand der Herr
Präfekt. Mit unheilvoller Stimme schrie er: „Brandner, komm her!"
In geduckter Haltung schlich Brandner, angetan in seinem Pyjama,
zum Präfekten. Dort angekommen, packte ihn der Präfekt und zog
ihn zu einem Sessel, auf den er sich setzte. Den überraschten Brandner legte er nun über seine Knie, mit dem Hinterteil nach oben.
Nun holte er einen dünnen, elastischen Stock hervor, den sogenannten „Spanischen", und hieb auf den Delinquenten ein. Dieser ließ
dies eine Zeit geschehen, doch dann, als der Präfekt nicht aufhören
wollte, entzog er sich den Händen des Präfekten, packte den „Spanischen" und zerbrach ihn heldenhaft. Die Überraschung lag nun beim
Präfekten. Brandner lief nun kreuz und quer, an den Pulten vorbei
durch den Studiersaal, der Präfekt ihm nach. Irgendwann erwischte
er ihn, mit starker Hand drückte er ihn zu Boden und hieb mit dem
Rest des „Spanischen" auf ihn ein. Die Schmerzens- und Wutschreie
des Brandner ließen ihn ungerührt. Am nächsten Tag zeigte uns
Brandner die blauen Striemen auf seinem Rücken, die von den Ru-
tenstrichen herrührten. Ich möchte hier ehrend des Jack Brandner
gedenken. Er ist einige Zeit später aus Schule und Konvikt geflogen.
Was aus Jack Brandner geworden ist, weiß ich nicht. Für uns war er
zum Helden geworden, zum Rebellen gegen die Übermacht des von
uns nicht sehr geschätzten Herrn Präfekten.

3. Kameradschaft

Ein wesentliches Prinzip für das seelische wie körperliche Überleben
in der Klosterschule und im Konvikt war das der Kameradschaft,
das allerdings erst in den oberen Klassen sich so richtig auswirkte.

Dies hing auch mit der Reife und der Einsicht der Burschen zusammen, daß man der vielfältigen Unterstützung der Leidensgenossen bedarf. Kameradschaft und der Bezug zu Freunden war wichtig, da man von allem Anfang an unter einer großen Belastung stand. Man war weit entfernt vom Elternhaus und war den nicht gerade zimperlichen Aktivitäten der Patres schutzlos ausgeliefert. Dazu meint ein früherer Zögling: „Bei der Predigt am Sonntag und auch beim Abendgebet hat man uns spüren lassen, daß es mit uns nicht weit her ist. Wir hatten geradezu ein dauerndes Schuldgefühl." Und tatsächlich scheint es manchen Patres Freude gemacht zu haben, uns zu zeigen, daß unser Weg zum Vollmenschen noch weit sei. Und vielleicht weil wir uns nicht voll genommen fühlten und unter unserer Ohnmacht litten, weil wir der Willkür der Patres ausgeliefert waren, bedurfte es um so mehr der gegenseitigen Unterstützung.

Dazu paßt auch die schöne Geschichte eines Kommilitonen, dem man noch während der Matura augenzwinkernd klarmachen wollte, daß er als Schüler des Gymnasiums keinen Anspruch darauf hatte, als „Herr" tituliert zu werden: „Wir waren drei, die erst am letzten Maturatag zur Prüfung antreten sollten, die anderen waren schon fertig und sind nach Hause gefahren. Die ganze Schule hat schon frei gehabt. Wir waren die einzigen im Konvikt. Da wir nur zu dritt waren, hat man uns in der Konviktsküche das Essen kredenzt und nicht im großen Speisesaal.

Der Hackl hat mir, wie wir so dort sitzen, einen Brief gebracht, den mir meine Schwester geschrieben hat. Sie hat geglaubt, den Brief erhalte ich erst, wenn ich die Matura schon hinter mir habe. Aber ich war noch mitten in der Matura. Auf dem Brief ist gestanden: ‚Herrn Helmut Obermayr'. Der Hackl hat mir den Brief hergegeben und hat gesagt: ‚Herr? Ein Herr bist du noch nicht. Ein Herr bist du vielleicht heute nachmittag, wenn du maturiert hast. Sag das deiner Schwester.'"

Höhnisch-scherzend wird dem Burschen angedeutet, daß er erst nach der Matura den Fängen des Klosters entkommt und zum selbständigen Menschen wird. Solange der junge Mann den Patres untergeordnet war, bedurfte es der Kameradschaft, um mit Demütigungen solcher Art fertig zu werden.

Wäre kein Druck dagewesen, hätte man Kameradschaft nicht so bitter nötig gehabt. Wie wichtig Kameradschaft war, darauf verweist auch diese Geschichte: „Wir hatten in der sechsten Klasse im Schlafsaal um Mitternacht einmal eine wilde Polsterschlacht, die leider aufflog. Wir hatten darauf die größten Schwierigkeiten. Einige flogen aus dem Konvikt und der Schule. Unsere Klasse hat darauf noch mehr zusammengehalten. Die, die sie nicht hinaushauen konnten, ließ man gleich in ein paar Gegenständen durchfallen. Wir waren am Ende der sechsten Klasse ziemlich dezimiert." Und weiter: „Ich habe im Kloster als Schüler Jahre hindurch gelernt, den Kollegen zu helfen, damit sie von denen da oben nicht bestraft oder sonst hineingelegt werden. Das ist meine Philosophie, die ich mir dort angeeignet habe. Kameradschaft war ungemein wichtig, denn man saß ja im gleichen Boot. Hat jemand von uns einen anderen verraten, so war der für uns ein Schwein, ein Kameradschaftsschwein. Ich ärgere mich heute über die kleinen Beamten, auch die müßten – ähnlich wie bei uns – den anderen kleinen Leuten helfen, aber die tun es nicht, auch wenn jemand in der Scheiße steckt."

Besonders dort wurde Kameradschaft wichtig, wo es um den Lernerfolg ging. Kollegen, die in der Schule schlecht vorankamen, wurden oft als „Hatschierer" bezeichnet. Der Begriff Hatschierer leitete sich von den Soldaten ab, die bei einem Feldzug als letzte marschierten. Den Hatschierern halfen bisweilen die tüchtigeren Kollegen in edler Kameradschaft. Ein solcher edler Kamerad war ein gewisser Jimmy. Ich war in Mathematik ein bedauernswert fauler und schlechter Schüler. Er verhalf mir in den letzten beiden Klassen zu guten Schularbeitsnoten. Als Mathematikprofessor hatten wir einen Diplomingenieur, der erst im vorgerückten Alter in das Kloster eingetreten war. Er hatte interessanterweise bei meinem Großvater, der Professor an der Technischen Hochschule in Wien gewesen war, studiert. Mich hielt er für einen traurigen Nachkommen dieses Mannes. Jedenfalls war der Mathematikprofessor mir nicht gut gesonnen. Und da er zu Recht meinte, ich würde bei den Mathematikschularbeiten schwindeln, mußte ich mich jedesmal in die erste Reihe direkt vor den Katheder setzen, auf dem er die meiste Zeit wie ein Wachhund thronte. Ich stand also während der Mathematikschularbeiten unter der direkten Aufsicht dieses Mannes. Neben mir saß Jimmy. Damit die Sitznachbarn nicht voneinander abschreiben konnten, hatten sie jeweils andere Aufgaben zu berechnen. Der gute Jimmy, ein ausgezeichneter Mathematiker, rechnete nun nicht nur seine Aufgaben, sondern auch meine, deren Texte ich ihm hinübergeschoben hatte. Er gab die gelösten Aufgaben mir heimlich unter der Bank zurück. In aller Ruhe schrieb ich sie ab und erntete jeweils ein „Sehr gut" oder ein „Gut" – zur Überraschung des Herrn Professors.

Aber nicht nur bei Schwindelaktionen dieser Art, darauf werde ich noch einmal später eingehen, halfen die guten Kameraden, sondern auch, wenn es um Nachhilfe für faule oder begriffsstutzige Kollegen ging. Jimmy bereitete mich auch auf die Nachprüfung in Physik am Ende der Sommerferien vor, eine Prüfung, die ich glänzend bestand. Auch lernte er mit mir für die Matura in Mathematik.

Kameradschaft dieser Art gedeiht hinter den Klostermauern eher als in den öffentlichen Schulen, in denen der Kontakt der Schüler untereinander loser ist.

Wie Kameradschaft das Leben im Konvikt beherrschte, wird auch in dieser Geschichte eines Kommilitonen deutlich: „Ein guter Kamerad von mir war ein gewisser Klaus, der nach dem Wunsch seines Pfarrers und seiner Eltern Pfarrer hätte werden sollen. Der Pfarrer hat ihn studieren lassen. Es war oft so, daß aus Pfarreien, die zu Kremsmünster gehörten, arme, aber gescheite Burschen auf Kosten des Stiftes in diesem studieren durften. Man hoffte, sie würden einmal in das Kloster eintreten. Dies hoffte man auch vom

Klaus. Und daher kam er ab der fünften Klasse in das sogenannte Juvenat, das war drüben im Konvent bei den Patres. Er sollte zum Pfarrer vorbereitet werden. Das ist ja nichts Schlechtes. Jeder bildet seine Lehrlinge aus. In der achten Klasse ist dann Feuer am Dach, denn da heißt es, jetzt mußt du bald in das Kloster eintreten. Man muß gut beisammen sein, um das alles mitzumachen. Klaus ist aber nachher doch nicht Pfarrer geworden. Obwohl er drüben im Juvenat war, ist er weiterhin unser Kamerad geblieben. Er war nicht mehr gemeinsam mit uns im Konvikt, aber in der Klasse waren wir beisammen. Er ist acht Jahre in der Klasse neben mir gesessen. Man wollte nicht, daß die vom Juvenat zu uns in das Konvikt auf Besuch kommen. Vielleicht fürchtete man, wir würden die Pfarrerlehrlinge verderben. Mir hat es weh getan, daß der Klaus im Juvenat war. Wir haben bis dahin alles voneinander gewußt, wo uns etwas gefehlt hat und so weiter. Man hat es dem Klaus zur Last gelegt, daß er oft bei uns war. Aber das war ihm egal. Für uns war er wichtig, denn er hat uns in Mathematik vieles erklärt, bei dem wir uns nicht ausgekannt haben."

Auch wir hatten einen Kommilitonen, der im Juvenat untergebracht war. Dies war ein gewisser Johannes Wittenberg, Wittex genannt, ihm sei hier ehrend gedacht, denn er weilt bereits in der Ewigkeit. Dieser Wittex saß direkt vor mir in der ersten Reihe am Rand. Ich saß in der zweiten und war eifrig bemüht, mich hinter dem Rücken des Wittex zu verstecken. Er bot eine gute Deckung beim Schwindeln, oder wenn ich mich mit anderen Dingen beschäftigte als mit dem vorgetragenen Gegenstand. Immer, wenn ich ihm zuflüsterte, daß ich seine Deckung benötigte, richtete er sich auf und schützte mich sorgsam vor dem Blick des am Katheder sitzenden Professors. Wittex war auch sonst ein guter Freund, bei dem man seine Sorgen, und solche hatte man viele im Kloster, loswerden konnte.

Eine besondere Art der Kameradschaft zeigte sich, wenn man im Konvikt Hunger litt, und man litt oft daran. Daher war man ganz begierig darauf, daß man von denen, die von den Eltern genügend Eßwaren erhielten, hie und da etwas abbekam. Hier zeigte sich wahre Kameradschaft. Besonders beliebt war bei uns Helmut Rathmayer, dessen Eltern reiche Bauern in Alkoven waren. Da er das einzige Kind war, war deren Liebe voll auf ihn konzentriert. Diese Liebe äußerte sich darin, daß Helmut regelmäßig von zu Hause einen großen viereckigen Kuchen erhielt, der einen Großteil seiner Freßlade ausmachte. Dieser Kuchen war eine Art Marmorkuchen, das heißt, er bestand wahrscheinlich aus einer Kakaomasse. Überzogen war dieses Prachtstück mit Marmelade und einer herrlichen Schokoladeglasur. Dieser Kuchen gehörte für mich zum Besten, was ich damals zu mir genommen habe. Und es war für mich stets eine Freude, wenn mir Helmut ein Stück Kuchen gab. Dieses Überreichen des Kuchens war für mich ein geradezu ritueller Akt. Er führte mich dabei zu seiner Eßlade, öffnete sie, streifte das Papier vom Kuchen, schnitt ein Stück Kuchen herunter und überreichte mir dieses mit einem freundlichen Lächeln. Ich war ihm, und bin es heute noch, für diesen Genuß höchst dankbar. Dieses Verzehren des wunderbaren Kuchens war ein festlicher Akt, denn damals in den fünfziger Jahren waren derartige Köstlichkeiten eine Seltenheit. Und es war Zeichen großartiger Kamerad- oder Freundschaft dieses Burschen, mich und auch andere an seinem Kuchen teilhaben zu lassen.

Ein wichtige Regel in Konvikt war es daher auch, gerade in den letzten Klassen, „Freßsachen" mit anderen, die weniger hatten, zu teilen.

4. Keine Standesunterschiede — aber Rangordnungen

Es entwickelte sich in der Klosterschule eine oft feste Gemeinschaft und Kameradschaft. So etwas wie Standesunterschiede gab es unter den Studenten grundsätzlich nicht, allerdings entstand eine Rangordnung. Standesunterschiede, wie sie durch Geburt und Herkunftsmilieu bestimmt sind, kannten wir nicht. So hatten wir in der Klasse den Nachkommen eines sehr bekannten altösterreichischen Adelsgeschlechtes, einen gewissen Grafen K., der jedoch in keiner Weise besser oder bevorzugt behandelt wurde, weder von uns noch von den Professoren. Wohl sprach ihn ein Professor, ein alter Herr, mit „Graf" an, aber er erhielt genauso seine Ohrfeigen von ihm, allerdings mit dem Zusatz: „Dafür, Graf, hast du dir eine Watsche verdient."

Ebenso hatten die Söhne von Ärzten, zu denen ich mich zählte, von Rechtsanwälten, von Fabrikanten und von anderen mehr oder weniger noblen Leuten keine Privilegien zu erwarten. Sie wurden in der Klassengemeinschaft nicht höher bewertet als die Söhne von Kleinbauern und Taglöhnern, die der Pfarrer studieren hat lassen. Hierin mag ein großer Vorteil der Klostererziehung liegen, die Standesdenken bewußt zur Seite schiebt. In diesem Sinn meinte ein alter Kommilitone: „Eine Klassengemeinschaft ist bei uns entstanden. Standesunterschiede hat es bei uns überhaupt nicht gegeben. Es ist nie besonders betont worden, daß der oder der ein Sohn von dem oder dem ist. Das war ganz wurscht. In einer Klasse ist alles zusammengekommen." Und tatsächlich waren Burschen aus den verschiedensten Schichten in der Klosterschule vereint. Unter ihnen fand sich der Sohn des Kapellmeisters der amerikanischen Militärmusik in Oberösterreich und der Sohn eines Maurers aus Bad Hall.

Auch wenn es keine Standesunterschiede gab, entwickelte sich sehr wohl eine Art Rangordnung, in der diejenigen Burschen oben rangierten, denen es gelang, ihre Meinung, ihre Weltsicht den anderen aufzudrängen. Ihre Meinung hatte Gewicht. Es war ein Zusammenspiel mehrerer Komponenten, die den Rang der Burschen untereinander bestimmte. Dazu zählten Schlagfertigkeit, ein gewisser Mut, Schulleistungen, körperliche Stärke, Witz, Kameradschaftsgeist und eine gewisse Distanz gegenüber den Ärgernissen des Konvikts sowie der Schule. Der Ranghöchste schien über den Dingen zu stehen. Das machte auch seine Überlegenheit aus. Mit gespielter

Großzügigkeit und kühler Arroganz gegenüber den Aktivitäten der Professoren vermochte er zu beeindrucken.

Allerdings gab es nicht so etwas wie die Alleinherrschaft einer Führernatur. Es waren meist zwei oder drei Burschen, die ihre Position genossen und die sich gegenseitig unterstützten. Gegen sie wagte sich niemand aufzulehnen. Die Kollegen behandelten den Ranghöheren entgegenkommend. Man borgte ihnen selbstverständlich Bücher oder half ihnen beim Schwindeln.

Das Ansehen solcher Klassenführer kann auf vielfältige Weise gegründet sein. Ein gutes Beispiel dafür ist das Absondern von vier Burschen der sechsten Klasse während einer Romwallfahrt. Die vier wurden als „liederliches Kleeblatt" bezeichnet, da sie den Mut zu einigen Abenteuern hatten. Dadurch erlangten sie einiges Ansehen bei den Freunden. Ein Ansehen, das ihnen auch sonst nützte in der Gemeinschaft der Klasse und ihre hohe Position in der Rangordnung festigte.

Der Mut, sich über gewisse unangenehme und einengende Regeln hinwegzusetzen, durfte allerdings kein allzu waghalsiger sein, um nicht aus Schule und Konvikt hinauszufliegen. Also: Mut, gepaart mit raffinierter Klugheit, brachte auf die Dauer jenes Ansehen, durch das der Schüler in der Rangordnung ganz nach oben stieg.

5. Humor — Scherze und Spitznamen

Zum seelischen Überleben in einer solchen Einrichtung wie einer Klosterschule bedarf es einer gehörigen Portion Humor. Besonders in Situationen der Bedrängnis oder der Gefahr überhaupt erhält Humor, das Lachen, hohen Stellenwert. Im Konvikt galt es, Gelegenheiten zu suchen, in denen der Witz diktierte. Nie wieder habe ich derart witzige Situationen erlebt wie in der Klosterschule. Der Witz entstand hier als ein Akt der Befreiung von den Lasten des klösterlichen Alltags mit all seiner Strenge und Kontrolle.

Scherze bestimmten weitgehend das Leben der Burschen in der Klosterschule. Sie verhalfen zur Distanz von täglichen Sorgen. Solche Scherze konnten auch etwas deftig sein, wie mir ein Altkremsmünsterer erzählte: „Wenn das Licht im Schlafsaal abgedreht war, haben wir oft noch Witze gemacht. Wie wir in der dritten Klasse waren, wurde gelacht, wenn jemand einen besonders lauten Schas [flatum – Körperwind] ließ. Es gab auch richtige Wettbewerbe, wer den besten Schas von sich geben kann."

Das Spektrum solcher Scherze, bei denen man sich über die „guten Sitten" belustigte, war weit. Ein typischer Scherz in dieser Richtung war, während der Schulstunden hinter dem Rücken der Vordermänner lustige Zeichnungen anzufertigen, um andere damit zu unterhalten.

Befreiend wirkten Scherze über den Präfekten oder den Professor. Über einen Schabernack, der gegen einen Präfekten gerichtet war, erzählte mir ein Altkremsmünsterer: „In der dritten Abteilung waren Burschen aus der dritten und vierten Klasse beisammen. Der Schlafsaal war ziemlich groß, er war gleich beim Studiersaal. Einmal hatten wir eine große Gaudi. Um den Pater G. zu ärgern, holten wir uns kleine Steine vom Stiftshof. Nach dem Lichtabdrehen am Abend, ungefähr um neun Uhr, sind wir vom Schlafsaal in den Waschraum und von dort auf den Gang mit dem Steinboden. Wir waren ein paar Burschen. Jeder hat einen Stein auf den Boden fallen lassen, das hat sich so angehört: tak, tak, tak, und dann klang es: ping, denn zum Schluß war ein Holzboden vor der Doppeltür des Zimmers von Pater G. Wir haben dies gemacht, weil der Pater G. sich immer so gefürchtet hat. Er hat immer geschrien, wenn ihm jemand im Dunkeln begegnet ist: ‚Halt, wer da?' Und jetzt wollten wir ihn mit den Steinen schrecken. Gleich nachdem wir die Steine im Takt niedergeworfen hatten, sind wir sofort zurück in den Schlafsaal. Gleich darauf sahen wir unter der verschlossenen Tür das Licht vom Studiersaal. Ich bin in mein Bett gesprungen, auch der Gusenleiter wollte in sein Bett springen, aber die Bettschere hat ihn zurückgeworfen. Wir hatten damals bei den Bet-

59

ten so Scheren, damit die Tuchent nicht hinunterfällt. Und über diese
Bettschere ist er nicht gekommen, der Gusenleiter. Plötzlich stand der
Pater G. im Schlafsaal: ‚Wer da?' Wir sind alle, außer dem Gusenlei-
ter, im Bett gelegen, vor Lachen hat es uns schon fast zerrissen. Den
Gusenleiter hat der Pater gefragt, was er außerhalb des Bettes zu tun
habe. Der Gusenleiter hat gemeint, daß er sich den Mond angeschaut
hat. Der Pater hat sich nicht ausgekannt. Das Fürchterlichste ist es ge-
wesen, wenn man außerhalb des Bettes erwischt wurde. Wegen dieser
Sache waren wir knapp am Abfahren [wären wir schon bald aus der
Schule geflogen]." Es machte Freude, über den Präfekten und seinen
Ärger lachen zu können.

Der Spitzname des Professors

Zum Thema Humor gehören auch die sogenannten Spitznamen,
die die Burschen ihren Erziehenden verpaßten. Auf diese Weise be-
lustigten sie sich nicht nur über diese, sondern sie zeigten damit
auch an, daß sie doch nur gewöhnliche Menschen sind, auch wenn
sie in aller Strenge sich als unnahbare und besonders heilige Personen zu geben versuchten.

Nicht nur Schüler, wie ich noch zeigen werde, trugen also Spitznamen, die ihnen Kollegen und Freunde zuschrieben, sondern auch
die geistlichen Herren als Lehrer und Erzieher wurden mit solchen
bedacht. Ähnlich wie die der Schüler werden sie erfunden, um den
betreffenden Professor in seiner Eigenartigkeit zu beschreiben.

Im wesentlichen waren es zwei Typen von Professoren und Präfekten, die Spitznamen bekamen. Die einen, weil wir sie wegen
ihrer Liebenswürdigkeit oder Schrulligkeit achteten. Die anderen,
weil wir Angst vor ihnen hatten. Der Spitzname verhalf dazu, dem
Gefürchteten die Gefährlichkeit zu nehmen, weil man über ihn lachen konnte. Aber zumeist waren die Spitznamen für die geistlichen
Herren eher freundlich gemeint.

Einen Spitznamen, der sich auf Freundlichkeit und Güte bezog, hatte unser Latein- und Griechischprofessor, ein ungemein liebenswürdiger Herr, der aber in seinem Zorn furchtbar sein konnte. Wir nannten ihn „Daddy". Er hatte tatsächlich etwas Väterliches an sich, schließlich war er auch Konviktsdirektor. „Daddy" genoß unsere Hochachtung. Seiner Güte im Griechischunterricht verdankten wir eine gewisse Liebe zu dieser alten Sprache. Ich war zwar in den alten Sprachen, wie in den anderen Gegenständen auch, ein eher schlechter Schüler, aber dennoch hat in mir dieser geistliche Herr ein Feuer gerade für das Altgriechische entfacht. Dafür sei ihm gedankt. Zu seiner väterlichen Art gehörte auch eine gewisse Art des Schimpfens, zum Beispiel, wenn man eine schlechte Übersetzung lieferte. So schimpfte er nach heutigen Verhältnissen etwas hart, was aber damals von uns nicht so empfunden wurde, denn wir fühlten, daß er es besser meinte, als er es zum Ausdruck brachte.

Interessante Spitznamen wurden dem Naturgeschichtsprofessor gegeben. Er konnte uns durch seine Art ungemein einschüchtern. Er sprach uns grundsätzlich mit „er" an, genauso wie im Mittelalter der Bedienstete von seinem Herrn angesprochen wurde. Manchmal kamen ihm die Anredeformen durcheinander. So soll er einen Burschen schimpfend so angesprochen haben: „Sie Lümmel du, hat Er kein Benehmen!"

Früher, in der Zeit vor dem Krieg, soll dieser Herr „dem Tod sein Spion" geheißen haben. In den fünfziger Jahren nannten wir ihn zunächst „Tschik", weil er so viel rauchte. Dann wurde er zum „Hackl", womit auf seine Bosheit hingewiesen werden sollte, für die die Hacke als Symbol stand. Wir zitterten zwar vor ihm, aber andererseits hatte er sogar etwas Sympathisches an sich, auch etwas Skurriles, nämlich in seinem Lächeln, bei dem er uns so ansah, als ob er Maß für einen Sarg nehmen würde.

Der Turnprofessor erhielt den Spitznamen „Turninger", womit lediglich eine Berufsbezeichnung ausgedrückt werden sollte. Sein Spitzname half uns, ihn weniger ernst zu nehmen, wenn er sich wieder einmal unangenehm aufspielte.

Professoren, die es nicht verstanden, in aller Güte Autorität zu zeigen, die erfolglos um die Anerkennung durch ihre Schüler rangen, konnten mit verspottenden Spitznamen rechnen, wie zum Beispiel der Englischprofessor, ein weltlicher Herr. Er wurde lächelnd als „Freddy" bezeichnet, denn er hieß mit Vornamen Friedrich.

Den Deutschprofessor, einen „Weltlichen", nannten wir wegen seiner schlanken Statur einfach den „Zwirn". Bereits das Aussprechen dieses Spitznamens regte uns zur Heiterkeit an, die jedoch keineswegs bösartig war. Als einmal Studenten des Gymnasiums Shakespeares „Der Widerspenstigen Zähmung" aufführten, marschierte ein dürrer Bursche mit wiegendem Gang in regelmäßigen Abständen über die Bühne an den Schauspielern vorbei. Unter einer Achsel hielt er eine Klosettpapierrolle, und in der Hand glänzte ein Schlüssel. Der, den dieser Mann darstellte, war eindeutig der „Zwirn", der sich beim Gehen gerne elegant wiegte, wobei der Oberkörper leicht nach vorne gebeugt war.

Der Gymnasialdirektor, der von Statur her klein war und dessen kleinliche Genauigkeit manche ärgerte, wurde „Pippin" genannt, nach dem fränkischen König Pippin, der „der Kleine" hieß. Der Mann hatte zwar etwas Freundliches an sich und kümmerte sich redlich und ehrlichen Herzens um die Schüler des Gymnasiums, mit seinen Ermahnungen zu mehr Fleiß und gutem Betragen konnte er uns aber auch erfolgreich Schuldgefühle machen. Mich ließ er einmal nicht zu einem Jugendschirennen im Salzkammergut fahren, weil er meinte, es wäre für mein gymnasiales Fortkommen besser, wenn ich am Studienort bliebe und mich lernend und nicht schifahrend betätigte. „Pippin" hatte von früheren Studenten wegen seiner schwäbischen Herkunft und seiner Sprache, die etwas Schwäbelndes an sich hatte, den Spitznamen „Schwab" erhalten.

Der geradezu asketische, fromme und bisweilen sehr strenge Pater Albert, Professor für Philosophie und alte Sprachen, hieß kurz „Ali". Mit dieser Abkürzung seines Namens sollte etwas Freundliches ausgesagt werden. Tatsächlich war dieser Pater meist freundlich. Seine Freundlichkeit konnte aber blitzartig in geradezu heiligen Zorn umschlagen, wenn er merkte, daß jemand ihn hinterging, ketzerisch war oder grobe Unfolgsamkeiten lieferte. So mußte in meiner Klasse, wir waren in der fünften, einer der Buben sich in die Ecke knien, weil er das Ave-Maria nicht auf Altgriechisch heruntersagen konnte. Wenn „Ali" sich ärgerte, kam er ins Stottern und wetzte mit dem Zeigefinger der rechten Hand am Ausschnitt zwischen seinem Hals und dem weißen Kragen seiner Kutte. Ali war seinen Schülern im Gymnasium und im Konvikt in Freundlichkeit zugetan. Seine Freundlichkeit währte über die Matura hinaus. So erhielt ich von ihm regelmäßig Ansichtskarten.

Der Spitzname eines Professors konnte einiges über die Qualität eines Lehrers und Erziehers aussagen. Es gab aber auch neutrale Spitznamen, die den Betreffenden überhaupt nicht einordneten, wie zum Beispiel die Benennung nach seinem Mönchsnamen, ohne das Wort Pater davor, bloß „Paulus" oder „Emmeran".

Es war aber auch beides möglich: Mönchs- und Spitzname. So sprach man über einen äußerst beliebten und anständigen Pater als „Theoderich", aber auch als „Theo" und „Fips". Und der nicht bei allen beliebte Mathematikprofessor Pater Johannes wurde als „Jo" (Tscho gesprochen) bezeichnet. Für Pater Veremund, unter dem einige zu leiden hatten, hatte man den Namen „Vetschi" bereit, eine Bezeichnung, die an das Wort „Watsche" erinnert haben mag. Tatsächlich war dieser „Vetschi" ein Pädagoge, der gewaltige Ohrfeigen austeilen konnte – einige davon gab er mir zu spüren.

Ein bei manchen Burschen äußerst beliebter Physikprofessor hatte den Spitznamen „Harry", der sich auf einen mehrjährigen Amerikaaufenthalt dieses Paters bezog. Er war gegenüber gewissen „Freunderln" von penetranter Freundlichkeit. Grausam war er mit jenen, die sein Wohlwollen verloren hatten. Zu diesen Bedauernswerten gehörte ich. Auf allgemeinen Wunsch hin hatte ich ihm, dem Turnprofessor und meinen Klassenkollegen während eines Schikurses an einem gemütlichen Abend ein Lied vorgesungen, das ich einmal auf einer Schihütte gehört hatte. In diesem Lied wurden die Mädchen auf lockere Art besungen. Es hieß in dem Lied ungefähr so: „Ich ging einmal spazieren, um mich zu amüsieren. Da sah ich in der Ferne ein Mädchen stehn. Ich fragte sie bescheiden: Ach Fräulein, darf ich Sie begleiten … der Busen, den sie hatte, der war doch nur aus Watte, und jeden Tag ein neuer, der käme viel zu teuer …" Obwohl ich als unmusikalischer Mensch das Lied gänzlich unmelodisch von mir gegeben hatte, erhielt ich vor allem von meinen Klassenfreunden kräftigen Applaus. Auch Harry, unser Physikprofessor, lächelte.

Die Hinterlist dieses Lächelns erkannte ich erst, als er mich unmittelbar nach dem Schikurs so hart prüfte, daß ich ein „Nicht genügend" erhielt. Und auch im Zeugnis erhielt ich dann den „Pinsch". Harry hatte die Meinung gewonnen, daß ich ein ganz und gar unmöglicher Schüler sei, der nicht nur frech und faul sei, sondern der auch ordinäre Lieder singe.

Die Spitznamen zeigen, daß der Betreffende zumindest Beachtung findet, auch wenn man ihn nicht leiden mag. Dadurch, daß man Lehrern und Erziehern einen heiteren Spitznamen verpaßte, stellte man sich gleichzeitig über ihn und belustigte sich über ihn.

Der Spitzname des Schülers

Scherzhafte Kurzbezeichnungen gab es nicht nur für die Lehrer, sondern auch für die Schüler untereinander. Wie überall wurden Mitschüler mit zum Teil recht eigenartigen und witzigen Namen belegt, allerdings glaube ich, daß in einer Klosterschule, in der der Kontakt untereinander ein sehr intensiver ist, die Spitznamen viel mehr aussagen als in „gewöhnlichen" Schulen. Allerdings kommt nicht jeder in den Genuß eines solchen Scherznamens. Unauffällige Kollegen erhielten kaum einmal einen Spitznamen, während auffälligere mehrere Namen auf sich zogen. Diese Auffälligkeit konnte zum Beispiel in einem besonderen Charisma bestehen. So wurde in unserer Klasse der körperlich Größte, der auch im Alter uns etwas voraus war, in Anlehnung an den einäugigen Riesen, dem Odysseus mit seinen Gefährten sein einziges Auge ausgestochen hat, von uns „Polyphem" gerufen. Es mag sein, daß der Primus, der Klassenbeste, auf die Idee gekommen war, diesen liebenswürdigen Bauernsohn, Adolf Tragler hieß er und wurde später Missionar in Indien, derart zu benennen. Jedenfalls genoß Polyphem vor allem wegen seiner körperlichen Stärke in der Klasse und in der Abteilung höchstes Ansehen. Er war ein besonnener und stets freundlicher Bursche, der ganz und gar keine Ähnlichkeit mit dem menschenfressenden Riesen hatte. Aber die auffällige Körpergröße genügte als Anregung für diesen Spitznamen. Charisma hatte auch ein gewisser Franz Rammerstorfer, der ein wunderbarer Kamerad und ausgezeichneter Handballspieler war. Er wurde, aus welchen Gründen weiß ich nicht, bloß „Kores" genannt. Er führte neben seiner Existenz als der Franz Rammerstorfer noch die Existenz des Kores, und die war eine bedeutend andere. Mit dem Namen Kores verband sich für uns ein Bündel guter Eigenschaften: Kraft, Schlauheit, Kameradschaft und Intelligenz, denn immerhin gehörte er zu den Besten in der Klasse und war eine Koryphäe in Altgriechisch. Allerdings, dies sei hier eingefügt, war sein Lebensweg nach der Matura nicht der, den man sich von diesem gescheiten Mann erwünscht und erhofft hatte. Er studierte zwar Jus und schloß dieses Studium auch ab, aber er hatte kein besonderes Interesse an dieser für ihn langweiligen Wissenschaft und schon gar nicht an einem juristischen Beruf. Er kaufte sich ein Haus aus dem 15. Jahrhundert im Zentrum des Stiftsortes, wurde für eine Zeit Kellner in einem Sommerfrischeort im Salzkammergut und später schließlich eingestellt als Mitarbeiter in einem kleinen Betrieb, der Rinderhorn verarbeitete. Er arbeitete dort, weil er in der Nähe seines Hauses lag. Hin und wieder verrichtete er Dienste auch als Maurer. Als das Kloster und das Gymnasium für ein Jubiläum renoviert wurde, war er beim Bemalen der Außenmauern des Gymnasiums dabei. Mir wurde erzählt, daß Kores einmal in Maurerkleidung vor einem offenen Klassenfenster auf dem Gerüst arbeitete. Drinnen in der Klasse war gerade Unterricht in Griechisch. Er hörte zu, und als ein Schüler bei der Übersetzung einer Vokabel Schwierigkeiten hatte, soll er diesem vom Fenster aus die richtige Bedeutung zugerufen haben. Der Bursche sei erstaunt gewesen, daß ein unbekannter Maurer Altgriechisch beherrschte.

Mit dem Spitznamen, dies wollte ich hier ausdrücken, konnte sich ein bestimmtes Charisma verbinden. Freundlich waren auch jene Spitznamen, die eine besondere Eigenschaft wie eine äußerliche Auffälligkeit, ein exquisites Interesse oder ein auffälliges Gehabe hervorhoben. Auf ein heiteres Aussehen deutete zum Beispiel der Spitzname „Jimmy" für meinen Freund Gerald Rollé hin. Jimmy war der Name eines Elefantenbabys, über das wir damals einen Zeichentrickfilm gesehen hatten und dessen lieblicher Blick uns an unseren Klassenfreund erinnerte. Der Spitzname „Popanz", den Freund Helmuth Pöpperl trug, leitete sich von dessen Größe und Schwere ab. Er war eine stattliche Erscheinung und wäre gerne Schauspieler geworden. Einmal lasen wir im Deutschunterricht das Schillersche Theaterstück „Wilhelm Tell". In einem Text, den Helmuth las, damals nannten wir ihn schon Popanz, hieß es: „Da hängt der Popanz an der Stange." Damit war für uns klar, daß Popanz zu Recht so heiße. Sicherlich war uns der Spitzname Popanz auch darum angenehm, weil Helmuth im Familiennamen Pöpperl hieß, ein Name, der eigentlich gar nicht zu ihm, den großen blonden Burschen, paßte.

Gut paßte der Spitzname Knut zum Kurt Springer, dessen hagere Gestalt und rotblonden Haare an einen altnordischen Helden erinnerten.

Seinem besonderen Interesse am intensiven Lesen von Büchern des beliebten Karl May verdankte mein Bett- und Sitznachbar Karl Gatterbauer seinen Spitznamen „Hadschi". Er verbrachte einen Großteil des Tages mit der Lektüre der Karl-May-Romane. Er las während des Unterrichtes, soweit es möglich war, unter der Bank,

66

beim Frühstück, heimlich während der Studierstunden und auch am Klosett seine „Karl May". Er bekam den stolzen Namen „Hadschi" nach dem Reisegefährten des Kara Ben Nemsi im Orient, „Hadschi Halef Omar". Übrigens war es damals unser Stolz, sämtliche Namen des „Hadschi Halef Omar Ben Hadschi, Abul Abbas …" und so weiter auswendig herunterzusagen. Und besonders gut konnte dies Karl Gatterbauer, den wir daher zu Recht Hadschi nannten.

„Düses" hieß ein anderer Bursche. Sein Name leitet sich von seinem Interesse an den Düsenflugzeugen ab. Eine andere Deutung verweist darauf, daß Erwin Vierhauser im Schlafsaal entsprechende Gerüche von sich gegeben habe.

Andere Spitznamen waren nichts anderes als Verballhornungen oder heitere Abkürzungen des Familiennamens, wie zum Beispiel „Thales" für Thallinger, „Wittex" für Wittenberger, „Radlmoar" für Rathmaier, „Hiasi" für Hiesmayer, „Graves" für Grabner oder „Aiches" für Aichberger. Daneben gab es noch Spitznamen, die nichts anderes waren als irgendwelche Vornamen oder Abkürzungen von Vornamen, die eigentlich mit dem Namen des Betreffenden nichts zu tun hatten, wie Mucki, Jack und Mike. Amerikanische oder englische Namen waren wegen ihrer Internationalität spannend. Wolfgang Mayr hieß sogar „Liesl". Er erzählte mir, diesen Namen habe er bei einem Schulausflug nach Altpernstein in der ersten Klasse erworben. Auf der Burg war irgendwo der Name Liesl Mayr von einer Besucherin eingeritzt worden. Jemand aus seiner Klasse sah dieses Graffiti und sagte darauf zu ihm: „Liesl Mayr." Seit damals hatte er diesen Namen. Auch sein Bruder Bruno, der viele Jahre nach ihm an das Gymnasium kam, hat diesen Namen und aus praktischen Gründen auch seine Konviktsnummer übernommen.

Der durch den Spitznamen Ausgezeichnete konnte sicher sein, daß er den Freunden nicht unwichtig war, sondern daß man vielmehr Interesse an ihm bekundete.

Der Spitzname, auch wenn er den Glücklichen zunächst belei-

digen sollte, wie der des oben genannten „Düses", hob ihn aus der
Anonymität heraus, er verschaffte ihm eine gewisse Attraktivität.

Ähnlich war es auch mit der Benennung durch den Vornamen,
dies drückte eine gewisse Sympathie und Anerkennung aus, vor allem in den letzten Klassen. Wenn es hieß: „Der Anton hat auf der
Schularbeit ein ‚Nicht genügend'", so mag daraus freundschaftli-
ches Mitgefühl gesprochen haben. Hieß es jedoch bloß: „Der Hof-
stötter hat ein ‚Nicht genügend'", so konnte dies als Schadenfreude
aufgefaßt werden. Wurde jemand bloß mit dem Familiennamen
angesprochen, so war dies mitunter als Zeichen der Degradierung,
Mißachtung und Antipathie zu deuten.

Eine besondere Auszeichnung war es, wenn Professoren Burschen mit ihrem Vornamen oder ihrem Spitznamen ansprachen.
Besonders verstanden sich darauf der Turnprofessor und der Physikprofessor, die auf diese Weise Schüler eng an sich zu binden verstanden.

Feste Regeln gab es bei den Spitznamen nicht, vieles war auch
ein Zufall, dennoch sagte die Benennung von Klassenkameraden
durch Spitznamen und Vornamen einiges über ihre Stellung und
Beliebtheit aus.

Scherze mit Mitschülern

Die Scherze, die ich im folgenden bespreche, unterscheiden sich
von den schon erwähnten Infamien, bei denen Klassenkollegen regelrecht verspottet und erniedrigt werden. Auch bei den harmlosen Scherzen lacht man auf Kosten anderer, aber man degradiert sie
nicht, man belustigt sich nur. Scherze dieser Art wurden von den
Betroffenen hingenommen, um nicht als „Spaßverderber" dazustehen. Fühlte sich jemand durch einen solchen Scherz beleidigt und
zeigte dies, wurde er zumeist zurechtgewiesen: „Bist du aber leicht
angerührt!"

Im Falle solcher gemäßigten Scherze hatte man als Betroffener vorsichtig zu reagieren, um das Ansehen bei den Freunden nicht zu verlieren. Diese Scherze konnte man auch nur wieder durch Scherze kontern.

Offene Aggressionen wurden von den anderen übelgenommen, da, so hieß es dann, es sich ja „nur" um einen Scherz oder Witz gehandelt habe.

Zu den harmlosen Scherzen gehörte es, dem Freund einen Kleiderbügel mit der Spitze nach oben unter das Leintuch ins Bett zu stecken. Legte sich nun dieser müde von des Tages Last hinein, machte er sogleich die schmerzliche Erfahrung mit dem verborgenen Scherzartikel. Lächelte er, ohne viel Aufhebens zu machen, konnte er vielleicht damit rechnen, in Zukunft nicht mehr belästigt zu werden. Regte er sich aber furchtbar auf und wurde zornig, lieferte er genau die Reaktion, die die anderen amüsierte, und wurde als dankbares Objekt registriert.

Es gab aber auch Scherze, bei denen jemand mit heiteren Worten „gepflanzt" wurde, ohne daß Bosheit dahintersteckte. Diese Art der Neckereien wurde von den Betroffenen mit Heiterkeit aufgenommen, nämlich dann, wenn sie darin eine Form der Zuneigung und Anerkennung sahen. Sie fühlten sich geradezu geschmeichelt, wenn sie zum Ziel bestimmter Späße wurden. Ein freundlicher Spaß war zum Beispiel, jemandem die Schultasche oder ein anderes wichtiges Utensil zu verstecken, um es ihm dann doch zu geben, oder jemandem die Ärmel seines Nachthemdes zuzubinden. Oder man belustigte sich blödelnd beim Biertisch über den Freund, wobei ihm das Gefühl blieb, geachtet und beliebt zu sein. Diese Art des Blödelns hielt sich bei manchen früheren Klassenfreunden nach der Matura noch viele Jahre lang.

Not und Leidenschaft

Soziale und ökonomische Gründe:
„Not" und „Leidenschaft"

Auf die sozialen Gründe verweist auch Peter Rosegger in seiner Erzählung „Der Wildschütz" in seinem schönen Buch „Die Älpler".
Für Rosegger ist der Wilderer in der alten Kultur der Gebirgsbauern
beheimatet. Er ist so etwas wie ein „Kommunist", der es sich nicht
gefallen läßt, daß ihm das Recht zur Jagd genommen ist. Und der
Wilderer ist stolz darauf, den Mut zu haben, im wilden Gebirge der
Gams oder dem Rehbock nachzustellen. Rosegger beschreibt dies
so: „Die Wilderer kannten nur einen Herrn: die mit ihren Gewal-
ten und Schrecknissen sie zähmende Natur; sie kannten nur einen
Freund: ihren Kugelstutzen; kannten nur einen Feind: den Jäger."
  Mit einigem Stolz erzählten mir frühere Wilderer, es seien zwei
Dinge gewesen, die die jungen Burschen bewogen hätten, Wilderer
zu werden: Not, also die Armut der Bevölkerung, damit verbunden
die Freude am kräftigen, seltenen Fleisch, und Leidenschaft, nämlich die unbändige Freude an der Jagd und dem Abenteuer, welche
dem verwegenen Wilderer Ansehen bei Freunden und Mädchen
versprachen.
  „Weil die Zeiten schlecht waren, sind viele wildern gegangen",
erzählte mir ein alter Berufsjäger. Damit wollte er auf die soziale
und ökonomische Situation hinweisen, wie sie bis hin in die fünfziger Jahre das Leben der Landbevölkerung bestimmte.
  Ein alter, erfahrener Bergführer meiner Heimatgemeinde, mit
dem ich mich lange und intensiv über Wilderer unterhalten habe,
hat mir ähnliches über die Brüder seiner Mutter und einen schon
lange verstorbenen, ihm sehr lieben Senner, die aus der Not heraus
zu Wilderern geworden waren, erzählt. Diesen machte es aber auch
Spaß, den Jagdherrn und die Jäger an der Nase herumzuführen, und
schließlich hatten sie Freude an der Jagd. Der Bergführer schilderte:
„Der Hans N. war lange Halter (Senner) auf der Arlingalm oben.
Er hat auch gewildert, um ein paar Kreuzer zu verdienen. Die Dek-

ke des Wildes hat er verkauft, das Fleisch hat er selbst mit anderen gegessen. Meine Mutter war auch als Sennerin eine Zeit auf der Arlingalm. Darum hat sie ihn gekannt.

Auch die Brüder meiner Mutter, meine Onkeln, haben gewildert. Sie wohnten damals in einer kleinen Hütte mit einem offenen Herdfeuer. Sie waren alle sehr arm, sie waren ausgesteuert (bekamen keine Arbeitslose mehr!). Sie haben daher fleißig gewildert. Der ganze Dachboden war voll von Wildhäuten, die hat der Weiß-Jud zusammengekauft. Meine Mutter war deswegen immer ganz verzagt. Sie hatte Angst wegen der Gendarmerie gehabt. Einmal hat sich ihr Bruder, der Michl, ein Gewehr gekauft, soviel Geld hat er irgendwie zusammengebracht. Und das Gewehr hat sich der Hans N. einmal ausgeborgt, weil sein altes Gewehr nie gescheit getan hat. Leider ist der Hans erwischt worden, und das Gewehr war weg. Deswegen sind sie oft eingesperrt worden. Im Winter hat ihnen das nichts gemacht, denn im Gefängnis haben sie etwas zum Fressen bekommen. So war es in der Zeit nach dem Ersten Weltkrieg. Die Leute waren schon sehr arm. Sie sind wildern gegangen. Was hätten sie sonst auch tun sollen? Sie waren ja ausgesteuert."

Die Notlage vor allem nach dem Ersten Weltkrieg bis in die fünfziger Jahre rechtfertigte den kühnen Wilderer in seiner „Jagdleidenschaft". Auf diese „Leidenschaft" wurde in einzelnen Gesprächen besonders verwiesen, denn sie sei es auch gewesen, die vermögendere Bauern und andere Leute zum Wilddiebstahl trieb.

Der Ausdruck „Leidenschaft" ist wohl sehr weit zu deuten, er bezieht sich auf das umfassende Erlebnis der Jagd, zu dem beim Wilderer auch das stolze Gefühl gehört, etwas getan zu haben, das eigentlich verboten, aber für ihn und seine Umgebung durchaus akzeptabel ist. Der erfolgreiche (und auch waidmännische) Wilderer weiß sich als „schneidiger Kerl" geschätzt, dessen „Leidenschaft" sich nicht bloß beim Wild zeigte, sondern auch im Wirtshaus und bei den Mädchen.

Folgende kleine Geschichte aus einem Erzählband, die ich hier auszugsweise wiedergeben will, betont meine Überlegung, daß Ar-

mut, wie sie gegen Ende der Kriege herrschte, mehr oder weniger
„harmlose" Burschen zu verwegenen Widerern werden ließ, die
beim Jagen eine gewisse „Leidenschaft", wie ich sie verstehe, zeigten. In dieser Erzählung, die mit „Die Schwammerlsucher" übertitelt ist, heißt es u. a. über die Aktivitäten der beiden: „Rochus
und Urch jedoch zog es seit einiger Zeit – weil Krieg war und die
Lebensmittel immer knapper (!) wurden – nicht wegen der Ruhe
und des köstlichen Wassers zu dem paradiesischen Fleckchen. Beide
verband eine leidenschaftliche (!) Liebe zu gewissen Waldtieren …
Es war für Rochus und Urch immer ein herrlicher Anblick, diese
lieblichen Tiere … zu sehen. Verständlich war es auch, daß Rochus,
der leidenschaftlich (!) gerne Wälder durchquerte und fleischliche
Nahrung der vegetarischen vorzog, eines schönen Tages zu Urch
sagte: ‚Wie wär's mit einer Zubuße in dieser fleischknappen Zeit?'
Dabei zielten seine Gedanken auf die prächtigen Rehe … ‚Mein
Gott, was war auch schon dabei', sprach er weiter, ‚wenn man sich
ab und zu einen guten Bock holte? … und unsereinem würde damit geholfen sein. Unsere Mägen täten aufjauchzen, wenn sie statt
des ewigen grünen Fraßes und der vielen Schwammerln, die mir
schon zum Hals heraushängen, endlich einen anständigen Brocken
Fleisch zu verarbeiten bekämen. Ich bin zwar ein großer Tierfreund,
aber das Wild ist nun genau wie das Vieh dazu da, den Menschen
Fleisch zu liefern. Auch die Bauern würden sich freuen, wenn der
Flurschaden nicht mehr so fühlbar wäre (!). Die Forstverwaltung
ersetzt ihnen für die aufgefressenen Bohnen, Rüben und den Buch-
weizen ohnehin soviel wie nichts. Wir täten mithin uns und auch
den Bauern helfen.' Urch nickte zustimmend …, als er erwiderte:
‚Jede Woche ein paarmal Rehfleisch mit Knödel wär' nicht zu verachten!" Nachdem die beiden sich gegenseitig die Angst vor der
verbotenen Jagd ausgeredet und sich eingeredet hatten, daß der
Dorfgendarm in dieser schweren Zeit ohnehin nicht auf die Wilderer passen könne, gingen sie wildern. In der Geschichte geht es so
weiter: „Mit der Zeit fiel es den Dorfbewohnern allerdings auf, daß

die beiden so oft auf Schwammerlsuche gingen ... Weiterhin fielen
Schüsse. Einmal da, ein andermal dort ... Weiterhin krachte es in
den grünen Fraten und Halden, vergeblich das Bemühen der Hüter
der Gesetze ... Da sich die Bevölkerung über die Beamten schon
lustig zu machen begann, führten sie bei gewissen Verdächtigen ...
Hausdurchsuchungen durch." Die zwei Wilderer wurden gestellt
und verurteilt. Jedoch, so schließt der Aufsatz, würden sich diejenigen, die „Schwammerl suchen" gehen, also die, die wildern, von
den Ordnungshütern und anderen dadurch unterscheiden, daß sie
zufriedene und gutgenährt aussehende Burschen wären. Die beiden
wildernden Burschen, die sicherlich nicht „von selbst" auf die Idee
des Wilderns gekommen sind, kennen diese „Kultur des Wilderns"
und gehen auch entsprechend vor, um zu saftigen Fleischprodukten
zu gelangen.

Auch folgender Kommentar eines alten Berufsjägers aus Spital
am Pyhrn spielt auf diese Kultur der Armut an, für die das Wildern
charakteristisch war und „leidenschaftlich" getan wurde: „Früher ist
aus Not und Leidenschaft viel gewildert worden. Ich kannte einen,
den Hagendorfer, der hat aus Leidenschaft auch nach 1945 gewildert. Jagdschein hat er keinen gehabt und hat auch keinen bekommen, weil er vorbestraft war. Das ist doch klar, daß jemand, den
man wegen Wilderns erwischt hat, nicht die Jagdprüfung machen
darf. Aber er hätte auch kein Geld gehabt, ebenso wie die meisten
anderen, um einen Jagdschein zu machen. Es hat damals allen an
Geld gefehlt. Zum Jagern haben die armen Bergbauern alle keine
Chance gehabt. Nur die „Besseren" haben früher jagen gehen dürfen. Die anderen Menschen sind halb verhungert vor 1938. Ich weiß
es ja. Die Brüder meiner Frau haben auch gewildert. Sie waren neun
Kinder daheim und hatten nichts zum Essen. Der Vater war Eßmei-
ster im Sensenwerk. 1929 wurde er entlassen, weil die Russen keine
Sensen mehr abgenommen haben. Mit 13, 14 Jahren sind ihre Brüder schon als Wilderer unterwegs gewesen." Der Berufsjäger kennt
die Situation des Wilderns und bringt für sie Verständnis auf, zumal

die Anverwandten seiner Frau, also seine Schwager, selbst aktive Wilderer waren. Obwohl „natürlicher" Gegner des Wilderers akzeptiert er sie, indem er deren ökonomische Situation durchdenkt. Seine Ausführungen ergänzt er daher: „Nach dem Gesetz waren die Wilderer nicht im Recht. Das Gesetz war und ist gegen sie. Aber um das Gesetz haben sie sich nicht viel geschert. Es war genug Wild früher da. Und die Familie war froh, wenn der Bruder, Mann oder Sohn etwas zum Essen heimgebracht hat."

Ein 80 Jahre alter, bekannter Wilderer, der als Sohn eines Bergbauern aufwuchs und der die Armut des Bergbauern sehr früh erlebt hat, bekam schon in jungen Jahren einen Kontakt zur Jagd und den reichen Jagdherren, die sich ihre Gehilfen aus den Bergbauernhöfen holten. Und einer dieser Gehilfen war sein Vater, der dem Buben ein eher „schlechtes" Vorbild war, da er dem Jagdherrn diente, was dem künftigen Wilderer aber nicht gefiel: „Uns hier im Gebirge ist es nicht rosig gegangen. Mein Vater hat hie und da auf die Berge geschaut und hat gesehen, wie Gams herumgehüpft sind. Gerne hätte ich auch einmal eine Lederhose oder einen Gamsbart gehabt. Mein Gamsbart, den ich jetzt am Hut habe, habe ich mir als Wilderer geschossen. Das Wildern ist bei mir in Fleisch und Blut. Mein Vater mußte mit den Jagdherren herumrennen und mußte ihnen die Gams heruntertragen. Alleweil hat er gesagt: ‚Ich habe den Gams heruntergetragen, den die Herren geschossen haben.' Ich habe mir gesagt, so dumm bin ich einmal nicht, ich schieße mir den Gams selber."

Hier klingt so etwas wie Stolz an, nicht einem Jagdherrn dienen zu wollen, sondern für sich selbst zu jagen. Er, der arme Bergbauernsohn, wird schließlich zu einem bekannten Wilderer, von dem die Leute heute noch in den Gasthäusern mit Hochachtung sprechen.

Gerade unter den Gebirgsbauern finden sich viele Wilderer, und in manchen Gegenden verknüpfte man den Beruf des ärmeren Bauern sogar mit der verbotenen Tätigkeit als Wilderer. So hieß es vor dem Krieg: „Überall, wo in Oberweng (ein Weiler bei Spital am Pyhrn, der durchwegs aus Bauernhöfen besteht) ein Rauchfang herausschaut, schaut auch ein Wildschütz heraus." Ein Oberwenger Bauer, mit dem ich darüber sprach, erklärte dies so: „In der Nähe zum Wald und zum Berg gibt es die schönsten Gelegenheiten. Ein Gamsbart am Hut ist für jeden ein Stolz. Und wenn man sich keinen kaufen kann, so schießt man sich einen."

Zur Armut der Bergbauern, der sogenannten „Leidenschaft" an der Jagd und dem Ärger über die Herrschaft kam auch noch die Freude am Gamsbart und der Lederhose, die, wie noch zu sehen sein wird, jemanden symbolisch zu einem Wilderer werden lassen.

In der Geschichte über eine berühmt gewordene Wildererschlacht in Molln im Steyrtal schildert Peter Janisch das Wildern auch als „gerechtfertigte" Reaktion auf die Allmacht des reichen Jagdherrn. Schließlich richtete dessen Wild, welches der „kleine" Bauer nicht erlegen durfte, einigen Schaden an. Der Wilderer bezog daraus seine Rechtfertigung und sah sich von der Bevölkerung akzeptiert: „Das Wildern galt in der Zeit nach dem Ersten Weltkrieg ja auch im Steyrtal als eine Art Kavaliersdelikt. Man lebte jetzt zwar in einer Republik, doch die Großgrundbesitzer benahmen sich den kleinen Leuten gegenüber noch immer wie Feudalherren. In Molln hatte sich besonders die Herrschaft Graf Lamberg den Zorn der Bauern und Kleinlandbesitzer zugezogen. Das Wild der Herrschaft verursachte von Jahr zu Jahr größeren Schaden an Kulturen. Teilweise drangen die Tiere sogar in die Gärten ein und fraßen die Pflanzen aus den Blumenkisten an den Fenstern. Für die Beschwerden hatte die Herrschaft Lamberg aber taube Ohren. Sie wollte weder die Entschädigungszahlungen erhöhen noch den Wildbestand durch Abschuß auf ein vernünftiges Maß reduzieren. Die Leute griffen deshalb zur Selbsthilfe. Sie schlichen im Schutz der Dunkelheit hinaus in die Reviere, die Gesichter geschwärzt, den Stutzen schußbereit."

Die Spannung, die auch zur „Leidenschaft" gehört, macht das Wildern zu einem Erlebnis, durch welches der Akt der Nahrungs-

beschaffung und die Notwendigkeit der Verringerung des Wildbe-
standes an Reiz gewinnen.

Ein heute 60 Jahre alter, früherer Wilderer betont die „Leidenschaft", geht aber auch darauf ein, daß das Wildern innerhalb einer
Familie erlernt und weitergegeben werden kann: „Eine Jagdkarte
konnte ich mir nicht leisten. Nur die großen Bauern hatten Eigenjagden. Und jagen konnten nur die gehen, die viel Geld hatten.
Ich bin 1938 aus der Schule gekommen. Taschengeld gab es damals
keines. Das Wildern war für mich auch eine Freizeitbeschäftigung.
Das Erlebnis war für den Wilderer genau dasselbe wie für den Jäger.
Vielleicht war es für den Wilderer noch schöner, weil er es verstoh-
len machen mußte. Zur Jagdlust kam das Abenteuer. Bei uns liegt
die Leidenschaft zur Jagd in der Familie. Auch meine beiden Buben
gehen heute jagern. Mein Onkel, er ist beim Holzführen mit dem
Schlitten verunglückt, war ein gefürchteter Wilderer. Wenn es bei
dem gekracht hat, ist irgendwo was gelegen. Auch mein Vater, ein
Kleinhäusler, hat allerhand über das Wildern gewußt …"

Es steht also sehr wohl hinter dem Wildern eine gewisse Tradition, die in der Familie und in einem spezifischen kulturellen Rahmen sich verfestigt hat. Der „kleine" Mann sah sich zur Jagd ebenso
berechtigt wie der reiche, dem Geld und wirtschaftliche Macht zur
Verfügung standen. Ein Freund eines bereits verstorbenen, von den
Jägern gefürchteten Wilderers erzählte mir über diesen: „Der P. hat
die große Leidenschaft zur Jagd gehabt. Er hat bis in die fünfziger
Jahre gewildert, denn auch nach dem Krieg gab es wenig zu essen.
Die Großbauern und andere Privilegierte hatten die Möglichkeit
zur Jagd. Der P. hat oft zu mir gesagt: ‚Das Wild ist für alle da.'
Das war sein Ausspruch. Er hat arme Leute oft mit Fleisch beliefert.
Es war bei ihm Protest und Leidenschaft. Er hat schießen müssen,
wenn er ein Wild gesehen hat." Kritik an den herrschenden Jagd-
verhältnissen, welche ihm das Jagen nicht ermöglichten, paart sich
hier mit einem sozialen Rebellentum, auf das noch einzugehen sein
wird.

Protest gegenüber den Jagdberechtigten veranlaßte auch einen
später bekannten Wilderer aus dem Paltental, seinem Vater und seinem Onkel als Wilderer nachzufolgen. Er erzählte mir: „1940 bin
ich aus der Schule gekommen. Ich war gerade 14 Jahre alt. Sofort
ging ich in die Forstkanzlei und fragte dort, ob ich nicht als Jägerlehrling bei ihnen anfangen könne. ‚Ja', hat der Förster gesagt, ‚wir
brauchen eh einen', aber ich solle, wenn ich 16 bin, wiederkommen.
Genau an dem Tag, an dem ich 16 Jahre alt wurde, bin ich wieder
in die Forstkanzlei gegangen und habe wieder gefragt, ob sie mich
nicht als Jägerlehrling brauchten. ‚Ja', hat der Förster gesagt, ‚als
Holzknecht können Sie bei uns anfangen.' Darauf habe ich gesagt,
daß ich als Holzknecht nichts mit der Jägerei zu tun hätte. Und ich
wolle aber einmal Jäger werden. Der Förster meinte dann, als Jägerlehrling könne ich aber nicht aufgenommen werden. Ich war darauf
ganz fertig. Ganz weg war ich. Sie haben gewußt, der Vater war
auch schon Wildschütz. Keine Chance haben sie mir gegeben, Jäger
zu werden. So sind die Herren gewesen. Ganz falsch haben sie gehandelt. Heute wissen sie es. Ich wäre ein guter Jäger geworden. So
bin ich aber ein großer Wildschütz geworden. Weitum kennt man
mich, und weitum bin ich als Wildschütz bekannt. Selbst schuld
sind sie gewesen, daß ich das geworden bin. Ich hab' anständig gefragt. Ausgejagt haben sie mich. Geweint habe ich. Und heute sage
ich: Schön war es!"

Die mangelnde Chance, Jäger zu werden oder überhaupt die Jagdprüfung abzulegen, veranlaßte einige Männer, die mit dem Wildern
bereits früh durch Verwandte oder Bekannte konfrontiert worden
waren, zum Wilddieb zu werden. Sie griffen damit eine Tradition auf,
die schon irgendwie da war, und formulierten schließlich ihr Vorgehen als Protest. Ähnlich verhielt es sich auch mit denen, die als
Nationalsozialisten nach 1945 ihren Jagdschein und somit auch die
Jagdberechtigung aus politischen Gründen verloren haben.

Ein heute alter Bauer kam so in den Ruf, ein Wilderer zu sein.
Bei ihm vermischt sich damit sozialer Protest mit der begreiflichen

Lust, wieder einmal Wildfleisch zu essen: „Ich bin wildern gegangen, weil ich die Jagdpapiere nicht bekommen habe. Denn ich war ein Nazi. Vor dem Krieg hatte ich die Papiere. Nach dem Krieg habe ich dreimal darum angesucht. Ich war ja im Lager Glasenbach. Nach 1945 ist ein neuer Gemeindejagdleiter gekommen, der hat mich nicht wollen. Und weil sie mich dreimal abgewiesen haben, habe ich zu ihnen gesagt: ‚Jetzt stehle ich euch zu Fleiß eine Gams.‘ Früher habe ich ja nicht wildern brauchen, da hatte ich ja meine Papiere. Aber jetzt haben sie mich zum Wildern gezwungen. Ich habe ihnen nicht gesagt, wo und wann ich die Gams schieße. Die Gams habe ich dann auch geschossen und habe sie auf einem Karren heruntergeführt. Wir haben ja selbst eine Alm gehabt, dort habe ich die Gams geschossen. Am nächsten Tag in der Früh sind die Gendarmen gekommen. Ich habe nichts verheimlicht. Ich habe ihnen alles gesagt. Früher hat sich bei unserer Alm immer viel Wild gesammelt. Der Forstmeister hat mir damals erlaubt, ich könne mir jedes Jahr zwei Stück schießen. Das war vor dem Krieg und auch während des Krieges. 1945 haben sie den Forstmeister eingesperrt, weil er ein Nazi war. Ich habe mir dann die Gams trotzdem geschossen.“

Die Zeit nach 1945 war, nicht nur für den früheren Nationalsozialisten, auch eine Zeit der Not, in der ein entsprechendes Wildbret den kargen Speiseplan wesentlich aufgebessert hat.

Damit stimmt die Erzählung eines Mannes überein, dessen Vater für ehemalige Kollegen wilderte: „Mein Vater hat nach dem Krieg viel gewildert. Die Nazi, die in Glasenbach gesessen sind, hat er mit Fleisch beliefert. Das Fleisch haben wir in Milchkannen gegeben, und so haben wir es heruntergebracht.“

Typen von Wilderern – der Wildschütz und der Raubschütz

Eine Typologie von Wilderern zu erstellen ist nicht einfach. Es bieten sich verschiedene Kriterien an, wie das nach der Art des Wildes, das nach der Durchführung des Wilddiebstahls, nach der Herkunft des Wilderers u. ä. Mir erscheint eine Einteilung danach interessant, wie der Wilderer sich gegenüber dem Wild und dem Jäger verhält.

Grundsätzlich gibt es somit zwei Typen von Wilderern. Der eine versucht eher waidmännisch und fair (darauf ist noch einzugehen) und der andere eher hinterhältig und geradezu gefährlich für andere Menschen seine Tätigkeit auszuüben.

Ich sprach darüber mit einem langjährigen Wildschützen, der mit einigem Stolz ausführte, er würde zwischen dem „Wildschütz" und dem „Raubschütz" unterscheiden. Der Mann erzählte: „Die Raubschützen, das sind z. B. die, die vom Wild bloß das Haupt mit der Trophäe abschneiden. Ich kannte solche Raubschützen, das ist eine Gemeinheit. Das Fleisch haben sie liegenlassen, und die Häute haben sie abgezogen. So etwas Gemeines! Die Krickerln haben sie verkauft. Das waren für mich Raubschützen. Sie unterscheiden sich gewaltig von den Wildschützen. So Raubschützen kennen keine Schranken, wenn es ihnen möglich ist." In dieser Überlegung wird herausgestrichen, daß der Wildschütz sich in gewisser Weise – auch wenn er einer verbotenen Tätigkeit nachgeht – an Regeln hält, die auch den guten Jäger ausmachten. Die Orientierung am Jäger ist offensichtlich.

In diesem Sinn klingt es bei einem Wilderer an: „Es hat auch Wilderer gegeben, die bloß die Krickerln heruntergeschnitten haben. Andere wieder ließen den Aufbruch, also die Gedärme des Wildes, auf dem Steig liegen, damit sie ja der Jäger sieht. So etwas würde ich nie tun. Ich habe den Aufbruch immer irgendwo vergraben. Oft bin ich auch mit dem Jäger in Kontakt gekommen, aber es ist immer gutgegangen."

Es galt also auch, sich zu bemühen, dem Jäger aus dem Weg zu gehen und ihn nicht zu gefährden. Mit ihm sollte man sich nicht anlegen. Dies war eine wichtige Regel, und Wilderer, die das Leben eines Jägers oder Försters auf dem Gewissen hatten, ohne aus Notwehr gehandelt zu haben, verloren die Achtung des klassischen Wildschützen. So reagierte auch ein alter Wildschütz auf die Erzählung von einem Förster, der von drei Wilderern meuchlings erschossen worden ist, mit dem Ausdruck: „Gemeinheit".

Dazu paßt die Überlegung eines anderen Wilderers: „Es hat zweierlei Wilderer gegeben. Wilderer, die davonrannten, denen hat der Jäger eh nicht nachgeschossen. Und die, die sich dem Jäger gestellt haben. Da ist das Schießen angegangen. Die Besseren und Gescheiteren waren die, die weggelaufen sind."

Zu diesem Typ von Wilderer, der Gewalt nicht scheut, gehört auch der, der vor dem Tier keine Achtung hat. Über einen solchen „Raubschütz" und andere Formen des unfairen Wilderns erzählte mir ein Wilderer, der sich selbst als „echten Wildschütz" sieht: „Der N., mit dem bin ich ein paarmal mitgegangen, um zu wildern. Aber der hat mir nicht getaugt, denn der hat alles zusammengeschossen. Die Kitzgeiß und alles, was er gesehen hat. Dann hat es gekracht. Das habe ich nicht mögen. Verhaßt bei den wirklichen Wilderern waren auch die, die Schlingen gelegt haben. Das war eine Gemeinheit. Solche Schlingenleger waren Feiglinge. Ganz mies waren auch die, die mit einem Flobertgewehr geschossen haben. So ein Flobertgewehr geht höchstens 60 bis 70 Meter. Das Wild stirbt meist nicht gleich, sondern wird nur angebleit. Viel Wild ist da ganz elendiglich zugrunde gegangen. Solche Wilderer, die mit einem Flobertgewehr geschossen haben, habe ich nicht leiden mögen. Die habe ich verachtet."

Bei meinen Gesprächen mit Wilderern fiel mir auf, daß die Wilderer, die kalt berechnend erscheinen und die wenig Gefühl für Tier und Mensch aufbringen, nur wenig akzeptiert wurden. So wurde mir gegenüber ein ehemals bekannter Wilderer aus Spital am Pyhrn als „ein ganz kalter Mensch" geschildert. Auch wird ihm nachgetragen, daß er einmal seinen Vater mitsamt dem Leintuch aus dem Fenster geworfen habe. Besondere Gefühlskälte wird auch den heutigen Wilderern, die mit ihren Autos in der Nacht auf die Pirsch gehen, attestiert. Im aufgeblendeten Scheinwerfer versuchen sie, das äsende Wild zu erfassen. Das vom Scheinwerfer geblendete Wild bleibt wie gebannt stehen und bietet eine leichte Möglichkeit des Abschusses.

Über diesen Wilderertyp sprach ich auch mit der Tochter eines um 1935 von Wilderern erschossenen Försters. Die Frau konnte nicht verstehen, daß ein Wilderer einen Jäger, der ihn stellt, erschießt. Es ist nicht uninteressant, daß die Mörder dieses Försters nicht aus Not oder des Fleisches wegen unterwegs waren, sondern lediglich die Trophäen und die Haut des Wildes an sich nahmen, das Wildbret aber liegenließen. Mit dieser Kategorie von Wilderern bzw. den „Raubschützen" verglich die Frau die heutigen Autowilderer. Abschließend meinte sie: „Solche Wilderer könne man nicht achten!"

Vom „Raubschützen" ist der „Wildschütz" zu unterscheiden, nämlich jener Wilderer, der sich an gewisse Regeln hält, wie an die Respektierung der Schonzeit und die Meidung einer Auseinandersetzung mit dem Jäger.

Dem „Wildschütz" wird Gerissenheit und ein gutes Gefühl für das Tier zugeschrieben. Über einen solchen Wildschützen, einen Wilderer der frühen fünfziger Jahre in Windischgarsten, erzählte man mir, er sei „ein echter Wilderer" gewesen, ein „gewichster und schlauer Bursche", auf den man sich verlassen konnte. Und weiter: „Er ist immer davon ausgegangen, die Reichen haben alles und die anderen nichts. Gerne hätte man ihn irgendwo als Jäger eingestellt. Er hatte keine Jagdprüfung gehabt und hat sie auch nicht machen wollen. Er hat für sich jeden Zwang abgelehnt. So war er auch bei der Arbeit. Wenn es ihn einmal nicht gefreut hat, so hat er auch nichts gearbeitet. Er hat ein freies Leben führen müssen."

Von einem Arbeitskollegen wurde mir ähnliches über diesen Mann berichtet: „Als Mensch war der P. pfundig. Er starb nach einem Unfall. Ich hielt die Leichenpredigt. Er war ein guter Mensch und guter Kamerad. Man konnte sich auf ihn verlassen. Wo man ihn gebraucht hat, war er da. Aber er hat die große Leidenschaft der Jagd gehabt." Dieser Wilderer wird hier als eine Art Robin Hood geschildert, der sich das Recht zur Jagd nahm und über einige allgemein akzeptierte bzw. geschätzte menschliche Eigenschaften verfügte. Es kommt hier zu einer Romantisierung des Wildschützen, der seine ganze Schläue einsetzt, um entsprechend zu wildern. Der Wildschütz wird so zu einem „Ehrenmann", der Achtung verdient, da man von ihm auch Fairneß erwarten kann. Für gewöhnlich waren für die Wildschützen daher vorrangig Herrschaftsjagden interessant, denn hier konnten sie sich mit den reichen oder aristokratischen Jagdherren messen. Hier hatten sie das Gefühl, jemandem Wild gestohlen zu haben, der ohnehin genug davon hat. Bei einem Wilddiebstahl in Gemeindejagden oder kleineren Eigenjagden schädigte man schließlich eher den „kleinen" Mann – dies vor allem nach dem Zweiten Weltkrieg. Außerdem war das Wildern in solchen Revieren weniger interessant, weil es dort auch weniger Wild gab. Das „Herrschaftsrevier" bot dem Wilderer sowohl den nötigen Reiz wie auch das entsprechende Wild. Dies alles kommt in einem Interview zum Ausdruck, welches ich mit einem alten und erfahrenen Wildschützen führte: „Der typische Wildschütz mußte weit marschieren. In einer Gemeindejagd hat er nicht gewildert, dort erwischte er eh nichts, da mußte er hungern. Er ist weit in die Herrschaftsjagd hineingegangen. Erst dort kann er sich den Rucksack anfüllen." Und als ich fragte, ob es Spaß mache, den Jagdherrn zu ärgern bzw. ihm ein gutes Stück Wild zu stehlen, antwortete der frühere Wildschütz: „Ja freilich, denn der Arme ist früher sonst nicht zum Zug gekommen." Und über seine eigene Wilderertätigkeit meinte der Mann stolz: „Wo ich gewildert habe, ist das Wild niemandem abgegangen. Ich bin nur in Herrschaftsreviere eingebrochen. Und die haben mir gehört!"

Danach zeichnete es den „echten" Wildschützen aus, dem reichen Jagdherrn das Wild wegzuschießen. Er erschien demnach als sozialer Rebell, der sich, wie oben schon erwähnt, sein angestammtes Recht auf die Jagd vom Aristokraten nicht nehmen ließ. Durch das Wildern stellte er sich denjenigen gleich, die ihn bzw. seine Vorfahren unterdrückt und ausgebeutet hatten. Das Wildern im Herrschaftsrevier bedeutete für den Wildschützen somit nicht nur Abenteuer und einen vollen Rucksack, sondern verschaffte ihm auch gegenüber der Männergemeinschaft im Dorf Prestige. Schließlich stellte es ihn über das „gemeine Volk", denn er hatte gezeigt, er hat Mut und Schläue, den bestohlen zu haben, der nicht in diese Gegend gehört. Der Jagdherr war ja zumeist Städter oder Aristokrat, der nicht nur eine räumliche Distanz zu den Dorfbewohnern hatte, sondern auch eine soziale.

Der Wildschütz unterschied und unterscheidet sich somit sehr wohl von seinem negativen Gegenstück, dem Raubschützen, der sich an eine Art „Ehrenkodex" nicht zu halten schien, dem es alleine auf das Stück Fleisch ankam. Wie er es erlegte, das war ihm egal. Und hier liegt seine Problematik. Wegen des Wildes nahm er allerhand in Kauf. Tier und Mensch wurden dabei nicht geachtet. Über ein durch eine Schlinge getötetes Wild machte er sich beinahe ebensowenig Gedanken wie über den Tod eines Jägers, den er verschuldet hatte.

Der typische „Wildschütz" steht einem solchen Vorgehen, wie wir gesehen haben, mit äußerster Skepsis gegenüber. Für ihn war wichtig, als Waidmann angesehen zu werden, der zwar verbotenerweise, aber doch innerhalb eines bestimmten Comments das Wild erlegte. Er konnte daher auch mit einem entsprechenden Ansehen unter den anderen Wilderern und sogar Jägern, wie wir noch sehen werden, rechnen. Zu diesem Thema sprach ich auch mit Jägern, die ganz klar zwischen diesen beiden extremen Typen zu unterscheiden wußten und sogar mit einiger Hochachtung von den ihnen bekannten „Wildschützen" sprachen.

Eine solche Sympathie für den echten Wildschützen, dessen Vorgehen er allerdings nicht billigen kann, klingt in dem von Freiherrn von Dincklage um 1890 herausgebrachten Buch „Waidmannsbrauch und Jägerart" durch. Der Autor charakterisiert zunächst einmal den Wilderer: „Der Wilderer, das liegt schon in der Natur des verbrecherischen Gewerbes, kann nur durch physischen Mut, durch Unerschrockenheit Gewinn erreichen. Dazu ist er fast stets mit großer Körperkraft ausgestattet – Schwächlingen ist eben ein Broterwerb verschlossen, der nicht nur physische Anstrengung erfordert, sondern auch eine ununterbrochene Anspannung der Nerven und hohe Tätigkeit der Sinnesorgane ..." (von Dincklage, 1890, S. 221).

Von Dincklage verurteilt zwar den „Wildschützen" als einen „wüsten Gesellen", der mit einer „bewunderungswerten Schlauheit" ausgerüstet ist und der, so von Dincklage, „alles schießt" (a. a. O.); aber er schreibt auch etwas, und das ist für unsere Überlegung interessant:

„Dem ‚Wildschützen', dem Verbrecher, der wenigstens Mannesmut und Manneskraft in seinem üblen Gewerbe zeigen kann und haben muß, stellt sich eine weniger schädliche, aber im Grunde auch viel verachtenswertere Kategorie von ‚Wilddieben' gegenüber. Es sind die heimischen schleichenden feigen Kreaturen, die man meist zur Zeit der Dämmerung, an Waldessäumen, auf freien Feldern oder etwa an Wasserläufen bei Ausübung der niederen Jagd gewahrt ... Schlimmer noch ist der Schlingensteller. Denn nicht Reh, nicht Hase, nicht Huhn oder Fasan sind sicher vor seiner Hinterlist, wenn sie durch Wald und Feld oder Furchen ziehen ... Faßt aber der Jagdherr oder Schutzbeamte einen Schlingensteller, dann sei Ersteren geraten, eine Ungesetzlichkeit mit einer anderen zu sühnen und den feigsten aller Wilderer die Bekanntschaft mit dem Haselstock machen zu lassen. Das hilft besser als alle Strafmandate" (a. a. O., S. 22 f.).

Der vom „Wildschütz" zu unterscheidende „Schlingensteller" ist nach dem Autor – er spricht wohl für viele Vertreter seiner Profession – zu mißachten und symbolisch, eben durch das Verdreschen mit dem Stock, zu erniedrigen. Dem „Wildschütz" werden dagegen Attribute, wie Mannesmut und Manneskraft, zugestanden, die als durchaus positiv gesehen werden. Der Achtung, auch wenn sie nicht zugestanden wird, kann sich der „Wildschütz" in gewisser Weise sicher sein.

Der Schlingen verwendende Wilderer, ein „Raubschütz", muß jedoch damit rechnen, verachtet zu werden. Er steht in der Hierarchie der Wilddiebe an der untersten Stelle.

Deutlich wird dies auch bei Fuchs, der ohnehin den Wilderer als solchen zu stigmatisieren sucht. Dem Schlingensteller bringt Fuchs besonders haßvolle Gefühle entgegen, überhaupt, wenn dieser früher einmal Jäger war. Ihm ist alles zuzutrauen, er ist von einer minderen Menschlichkeit. Fuchs schreibt über einen solchen Wilderer: „Dieser wildernde Jäger übte allerdings die scheußlichste und feigste Art des Wilderns aus, nämlich das Schlingenstellen. Mit dessen grausamem und gemeinem Charakter paaren sich in der Regel auch andere üble Eigenschaften des Wilderers, insbesondere seine Rachsucht, die sich, wenn sie ihr Opfer endlich aus heimtückischem Hinterhalt überfallen hat, nicht genug an Quälereien tun kann. Da werden Jäger zu Krüppeln geschossen, gestochen, halbtot geschlagen, lebend aufgehängt, noch atmend verscharrt, mit Füßen totgetreten und bis ans Ende verhöhnt. Ich erinnere mich dabei unter anderem an den Fall im Chodenwald. Dort überfielen Pechkratzer den Förster vom Silberberg. Sie banden ihn mit Füßen aufwärts so an eine Fichte, daß sein Kopf im Ameisenhaufen lag. Der Gefundene wurde aus seiner qualvollen Lage zwar wieder befreit, litt aber begreiflicherweise sein Leben lang an den Folgen dieser grausamen Behandlung …"

Alles, was an Widerwärtigkeit mit einem Wilderer verknüpft werden kann, verbindet Fuchs mit dem Schlingenleger, der traditionell von Jägern und „Wildschützen" gleichermaßen verurteilt und degradiert wird. In einem Artikel im „Deutschen Jäger" von 1892 unterscheidet ein Forstmann unmißverständlich zwischen Schlingenlegern und anderen Wilderern, wobei erstere als hinterhältig und ganz und gar verabscheuungswürdig hingestellt werden. Es heißt über eine „Prachtgestalt" von einem Förster: „Von den Wilderern ging er den Schlingenlegern arg zu Leib. Sein offenes, ehrliches Wesen hatte einen instinktartigen Widerwillen gegen diese Sorte von Wilddieben, und er fand nicht Worte genug, um seine Abscheu auszudrücken. ‚Ist mir leicht eine Natter im Bett nicht so zuwider, wie so ein Spitzbub …‘, versicherte er oft".

Ergänzend zu dieser hier versuchten Typologie will ich noch Anton Freiherr von Perfall, einen offensichtlich passionierten Jäger mit nicht übersehbarer Sympathie für den Wildschützen, zitieren. Er geht zunächst auch auf die Initiations- bzw. Mannbarkeitsbedeutung des Wilderns ein und die Einnahmemöglichkeit, die das gestohlene Wildbret hat: „Die Tätigkeit des Jagdgehilfen zerfällt in den Jagdschutz und die Jagdausübung … Jagdschutz gegen vierbeinige und zweibeinige Feinde. Unter den vierbeinigen kommt bei uns nur einer in Frage:

Der Fuchs, der Rastlose, der Ränkespinner. Die Rasse der zweibeinigen Feinde, der ‚Schützen‘, wie sie hierzulande heißen, ist in sich sehr verschieden. Da ist das kaum noch hinter dem Ohr trockne Bürscherl, dem es einmal in allen Gliedern juckt, das lustige Wagnis zu bestehen, sei es nur, um zeitlebens von dem einen kühnen Gang auf der Bierbank renommieren zu können, oder am Ende gar seinem Schatz irgend etwas ‚Fedriges‘ mitbringen zu können; kurz halt auch ‚Einer‘ zu sein! … Da ist der arme Teufel (der nächste Typ) von einem Holzer, einem Steinschlager, Kohlenbrenner oder Knechtl, dem das Biergeldl alleweil ausgeht, den eine Schuld drückt, der ein neues Gewand braucht oder gar zu gern auf den Kirtag ging mit seinem Madl … Er probiert's einmal. Der Teufel hilft ihm zu einem Rehgeißl. Der Wirt in der Klamm kauft's ihm um ein blankes 10-Mark-Stückl ab; vier Tagschichten in einer Stunde verdient! Probierst's noch einmal, es gibt ja genug so Viecher, und gestohlen ist es ja nicht einmal, ein jeder schneidige Bua tut es, a Ehr is' eher, kei Schand. Un wenn's wirklich auftreffst, daß er mit an Jager … no, nachher lauf ma halt davon! Oder wenn's gar nimmer geht, kost's halt a paar Wochn, fragt a kein Mensch. Schiaßn, an Mord begehen kein Gedanken – war no schöner. – Da ist das rechte, wahre, wilde Jagerblut (der nächste Typ), dem's keine Ruh laßt, siedet und kocht, kaum daß der Schnurrbart sich drehen läßt, das nicht fragt nach Geld und Gwinn, der richtige ‚Schütz‘, der aufgewachsen ist im Haß gegen die Jagerei, der nichts anderes gesehen und gehört hat im väterlichen Haus. Was? Er sich von so an Jagersknecht so an Dahergelaufenen, verbieten lassen, frei im Berg umanander zu streifen, er soll die Reh, die Gams von unten anschauen (!), er müßt eine schöne Letfeign sein, kein Madl könnt ihn mehr achten. … Herrgott, ist das ein Leben! Und gleich ins Gamsrevier, mitten rein! Wenn gleich der Jager in der Näh war – dann erst recht! Soll nur kommen, wenn er a Schneid hat. Grad verlangen tuat's ihm danach … Er soll seinen Mann finden. Da ist zuletzt der fertige Lump (der letzte Typ), der Desperado der Berge, der jeden ehrlichen Erwerb aufgegeben, den nicht die Ehrfurcht, nicht jugendlicher Übermut, nicht die Leidenschaft treibt, sondern einfach die Raub- und Diebeslust, zu dem sich auch sofort der hinterlistige Mord gesellt, wenn die Gelegenheit gegeben ist. Er ist mit allen Listen vertraut, kennt jede Terrainfalte seines Reviers, tritt am liebsten in Kompagnie mit einem gleichwertigen Genossen auf. Da er darauf angewiesen immer geldbedürftig, immer voll Diebesgelüste, ist er immer auf der Bahn. Ein furchtbarer Feind des Wildes, das er unablässig beunruhigt. Sein Haß gegen den Jäger ist ungemessen, er läßt es nicht auf das Zusammentreffen ankommen, auf einen Kampf Mann gegen Mann. Er wehrt sich nicht nur seiner Haut oder drückt sich wie die andere Art in die Büsche, wenn es noch möglich ist, sondern er mordet ohne Not, aus Haß, aus Bosheit, im Bewußtsein, sich seinen Todfeind vom Hals geschafft zu haben, aus dem Hinterhalt, scheinbar fliehend und sich dann verstellend

… Er ist eine gereizte Bestie, stets sprungbereit, und mit geschickt vorbereiteten Lügen … All diesen Burschen gegenüber, welche sich der Sympathie der ganzen Bevölkerung mehr oder minder erfreuen …, steht der Jagdgehilfe, allein mit seiner Büchse und seinem treuen Hund"

In diesen Sätzen charakterisiert der Autor Eigenschaften und Kriterien von Wilderern, die auch in den von mir geführten Interviews sehr deutlich zum Ausdruck kommen und auf die ich schon hingewiesen habe. Das Wildern als Prestigeerwerb unter jungen Männern wird von ihm ebenso angesprochen wie Strategien beim Wildern, die auch vom echten „Wildschütz" nicht akzeptiert werden.

Der ehrenhafte und der unehrenhafte Wilderer

Charakteristisch für soziale Rebellen ist schließlich auch ein spezieller Ehrenkodex.

In den von mir mit alten Wilderern geführten Gesprächen beriefen sich diese stets auf Regeln eines solchen Kodex, denn der „echte" Wildschütz will mit dem bloßen „Raubschützen" nichts zu tun haben. Als „Raubschütz" wird jemand gesehen, der nicht waidmännisch jagt, der „alles" schießt, also nicht davor zurückscheut, einem Kitz die Muttergeiß wegzuschießen, der Schlingen legt oder Fallen stellt, wodurch das Tier fürchterlichen Qualen ausgesetzt wird, und der sogar vor einem hinterlistigen Mord an einem Jäger nicht zurückschreckt.

Die volle Verachtung des Wildschützen trifft auch den modernen Autowilderer, der das Wild blendet, um es dann leichter erlegen zu können.

In einem Aufsatz aus der Jahrhundertwende wird anschaulich der „ehrenhafte" Wilderer von den anderen, verachtungswürdigen Wilderern unterschieden. Zuerst wird der echte Wildschütz gepriesen, den die Leidenschaft und der Mut zum Abenteuer in die Berge treibt: „… Da ist das rechte (!), wahre wilde Jägerblut, dem's keine Ruhe läßt … sich von einem Jagersknecht, so einem Dahergelaufenen verbieten lassen, frei im Berg umanander zu streifen, er soll … die Gams (!) von unten anschauen!? … kein Madl (!) könnte ihn mehr achten …" Über den nicht ehrbaren Wilderer heißt es weiter: „Da ist der fertige Lump, der Desperado der Berge, den nicht die Ehrfurcht, nicht jugendlicher Übermut, nicht die Leidenschaft (!) treibt, sondern einfach Raub- und Diebeslust, zu dem sofort sich der hinterlistige Mord (!) gesellt".

Dem kühnen „richtigen" Wildschützen wird also in dieser Überlegung jener Wilderer gegenübergestellt, für den das Wildern zu einer rein verbrecherischen Aktivität wird, bei der nicht einmal das Leben des angestellten Jägers geschont wird.

Es ist übrigens interessant, daß in dem Buch „Wilderer" von Fuchs, einem großen Gegner der Wilderer, dem Wilderer, der mit der Büchse wildert, nicht einmal eine halbe Seite gewidmet ist, während über jene schändlichen Wilderer, die mit Schlingen arbeiten, eine Vielzahl von Seiten handelt.

Das Schlingenlegen und auch das Fallenstellen wurde also vom echten Wildschützen als besonders ehrenrührig angesehen. Allerdings dürfte das Schlingenlegen, wodurch das Wild besonders zu leiden hatte, eher am flachen Land üblich gewesen sein als im Gebirge, wo der Wildschütz – wie auch die Lieder zeigen – stolz darauf war, als „echter" Schütz sich bergsteigend betätigt zu haben.

Folgende Geschichte aus dem Buch „Antifaschisten in SS-Uniform" von H.-P. Klausch verweist ebenso auf die Unterscheidung von „anständigem" und „unanständigem" Wilderer. Sie ist zeitgeschichtlich nicht uninteressant. Unter dem Titel „Hitler, die Jagd und die Wildschützen" heißt es unter anderem: „Am 23. 3. 1940 rief der persönliche Adjutant Himmlers im Reichsjustizministerium an und teilte laut Aktenvermerk mit: ‚Der Führer habe die Absicht, den sogenannten anständigen Wilderern Strafaufschub und ihnen, falls sie sich an der Front gut geführt haben, Amnestie zu gewähren …' Weitere Schriftstücke deuten darauf hin, daß es tatsächlich ein persönlicher Einfall Hitlers war, die in Haft befindlichen ‚Wildschützen' zum Kriegsdienst heranzuziehen."

Und in einem anderen Schreiben präzisierte Himmler: „Der Führer hat verfügt, daß sämtliche Wildschützen, besonders die bayrischer und ostmärkischer Herkunft, die nicht durch Schlingen (!), sondern durch Jägerei mit der Büchse das Gesetz übertreten haben", in eine eigene Kompanie – im ‚Wilddieb-Kommando Oranienburg', das der SS angegliedert war – einzusetzen sei" (Klausch, 1993, S. 27 f., 32)

Auf die Idee, „anständige Wildschützen" aus der Haft zu entlassen, sei Hitler gekommen, weil die Frau eines Wildschützen ihm geschrieben habe. Ihr Mann habe einen Hirsch im Sauwald geschossen und sitze deswegen im Gefängnis. Die Frau bat Hitler um einen Gnadenerweis für ihren Mann.

Hitler soll übrigens gemeint haben, „das Anständigste bei der Jagd ist das Wild, das Zweitanständigste der Wilderer, denn der setzt wenigstens sein Leben ein" (a. a. o.). Die „anständigen" Wilddiebe wurden also aus den Gefängnissen entlassen und in Sondereinheiten, so in der späteren SS-Sonderformation Dirlewanger, eingesetzt, wo man sich offensichtlich von den Wildschützen besondere Bravourleistungen hinsichtlich des Anschleichens und Schießens versprach (a. a. o.). Bereits 300 Jahre vorher waren deutsche Fürsten auf den Gedanken gekommen, bei Bedarf Wilddiebe mit zwangsweisem Militärdienst zu bestrafen. Wildschützen wurden auch in Strafeinheiten, den „Strafunis", der österreichisch-ungarischen Armee im Ersten Weltkrieg verwendet, und zwar in den zerklüfteten Bergregionen an den Grenzen der Monarchie.

Darüber schreibt Erwin Ebert: „Die Offiziere waren meist begeisterte Jäger ... Und ähnliches trifft wohl auch auf die Mannschaften aus den Alpenregionen zu, denn mancher Tiroler Wildschütz wirkte bei den ‚Strafuni' als pflichtgetreuer Gesetzeshüter" (zit. a. a. o., S. 29).

Der Wilderer, dies wollte ich mit obigen Hinweisen andeuten, wurde, wenn er kein übler Schlingenleger oder Fallensteller war, sondern ein echter Schütz, auch von grimmigen Kriegsherren romantisiert und entsprechend für eigene Zwecke gebraucht.

Jedenfalls hatten jene Wildschützen, die das Wild einigermaßen waidmännisch erlegt hatten, die Chance, Anerkennung und Achtung zu finden. Vor allem jedoch bei den „kleinen Leuten", aber auch bei anderen, die im Wildschützen ein Symbol für Mut und Rebellentum sahen.

Magie und Wildern

Magische Praktiken sollten, wie berichtet wird, schon vor Jahrhunderten Wilderern zu saftiger Beute verhelfen, sie gegen Kugeln von Jägern schützen und ihnen auch sonst Vorteile verschaffen. Der Wilderer brauchte bei seinen Jagdabenteuern besonderen Mut, um überhaupt dem Wild im unwegsamen gebirgigen Gelände folgen zu können. Um diesen Mut zu bekommen, trank man in manchen Gegenden das Blut von Gamsböcken. Der Gamsbock schien dafür vorrangig geeignet, weil er mit seinen schwarzen Rückenhaaren und seinem Gehörn dem leibhaftigen Teufel angeblich ähneln soll.

Nach altem Wildererglauben nahmen Wilderer bisweilen geweihte Hostien mit, um sich kugelfest und treffsicher zu machen. Im Jahre 1712 wurde im Salzburgischen der Wilderer Hans Schwab wegen Zertrümmerung einer heiligen Hostie und anderen Vergehen zum Tode verurteilt. Die Hostie hätte ihm bei seinen Wildererzügen behilflich sein sollen.

Im Jahre 1744 verkaufte im Pinzgau Lukas Oberreiter dem Mathias Holler, wie ein Dokument berichtet, nicht nur einen Kugelstutzen zum Wildern, sondern auch eine ungeweihte Hostie, die er als eine geweihte ausgegeben hatte (Walleitner, 1968, S. 16).

Über magische Rituale, die eine Verbindung von Wildern und Volksmedizin herstellen, berichtet 1915 Arthur Achleitner: „Infolge vieljährigen Aufenthaltes sommersüber im Oberennstal habe ich eine Unzahl von unglaublichen ‚Kuren‘ mit Wildteilen kennengelernt. Meine Kenntnisse auf diesem Gebiet vervollständigen in ebenso interessanter wie krasser Weise die Aufzeichnungen des Sanitätsrates Dr. Fossel, der viele Jahre hindurch Bezirksarzt in Liezen (Oberennstal) gewesen war. Aus seinen Angaben wird es begreiflich, warum die Wilderer zu gewissen Zeiten so erpicht sind, Gams, Reh, Hirsch, Urhahn von den Jägern ungesehen heimzubringen und Handel mit heißbegehrten Wildteilen zu treiben: Hat der Bergbauer ein ‚freudiges Familienereignis‘ im November zu erwarten, zeigen

sich aber beim Weibe die Geburtswehen nur schwach, so bestimmt
der Bauer den befreundeten Wilderer, so rasch als möglich eine
– Gamsrose zu beschaffen, die der Kreißenden in die Hand gegeben werden muß (Gamsrose – Brunftrose, die ausgeschnitten und
getrocknet wird). Also holt der Schütz einen brunftigen Gamsbock
herunter und verkauft die ‚duftende‘ Rose an den Bauern. Die Gat-
tin muß, während sie die Rose in der Hand hält, fleißig Honig essen
und Schwarzbeerenschnaps trinken, was die Geburt sehr erleichtert!
Vielbegehrt von Mädchen, die häufig an Zahnschmerzen leiden, ist
von Wilderern die ‚ausgeschossene Bleikugel, die durch das Wild
gegangen ist‘. Diese Kugel wird unter die Zunge gelegt und stillt
den Zahnschmerz. Wenn der Wilderer hübsch und jung ist, erzie-
len seine Küsse dieselbe Wirkung. Als ich vor vielen Jahren erstmals
nach Obersteiermark kam, war mir die Behauptung völlig neu, daß
unbeerdigt erschossene Wilderer schuld am andauernd groben Wetter seien …“ (zit. in Aberle, S. 155).

Diese Vorstellungen weisen darauf hin, daß Wilderer fest und
traditionell in das bäuerliche Leben eingebunden waren.

Wilderer selbst versuchten, mit geheimnisvollen Gegenständen
sich vor den Kugeln der Jäger zu schützen oder das Jagdglück zu beschwören. Zu solchen Dingen gehörten in Kärnten die sogenannten „Antlaßeier“. Diese Eier sind Teil des Osterbrauchtums. Ihre
wirkungsvolle Kraft beruht darauf, daß sie am Gründonnerstag,
dem ersten der drei „Antlaßtage“ (Ablaßtage), gelegt werden. Die
Antlaßeier hatten eine vielfältige Funktion. Man legte sie in den
Schrank, um die Motten fernzuhalten, man gab sie in den Troadka-
sten, damit Brot und Speck nicht zu Ende gingen, und man legte sie
ins Fenster, um ein drohendes Ungewitter abzuhalten. Beim Haus-
bau wird ein Antlaßei in die Grundmauer gelegt, und bei vielen
ähnlichen und anderen Anlässen sollte ein solches Ei Mensch, Tier
und Landschaft schützen. Auch Wilderer in Oberkärnten trugen
Antlaßeier bei sich, wenn sie auf den verbotenen Pirschgang gingen.
Sie versprachen sich von ihnen Schutz und das nötige Jagdglück.

Der Wilderer wird zum Jäger – die Beendigung des Wildererlebens

Seine intensiven Auseinandersetzungen mit dem Verhalten des Wildes und den Regeln der Natur haben den Wilderer zu einem erfahrenen Mann gemacht, der nicht nur gut zu schießen weiß. Der Wilderer wurde zum Konkurrenten des Jägers, dem er allerdings aus dem Weg zu gehen versucht. Ist sein Vorgehen auf der Pirsch waidmännisch, so kann er unter bestimmten Umständen mit dem Respekt des Jägers rechnen. Der Wilderer vermag sich also bei entsprechendem Einsatz durchaus Wissen und Fähigkeiten anzueignen, die ihn auch zum Jäger prädestinieren. Schließlich besteht auch eine spürbare innere Beziehung des Wilderers zum Jäger, die symbolisch, wie zu sehen war, zum Ausdruck kommt, z. B. im Gamsbart.

In einem Aufsatz aus dem Jahr 1904, geschrieben von einem Anton Freiherr von Perfall und übertitelt mit „Der Jagdgehilfe", wird diese eigentümliche Beziehung zwischen Jäger und Wildschütz angesprochen: „Das Lied von der Hahnfalz, vom Gamsei im Gwänd weckt schon in dem Jungen den Trieb; die romantischen Erzählungen der Alten von geheimen Pirschgängen, von dem ewigen Krieg, der sich abspielt in den Bergen zwischen Jäger und Schützen, die stolz getragenen Trophäen, die Grandlringe an den Fingern, die Gamsbärte und Auerhahnstößeln auf den Hüten, die ewig wirkende Macht männlichen Wagens auf die Weiblichkeit, das alles tut das übrige. Der Wildschütz oder der Jäger ist fertig. – Das heißt, das ‚oder' ist falsch, der erste schließt den zweiten nicht aus (!), im Gegenteil, das Wildschützentum ist die hohe Schule des Jägers. Ein Jahr wildern ist so eine Art Vorbedingung, das endgültige Erwischt werden nur zu oft der Anlaß zur ersten Anstellung … Zwei Vorteile hat die Sache, das ist gewiß: Der Jägerei werden die besten Kräfte zugeführt, andererseits die ihr gefährlichsten Elemente gewonnen, der Feind geschwächt … Hat der Schütz einmal die fürstliche oder herzogliche Krone auf dem Hut, so ist er ganz bei der Sache, der treueste Knecht, der für den Wechsel seiner Überzeugung auch mit seinem Leben einsteht, wenn es not tut …" (zit. in Aberle, S. 8). Auch andere Autoren weisen darauf hin, daß frühere Wilderer meist die besten Jäger und erbitterte Gegner ihrer einstigen Genossen sind. Von einem gefährlichen Wilderer, der zum Jäger wurde, weiß auch ein Geologe mit dem Namen Adolf Pichler im Jahre 1909 zu erzählen. Er trifft diesen Mann bei einer seiner Wanderungen. Als er ihn fragt, warum jetzt der Wildstand besser als früher wäre, antwortete der Mann heiter: „Findet Ihr das? Nun, das freut mich. Der Fürst hat mich nicht umsonst angestellt. Wäre mir nicht lieb, wenn auch nur eine Feder oder eine Klaue gestohlen würde." Dazu schreibt der Autor weiter: „Die Worte klangen seltsam aus dem Mund eines Mannes, der seinerzeit als der berüchtigtste Raubschütze galt, allein seit der Anstellung als Jäger setzt der seinen Stolz darein, das Gehege rein zu halten, und es möchte kaum zu raten sein, dort in unredlicher Absicht herumzustreifen. So ist der Versuch, überall Wilderer als Jäger einzustellen, keineswegs zur Bestätigung des Spruches ‚der Bock als Gärtner' ausgefallen" (zit. in Aberle, S. 104). Der Wilderer bringt also Kenntnisse mit, die ihm eine besondere Eignung für den Jagdaufseherdienst verschaffen.

Gerade diese fasziniert manchen Autor, und in den diversen Geschichten wird dies auch hervorgehoben. Voraussetzung ist wohl, daß der Wilderer auch ein guter Wildschütz war. In einer Schilderung, sie stammt auch von Perfall, wird darauf verwiesen, daß es mit der Anstellung eines Wilderers als Jäger nicht ganz einfach ist, wenn er kein gewiefter Wildschütz war.

Der Wilderer, auf den sich Perfall bezieht, hatte eine Gams geschossen. Diese kugelte den Abhang hinunter. Der Wilderer ihr nach, und als er sie sieht, „tut er einen lauten Juhschrei vor Freud". Dadurch wird ein Jäger auf ihn aufmerksam, der ihn darauf stellt. Der Jäger belustigt sich schließlich über das Juchzen des Wilderers. Nachdem dieser seine Strafe abgesessen hatte, als Knecht wurde er hinausgeworfen, überlegte er, was er nun tun solle: „Da sitzt er nun

– Halt! Einen Ausweg gibt's noch. Von jeher war die Wilderei das hohe Examen für den Jagddienst. Etwas sträubt sich in ihm dagegen … Könnt' er schießen auf einen, der auch nicht mehr getan hat als er jetzt? In Loisl steckt so etwas wie ein Charakter. Aber es muß sein, er muß sich ja sein Brot verdienen. Also zum Förster! No, der hat ihn anders angefahren – was er denn glaubt, ob die Jagerei für die Lumpen da sei? ‚Ja, aber Herr Förster, der Maxi, hoaßts, war früher a a Schütz'‘ – ‚Der Maxl? Der Maxl – und du? Der Max war wenigstens a richtiges Jagerblut! Da kann man noch an Auge zudruckn, aber so a Dummian wie du, der juchezt, wenn er an Gamsbock druckt, den kann man sein Lebtag nicht brauchen. Das schlag dir nur glei aus dem Kopf. Also b'hüt di Gott, Loisl.‘ So ist er entlassen. Nicht weil er ein Wilderer ist, sondern weil er ein schlechter ist.“ Also, ein Wildschütz, der nicht ein perfekter Jäger zu werden verspricht, hat wenig Chancen.

In dieser Richtung ist auch die Erzählung eines alten Wilderers interessant: „Am Schwarzenberg hat ein Deutscher die Jagd gehabt (vor 1938). Ich bin selbst dann bei ihm Jäger geworden. Für diesen Deutschen habe ich die Jagdhütte in seinem Revier gebaut. Außerdem habe ich bei ihm im Holz gearbeitet. Sein Jagdleiter hat zu mir einmal gesagt: ‚Geh, Franzi, mach die Jagdprüfung und gehe nicht mehr wildern.‘ Ich habe nun tatsächlich die Jagdprüfung gemacht, das habe ich meinem Chef, dem Jagdleiter, gesagt. Er hat gemeint zu mir: ‚Du übernimmst als Jäger die Gebiete um den Schwarzenberg, dein Stubwies, die Filzen, die Zickeralm und den Mitterberg.‘ Damit war es aus mit dem Wildern für mich. Ich habe nun meine Deputatgeiß gehabt (eine ihm als Jäger jährlich zum Abschuß zustehende Gams). Hie und da hat mich ein Jagdgast auf eine Gams mitgenommen. Wir haben damals sehr viele Gamsen gehabt. Es ist auch vorgekommen, daß der Jagdleiter gesagt hat zu mir: ‚Franzl, es sind noch sechs oder sieben Gamsen zum Abschießen, damit der Abschußplan erfüllt ist. Nimm dir eine mit. Wenn du willst, schieß dir eine Gams, es kostet dich nichts.‘ Vorher hatte ich sieben Jahre gewildert. Dann war ich 15 Jahre Jäger. Insgesamt habe ich meine 80 Gamsen geschossen. Als Wilderer habe ich eher weniger erlegt, vielleicht ein, zwei im Jahr. Geschossen habe ich schon immer gerne. Das war mir im Fleisch und Blut. Auch mein Vater und sein Bruder waren bereits Wilderer und dann Jäger. Als Jäger habe ich dann nicht mehr wildern müssen."

Der zünftige Wildschütz war also für den Jagdherrn oder seinen Jagdleiter als künftiger Jäger attraktiv, denn man versprach sich von ihm einiges, da er sich im Revier und mit den Tricks der Wilderer auskannte.

Daher meinte auch ein Wilderer zu mir: „Man sagt, ein guter Wilderer wird ein guter Jäger. Wenn ich mir heute die Gemeindejagden anschaue oder bei einem Begräbnis die Jäger, so kenne ich alle die, die früher einmal Wilderer waren. Heute gehen sie als Jäger mit!"

Nicht immer ist jedoch ein Wilderer darauf aus, unbedingt ein Jäger zu werden. Er weiß, daß man ihn derart vom Wildern wegzubringen und im Forst entsprechend einzusetzen versucht. Kein Interesse, Jäger zu werden, hatte der Onkel eines Wilderers, mit dem ich länger sprach: „Meinen Onkel hätten sie gerne zu einem Jäger gemacht. Einmal ließ ihn der Forstmeister zu sich holen, weil seine furchtbare Leidenschaft des Wilderns schon bekannt war. Er wollte ihn vom Wildern abhalten. Aber es hat nichts genützt. Der Onkel ist immer wieder wildern gegangen. Nun haben der Forstmeister und die Jäger gesagt: Den machen wir zu einem Jäger. Und mein Onkel hat zum Forstmeister gesagt: ‚Nein, Jäger werde ich keiner. Ich will doch unserem Herrgott den Tag nicht stehlen!‘ Mein Onkel ist weiter wildern gegangen."

Aus diesen Worten klingt der Stolz des klassischen Wilderers. Es mag sein, daß negative Erfahrungen mit Jägern hier mitspielen und so eine „gesunde" Abneigung gegenüber diesen deutlich wird. Der Wilderer macht sich lustig über den Jäger und distanziert sich von ihm.

Nicht ungern wurde jedoch ein in seiner Gegend, dem Paltental, bekannter Wilderer zum Jäger. Er definiert den Wunsch seiner
Bekannten, er solle die Jagdprüfung machen, eher als Kompliment:
„Um 1952 habe ich das Wildern aufgegeben. Ich wollte zuerst gar
nicht die Jagdprüfung machen. Mein Vater hatte einen Kollegen,
mit dem er wilderte. Und der war dann in der Gemeindejagd von
Trieben. Nach 1945 durften auch die Triebener Arbeiter jagen gehen. Vorher waren es nur die Triebener Bürger, die jagten. Von den
Arbeitern ließ man damals keinen zur Jagd hinzu. Nach dem Krieg
aber haben die Arbeiter den Bürgermeister gestellt, und nun haben
sie sich auch die Jagd genommen. Damals waren ja die Russen bei
uns, die haben sofort die Jagd an sich gerissen. Keiner hat sich da
etwas dagegen zu sagen getraut. Das kam den Arbeitern entgegen.
Heute ist es wieder so, daß wieder die mehr zum Zug kommen, die
Grund und Boden haben. Die haben das erste Recht. 1954 habe ich
also die Jagdprüfung gemacht. Damit war es aus mit dem schwarzen Jagern. Heute ist das Wildern auch gar nicht mehr notwendig,
jeder kann in einer Gemeindejagd mittun. Heute ist die Jagd mein
Hobby. Seit fünf Jahren bin ich in Pension und bin sogar in einem
unpolitischen Jagdschutzverein.“ Mit einigem Stolz zeigte mir der
Mann die Geweihe seiner in den letzten Jahren vor allem in Ungarn geschossenen Hirsche: „Der eine Hirsch ist mir insgesamt auf
50.000 Schilling gekommen. Und ein anderer auf 30.000 Schilling.
Ich habe immer fest gearbeitet und gespart. Jetzt leiste ich mir das.
Wenn ich in Ungarn bin, so behandelt man mich wie einen Jagdherrn, das gefällt mir. Ein Jäger bringt mich zu einem Stand und
trägt dann den Hirsch.“ Der frühere Wilderer genießt also seinen
Status als „Jagdherr“, der es sich leisten kann, für einen Abschuß zu
zahlen. Er ist stolz auf seine neuen Trophäen, die sich an frühere, die
aus seiner Wildererzeit stammen, reihen. Der Wilderer, dem früher
der Zugang zur Jagd verwehrt war, wurde zum akzeptierten Jäger.

Daß Wilderer zu ausgezeichneten Jägern werden können, wird
auch in dem Buch „Wilderer“, von Gendarmeriebezirksinspek-

tor Fuchs, hervorgehoben. Fuchs, der die Wilderer grundsätzlich
als grausame Bestien darstellt, die seiner Meinung nach mit allen
Mitteln zu bekämpfen sind, schildert die Begegnung mit einem Jäger, der früher Wilderer war: „… so kann es andererseits vorkom-
men, daß der ehemalige Wilderer den besten Jagdaufseher abgibt.
Vorsicht ist dabei allerdings immer ratsam. Da war ich auf einen
großen Hahn eingeladen. Mein Gastgeber hatte alles aufs beste für
mich eingerichtet, mir einen Jäger und Träger zur Verfügung gestellt
und noch ins Ohr geflüstert, daß der Jäger ein ehemaliger gefürchteter Wilderer sei, den er aus taktischen Gründen angestellt habe.
Als wir, der Jäger und ich, nach gutem Anblick dann am Abend in
der anheimelnden Jagdhütte alleine beisammen waren und sich der
Wilderer a. D. seinen aus Kartoffeln und Äpfeln zusammengebrau-
ten Sterz kochte, der übrigens ausgezeichnet schmeckte, suchte ich
vorsichtig mit ihm ins bezügliche Gespräch zu kommen. Er schien
jedoch noch nicht ganz von meiner ‚Zimmerreinheit‘ überzeugt zu
sein und blieb zunächst zwar freundlich, aber äußerst wortkarg. Erst
am nächsten Abend war ich ihm so weit nähergekommen, daß er
Zutrauen zu mir gefaßt hatte und schließlich die Umstände, die ihn
zum Wilderer gemacht hatten, enthüllte. Er war tatsächlich einer
der gesuchtesten und gefürchtetsten Raubschützen gewesen, wofür
allerdings eine erbliche Belastung verantwortlich zu machen war.
Seit Generationen hatten die männlichen Mitglieder seiner Familie
gewildert. Es gehörte demnach eiserne Energie dazu, den Bannring
zu durchbrechen. Diese Überwindungskraft hatte sein Vater aufge-
bracht, als mein Gewährsmann noch ein kleines Kind war und der
Alte bei einem Zusammenstoß mit Jägern durch einen Stockhieb
eine schwere Kopfverletzung davontrug. Offenbar aus bewußtem
Selbsterhaltungstrieb für sich und seine Familie hatte der Vater von
diesem Tag an zu wildern aufgehört und auch seine jungen Söhne
davon abzubringen versucht. Dieser Familiensinn ist in manchen
Gebieten ein derart ausgeprägter, daß, um nur ein Beispiel anzu-
führen, in St. Wolfgang ausschließlich ‚Buben‘, d. h. Männer bis

zu ihrer Verheiratung, wildern. Nach ihrer Verehelichung verbietet ihnen das ungeschriebene Gesetz die Weiterführung ihres illegalen Berufes, da der jetzt zum Familienvater Gewordene die Pflicht hat, so gefährlichen Passionen zu entsagen. So ähnlich war es auch mit meinem Hüttengefährten gewesen. ‚Du darfst mir nicht wildern!‘, hatte der Vater zu seinem Söhnchen gesagt, und das war folgsam genug, das Vaterwort zu beherzigen. Bis ihn ein befreundeter Bursche einmal ‚spaßhalber‘ zu einem Schwarzgang mitnahm. Als der Knabe dann sein Gewehr in Händen hielt und das zugeriegelte Wild vor sich hatte, da erwachte in ihm der ererbte Instinkt und er erlegte mit seinem ersten Schuß einen Bock … Und von diesem Augenblick an war der grüne Wald um einen gefährlichen Wilddieb reicher geworden. Oft waren ihm die Forstschutzbeamten auf den Fersen, doch sein Glück blieb ihm treu. Obwohl der nun geweckte Trieb ein fast übermächtiger war, stand er doch in stetem Widerstreit mit den ihm von seinem Vater eingeprägten Erziehungsgrundsätzen. Dieser seelische Kampf durfte ihn müder gemacht haben als der aufreibende körperliche, den er als Vielgesuchter täglich und stündlich durchzumachen hatte, so daß es, obwohl seinen Kreisen unverständlich, im Grunde nicht einmal so sehr befremdet, wenn er sich schließlich selbst den Behörden stellte. Da er nie zu denen gehört hatte, die sich aggressiv gegen den Jäger wenden, so tat man durchaus nichts Unkluges, als man ihm die Stelle eines Jagdschutzorgans anbot. Und man hatte es auch niemals zu bereuen, da die anderen Wilderer nur zu gut wußten, daß der neue Jäger sie, selbst in den abenteuerlichsten Vermummungen, schon alleine am Gang erkennen würde und außerdem wie kein anderer in die Schliche ihrer Zunft aus eigener Erfahrung eingeweiht war. So wurde das früher von Raubschützen wimmelnde Jagdgebiet mit dem Dienstantritt des bekehrten Saulus mit einem Schlag völlig wildererrein. Freilich glückt so ein Experiment nicht immer, daher ist, wie schon gesagt, Vorsicht geboten“ (Fuchs, 1952, S. 12 ff.).

Der gefürchtete Wildererfeind Fuchs zeigt in dieser Passage gut auf, daß gewisse soziale Kontakte und eine spezifische Tradition, in die man hineingeboren wird, einen jungen Mann zu einem Wilderer machen können. Wichtig für unsere Diskussion ist der Hinweis, daß der frühere Wilderer die Qualitäten eines guten Jägers in sich zu bergen vermag und seine Erfahrungen von den Forstleuten schließlich genützt werden. Übrigens ist an dieser Stelle auch die Feststellung interessant, daß in manchen Gebieten mit der Verheiratung das Wildern für den Burschen sein Ende findet. Dies unterstreicht meine obigen Überlegungen zum Wildern als Initiationsritual, als Präsentation des mannbar gewordenen Burschen.

In meinen Interviews mit Wilderen wird die Verehelichung als Zäsur einige Male betont. Die Heirat und die Pflichten des Familienvaters haben einige wohl davon abgehalten, weiter auf die schwarze Jagd zu gehen. Allerdings nicht für jeden galt die Heirat als bestimmendes Ende des Wildererlebens. Dort, wo echte Familientraditionen des Wilderns existierten, dort gehörte, wie wir sahen, das Wildern zu den Techniken der Versorgung der Familie.

Und schließlich endet die klassische Wilderei, die durch Not und die Beschränkung der Jagd auf wenige reiche Herren charakterisiert war, mit der aufkommenden wirtschaftlichen Besserstellung breiter Schichten und der Möglichkeit für jedermann, eine Jagdberechtigung zu erhalten. Dies spricht ein Bauer so an: „Das Wildern hat sich um 1951, 1952 aufgehört. Da ist der Wohlstand gekommen. Früher hätten wir uns keine Jagdkarte leisten können. Nur die großen Bauern hatten Eigenjagden ...“

Zum Schluß dieses Kapitels will ich noch aus einem Interview mit einem „schneidigen“ ehemaligen Wilderer zitieren. Dieser Mann genießt es, heute als anerkannter Waidmann akzeptiert zu sein, obwohl er früher deutliche Schwierigkeiten mit dem Jagdpersonal hatte. Er erzählt, wie er einen Jäger trifft, dem er früher einige Male unerkannt entkommen konnte: „Derselbe Jäger, der mich einmal angeschossen hat, hat viele Jahre später, als ich schon lange die Jagdprüfung hatte, mich für einen großen Jäger angeschaut. Er hat mir einmal auf die Achsel geklopft, das war um 1965, und hat gemeint, ich wäre ein guter Jäger. Darauf habe ich ihm gesagt, ich möchte mich mit ihm einmal zusammensetzen, dann erzähle ich ihm etwas. Wir haben uns zusammengesetzt im Wirtshaus, und ich habe ihm gesagt: ‚Jetzt muß ich dir erzählen, was passiert ist. Du hättest mich schon gleich erschossen, das war 1943!‘ Sagt er: ‚Ja mei, du bist das gewesen! Gott sei Dank, daß ich dich nicht getroffen habe.‘ Er hat sich also erinnern können. Sage ich: ‚Du hättest schon bald einen jungen Burschen erschossen, der nur ein Rucksackl gehabt hat. Und ein Fleisch haben wir damals gebraucht!‘ Damals haben wir ja nichts zu essen gehabt. Und der Jäger hat eine Freude gehabt, weil ich ihm das erzählt habe. Er hat gelacht. Er hat geglaubt, weil er mich nicht gut gekannt hat, ich sei immer ein richtiger Jäger gewesen. 1954 habe ich die Jagdprüfung gemacht.“

Es ist also zwischen einer individuellen und einer gesamtgesellschaftlich bedingten Beendigung des Wilderns zu unterscheiden. Aus individuellen Gründen mag ein Wildschütz seine Karriere mit der Heirat o. ä. beenden. Oder weil er einfach die Lust am Wildern verliert oder eben als Jäger eingestellt wird. Der erfahrene Wildschütz bietet dem Jagdherrn eine prächtige Möglichkeit, das Revier in einem guten Zustand zu erhalten. Er weiß, was er zu tun hat, um Wald und Wild vor allem vor seinen ehemaligen Kollegen zu schützen.

Gesamtgesellschaftlich verliert das Wildern nach dem Zweiten Weltkrieg oder spätestens in den fünfziger Jahren seine Bedeutung. Die Möglichkeit, an Gemeindejagden teilzunehmen oder überhaupt selbst Jäger zu werden, läßt es als uninteressant erscheinen, weiter als Wilderer in die Wälder zu gehen. Das Wildern, das noch weitergeführt wird, ist nicht mehr mit dem Wildern vor den fünfziger Jahren zu vergleichen.

Wilderer als Lieferanten von Wildbret für die Küche der Armen

Bei einem Vortrag in Wels anläßlich eines Festes des Nationalparks Kalkalpen im Juni 2004 hielt ich in einem Zelt einen Vortrag über die alten Wildschützen und erzählte auch über unser Wilderer-Kochbuch. Nach dem Vortrag kam ein freundlicher Herr zu mir und stellte sich als früherer Küchenchef eines oberösterreichischen Gefängnisses vor. Dann erzählte er mir etwas, das gut zu diesem Buch paßt, nämlich daß unter allen Gefangenen, die ihm in der Gefängnisküche bei der Essenszubereitung halfen, die eingesperrten Holzknechte und Wilderer die Kunst des Kochens weitaus am besten verstanden. Mir ist dies klar, denn Holzknechte und Wilderer haben gelernt, aus wenigen Bestandteilen, wie etwa aus Mehl, Eiern, Wasser und Erdäpfeln, Genießbares herzustellen, aber sie konnten auch aus dem gewilderten Stück Fleisch in Kürze am offenen Feuer einen saftigen Braten herstellen.

Fleisch gab es nicht viel in den Bauernhütten und Arbeiterquartieren. Man aß bescheiden einfache Speisen wie zum Beispiel Brotsuppe, Erdäpfelnudeln und Hasenöhrln. Und daher waren die armen Leute, nicht nur im Gebirge, froh, wenn hier und da ein gewildertes Stück Fleisch auf dem Küchentisch lag.

Gerade nach den letzten Kriegen, als das Gespenst des Hungers durch die Lande zog, waren es auch Arbeiter, die wilderten, um etwas Kräftiges auf dem Teller zu haben.

In dem folgenden Artikel aus dem „Linzer Volksblatt" vom 17. September 1925 sind es ein Kleinhäusler und Holzmeister, seine Ehefrau, ein Hilfsarbeiter und ein Hilfsarbeiterehepaar, die gemeinsam beim Wildern eines Hirschtieres beteiligt waren.

Es sei erwähnt, daß ich diese Geschichte einem freundlichen Herrn, der in Rosenau am Hengstpaß aufwuchs und in dessen Adern echtes Wildererblut fließt, verdanke. Unter der Überschrift „Ein sozialdemokratischer Gemeinderat als Wilddieb" heißt es :

„Windischgarsten, 15. 9. 1925. – Dass die Lambergische Forstverwaltung in Windischgarsten sich in ihrem Reviere ‚Sozialisie-
rungs‘ bestrebungen durch einen Vertreter der marxistischen Idee
nicht bieten lässt, daran musste auch der Holzmeister, Hausbesitzer
und Mitglied des sozialdemokratischen Gemeindeausschusses Johann Weinberger in Rosenau glauben. Vermutlich im Februar 1923
wurde auf dem Pirtstein von Wilderern ein Hirschtier erlegt und
man sprach damals schon die bestimmte Vermutung gegen einzelne
in der Nähe des Pirtsteins befindliche Bewohner aus, unter welchen
sich auch Weinberger befand. Vermutlich kamen den Gendarmen
von Windischgarsten Mitteilungen zu, laut welchen sich noch Teile des erwähnten Tieres im Hause des Weinberger befinden sollen.
Die hierauf vorgenommene Hausdurchsuchung förderte zutage, dass
das Tier zur Gänze in die Behausung des Weinberger gebracht wurde
und zum Transporte von der Schussstelle zum Hause der Hilfsarbeiter Götzendorfer, die Eheleute Johann und Karoline Weinberger und
die Hilfsarbeiterseheleute Franz und Amalia Berger behilflich gewesen sind. Der vorerwähnte Wildtransport wird jetzt ein gerichtliches
Nachspiel haben.“

Wie die Gerichtsverhandlung endete, weiß ich nicht. Klar ist
wohl, dass es durch Armut gepeinigte Arbeiter waren, die als Wilderer sich betätigten.

Auch unter den Arbeitern in der Saline und im Sodawerk von
Ebensee am Traunsee gab es nach dem letzten Krieg einige kühne
Wildschützen. Darüber erzählte mir Frau Gertrud Voh, die in Ebensee aufwuchs. Sie könne sich an einen Arbeiter erinnern, der in ihrer
Nachbarschaft in einem Arbeiterwohnhaus mit Frau und Kindern
wohnte und um 1950 häufig als Wildschütz unterwegs war. Wenn er
in den Felsen pirschte, schaute ihm seine Frau vom Küchenfenster
aus mit einem Feldstecher bei der verbotenen Jagd zu – in der Hoffnung auf einen guten Schuß auf eine Gams. Sah sie ihn mit einem
vollen Binkerl, also mit einem vollen Rucksack, nach Hause kommen, so machte sie alles auf dem Herd für einen Gamsbraten bereit.

Unter den Arbeitern von Ebensee dürfte es viele Wilderer gegeben haben. Sie waren geradezu berühmt dafür. Es existiert ein interessantes Bild von einem Faschingsumzug in Ebensee aus der Zeit um ungefähr 1920, auch dieses habe ich von der gütigen Frau Voh. Auf diesem Bild sind junge fesche Burschen zu sehen, die stolz ein Schild vor sich haben, auf dem das Wort „Wildschützen" prangt.

Ich sprach auch mit einem Wildschützen aus der Gegend um Trieben, einem einfachen Arbeiter, Viktor hieß er. Er erzählte mir, er habe nach dem letzten Krieg in den Jagdgebieten des Stiftes Admont gewildert und sei damals sehr beliebt bei den Sennerinnen gewesen, die er alle mit gutem Wildfleisch versorgt habe. Man nannte ihn daher „Ernährungsminister". Ans Heiraten dachte er nie, da er als Wildschütz von den Damen sehr umschwärmt war.

Wie wichtig seine Tätigkeit für die Gesundheit einzelner Menschen war, habe sich unter anderem darin gezeigt, dass seine Schwester, die eifrig das gewilderte Fleisch ihres Bruders aß, wie „Milch und Blut" ausgesehen habe. Dies sei sogar einem Gendarmen aufgefallen, denn die anderen Kinder im Dorf machten einen eher mageren Eindruck. Der Gendarm verdächtigte Viktor deswegen des Wilderns, aber er konnte ihm nichts nachweisen. Wildschützen gehörten also in Zeiten der Not zur Kultur der Armut im Gebirge.

Im Schatten des Pfarrhofes

Der Pfarrer, das Kirchenvolk, die Pfarrersköchin und der Kaplan

Etymologisch, also von der Wortwurzel her, leitet sich das Wort Pfarrer von den beiden griechischen Wörtern „para oikos" ab, die soviel bedeuten wie: „der, der neben dem Haus, also neben der Kirche, wohnt". Der Pfarrer ist demnach jemand, der seinen Wohnsitz bei der Kirche hat, der zu dieser gehört und wichtige Funktionen für die Gemeinschaft, für die die Kirche da ist, zu erfüllen hat. Aus diesem griechischen „para oikos" wird das lateinische Wort „parochus", das sich im Deutschen schließlich zum „Pfarrer" wandelt.

Darüber erzählte ich dem Pfarrer von Zwettl im Waldviertel, der auch Griechisch in einer Klosterschule gelernt hat. Ich saß mit ihm im alten Pfarrhaus und trank mit ihm und der Pfarrersköchin guten Wein. Dabei meinte er: „Es ist schön, dass der Pfarrhof ganz in der Nähe der Kirche ist. Das ist wichtig für den Gottesdienst." Die Bedeutung des Pfarrers ist also auf die Gemeinschaft, das Kirchenvolk, bezogen. Und bei diesem genießt er traditionell hohes Ansehen.

In der Hierarchie des Dorfes stand und steht daher der Pfarrer neben dem Arzt und dem Lehrer ganz oben. Ich erinnere mich an meine Kindheit als Sohn eines Landarztes, dass mein Vater und der Herr Pfarrer, „Herr Dechant" nannten wir ihn, von den Leuten des Dorfes gleich ehrfürchtig gegrüßt wurden. Es kam sogar vor, dass mein Vater gemeinsam mit dem Herrn Dechant zu einem schwer erkrankten Bauern marschierte. Mein Vater sah nach dem kranken Körper und der Pfarrer nahm die „Letzte Ölung" vor, damit der Kranke sicher sein könne, in ein angenehmes Jenseits überzugehen. Unser Herr „Dechant" war hoch angesehen, weil er auch die Mühe auf sich nahm, auf Berggipfel zu steigen, um auf diesen mit braven Bergsteigerinnen und Bergsteigern eine Gipfelmesse zu feiern.

Für die Menschen der Gemeinde gehörte und gehört zum Pfarrer auch die Pfarrersköchin. Beide erfreuen sich im Leben des Dorfes oder des Stadtviertels hoher Achtung.

Materiell war die Pfarrersköchin in früheren Zeiten jedoch vollkommen vom Pfarrer abhängig, daher war es oft auch eine Schwester, wie im Falle der Frau Sallinger, die für wenig Geld oder bloß für Kost und Quartier für den Pfarrer kochte und für ihn da war. Starb der Pfarrer, so konnte im günstigsten Fall die Pfarrersköchin in ihre Familie zurückkehren oder sie wurde vom neuen Pfarrer übernommen, ansonsten drohte, zumindest bis zum Krieg, Armut. Auch heute noch zahlt der Pfarrer der Pfarrersköchin ihren Lohn von seinem Gehalt, er bekommt jedoch grundsätzlich von der Diözese dafür einen Zuschuß. Und war die Pfarrersköchin alt, so war es ein Glück, wenn der Pfarrer mit ihr in Pension ging. Heute hat die Pfarrersköchin Anrecht auf eine angemessene Pension, die sie, wie zum Beispiel Frau Poldi im Waldviertel, auch zu genießen weiß. Nicht selten, wie ich zeigen werde, arbeitet die Pfarrersköchin, eine solche ist Frau Christl aus Zwettl, in ihrer Pension weiterhin im Pfarrhof. Klassisch dürfte es wohl sein, daß Pfarrer und Pfarrersköchin gemeinsam in Pension gehen und für diese, wie Frau Rosina mit ihrem hochverehrten Pfarrer, der leider zu früh starb, sogar ein Haus erwarben und renovierten. Jedenfalls genießen Pfarrer und Pfarrersköchin Ansehen und Respekt im Dorf.

Darüber schrieb mir auf meine Bitte hin Herr Franz Limberger, ein großer Kirchenmusiker und Freund von Pfarrersköchinnen aus Kirchdorf an der Krems, etwas, das ich hier vorab wiedergeben will. Er selbst verbindet mit der Gemeinschaft des Kirchenvolkes in der Pfarre ein mitunter heiteres Leben: „Als Pfarrersköchin zählte man zum Kreis der angesehenen Menschen im Dorf. Der Herr Pfarrer, der Herr Doktor und der Schullehrer waren Personen, die aufgrund ihres Studiums als sogenannte Gebildete angesehen wurden. Wer im Umkreis dieser Personen lebte, hatte durch seinen nahen Umgang mit diesen Persönlichkeiten ebenfalls einen hervorragenden Status erreicht. Wer sich im Pfarrhof heimisch nennen durfte, gehörte sozusagen der dörflichen Oberschicht an. Für mich war der Pfarrhof ein Kommunikationszentrum, ein Ort der Begegnung mit gescheiten Leuten und hübschen Mädchen. Die Kirchenchorproben im Pfarrhof waren ideal für uns Burschen, um mit Mädchen anzubandeln. Noch dazu unter dem Deckmantel der Kirche. Das konnte also nicht sündhaft sein. Ich erinnere mich gerne an diese vielen Abende auf der Hausbank im Pfarrhofgarten. Wer zum Freundeskreis der Pfarrersköchin gehörte, konnte eine Menge Vorteile nützen, die solch ein traditionsreiches Pfarrhaus und der Schutz der Kirche anbieten.

Pfarrersköchinnen waren für uns fast so etwas wie Obrigkeiten im kirchlichen Leben, genauso wie im weltlichen."

Eine Wiener Pfarrersköchin, die ihren Beruf in der Pfarre als eine „spannende Geschichte" sieht, bezieht sich auf die Bedeutung der Pfarrgemeinschaft, deren Symbol der Herr Pfarrer ist: „Eigentlich ist die Pfarre bei uns so etwas wie ein Grätzel. Ich treffe die Leute beim Einkaufen. Es gibt welche, mit denen stehe ich eine Dreiviertelstunde im Geschäft. Auch in der Stadt ist die Kirche etwas Familiäres. Beim Einkaufen haben sie bald gewußt, daß ich zur Kirche gehöre, und sie haben mich zum Beispiel gefragt, wann die Kindermette ist. Ich fühle mich hier zugehörig."

Es gehört wohl zu der vornehmsten Aufgabe des Pfarrers, darauf zu achten, daß seine Pfarre, auch wenn sie in der Stadt liegt, die Menschen miteinander verbindet. Dies geschieht durch die Durchführung von gemeinsamen Gottesdiensten, wie das „Lesen" von Messen an Sonn- und Feiertagen, dem Beten von Andachten, dem Feiern von Taufen und Hochzeiten, der geistlichen Leitung von Begräbnissen und ähnlichen Veranstaltungen. Dazu kommt noch, daß Pfarrer in Schulen am Unterricht beteiligt sind und bei diversen Veranstaltungen, wie Männerwallfahrten, mitmachen.

Großer Respekt wird dem Pfarrer von dem Kirchenvolk dadurch

entgegengebracht, daß er im Anschluß an Hochzeiten und Taufen zum Festessen eingeladen wird. Es wird so rituell gezeigt, daß der Herr Pfarrer ein wichtiger Teil der Gemeinschaft ist.

Aber auch in Männergesangsvereinen sind die Herren Pfarrer zu finden. Die Bedeutung des Pfarrers ist also auf die Gemeinschaft, das Kirchenvolk, bezogen.

Darüber schwärmt eine Wiener Pfarrersköchin: „Die Leute haben Respekt vor dem Pfarrer. Er ist nicht nur Pfarrer, er hat auch Funktionen in der Diözese, für die Männerbewegung. Er hat viel zu tun." Sie hat alle Achtung vor dem Herrn Pfarrer, er respektiert aber auch sie, was sie freut: „Es gibt wenig, was wir gemeinsam machen, nicht, weil wir wenig Zeit haben. Er hat aber alles gefördert, was ich mache, ob das Töpfern oder Zeichnen war. Viele Dinge, die ich jetzt mache und kann, hätte ich ohne seine Ermutigung nicht gemacht. Viele meiner Talente hat er ausgegraben." Diese Pfarrersköchin schätzt an ihrem Herrn Pfarrer, daß sie nach ihren Vorstellungen und ihren Neigungen das Kirchenvolk beschäftigen und unterhalten könne. Aber darüber wird später noch zu erzählen sein.

Manchen Pfarrern macht es Freude, die Jugend selbst zu führen. So veranstaltete unser Pfarrer von Spital am Pyhrn, der ein begeisterter Bergsteiger war, regelrechte Kletterkurse. Ein Mädchen, das dabei war, war von den Kletereien mit dem Herrn Pfarrer derart begeistert, daß sie im Laufe der Zeit zur besten Bergsteigerin der Welt wurde. Sie bestieg 8 Achttausender (Gerlinde Kaltenbrunner ist ihr Name). Im Sommer 2004 feierte die Gemeinde diese kühne Bergsteigerin, aber mit ihr auch den Herrn Pfarrer, der in ihr die Freude am Bergsteigen erweckt hat.

Eingesetzt ist der Pfarrer durch kirchliche Autoritäten, nämlich durch den Bischof oder den Abt eines Klosters, zu der die betreffende Pfarrei gehört. Der Pfarrer ist eine kirchliche Amtsperson. In seiner Kanzlei führt er seit alters her die Taufbücher und die Totenbücher. Auch das Festhalten von Ereignissen im Bereich der Pfarre obliegt dem Herrn Pfarrer. Die von ihm geführte Pfarrchronik wird bisweilen mit viel Liebe geführt. So erzählte mir eine Pfarrersköchin mit Stolz und Bewunderung, daß ihr Pfarrer die Pfarrchronik mit schönen Zeichnungen und Fotos geziert hat. In den Kanzleistunden während der Woche kommen Leute, die Auszüge aus den vom Pfarrer und seinen Vorgängern geführten Büchern wollen, Geld für eine Messe zahlen und aus anderen Gründen. Mitunter unterstützt die Pfarrersköchin den Pfarrer dabei, wenn es zum Beispiel gilt, Telefonanrufe entgegenzunehmen.

Zu den wesentlichen Aufgaben des Pfarrers gehört wohl das Lesen von Messen. Darüber sprach ich mit einer Wiener Pfarrersköchin, die sehr intensiv am Pfarrleben teilnimmt. Sie erzählte mir dazu: „Jeden Tag liest hier in der Pfarre der Pfarrer eine Messe, nur am Mittwoch liest er keine. An sich hat er am Mittwoch seinen freien Tag, aber meistens ist er ohnehin hier. Am Montag und Dienstag beginnt die Messe um 8 Uhr in der Früh. Am Donnerstag, Freitag, Samstag ist sie für den Abend um halb sieben angesetzt. Am Sonntag hat der Pfarrer drei Messen zu lesen: um 8 Uhr, um halb zehn Uhr und um 18 Uhr 30.“

Um seine Aufgaben zu erfüllen, verfügt der Pfarrer über ein Einkommen, von dem auch die Pfarrersköchin zu zahlen ist. In früheren Zeiten war es die Pfründe, das Benefizium, von der der Pfarrer und die Pfarrersköchin leben konnten. Diese Pfründen bestanden vor allem in landwirtschaftlichen Einkünften. Bauern hatten also dem Pfarrer Nahrungsmittel abzuliefern und allerhand Leistungen zu erbringen, damit der Pfarrer seine heiligmäßige und für die Allgemeinheit wichtige Existenz bestreiten konnte.

Man sprach daher und spricht heute noch vom Pfarrhof, denn mit dem Pfarrhaus war lange Zeit eine Landwirtschaft, ein Bauernhof, verbunden. Zu dieser Landwirtschaft gehörten Knechte und Mägde und eben auch die Pfarrersköchin. Wie im nächsten Kapitel zu sehen sein wird, entstammen die klassischen alten Pfarrersköchinnen tatsächlich der bäuerlichen Welt. Und sie kannten sich in der Landwirtschaft aus, die zumindest bis in die fünfziger Jahre mit dem Pfarrhof in vielen ländlichen Gemeinden verbunden war. Heute steht der Pfarrer im Sold der Diözese. Von dem ihm zustehenden Gehalt hat er sein Auslangen zu finden und die Pfarrersköchin zu bezahlen.

Aus alter Zeit rührt wohl die Bezeichnung „Pfarrherr", als der Pfarrer als der Herr über Grund und Boden angesehen wurde. Er besaß eine geradezu aristokratische Stellung im Dorf oder im Ortsteil.

Ich meinte einmal zu einem Pfarrer, daß er für mich so etwas wie ein Papst in seiner kleinen Welt sei. Er lächelte darauf und stimmte zu: „Das hat auch der Kirchenhistoriker Professor Loidl gesagt. Er meinte zu mir: ‚Vergessen Sie nicht, Herr Pfarrer, Sie sind in Ihrer Pfarre Pfarrer, Bischof und Papst in einem.' Als Pfarrer kann man auch nicht abgesetzt werden. Auf die Pfarre muß der Pfarrer selbst resignieren."

Da der Pfarrer, mit dem ich darüber sprach, den schönen Namen „Kaiser" trägt, werfe ich noch scherzhaft ein, daß im Grunde genommen der Pfarrer in seiner Gemeinde also mehr als ein Kaiser ist, nämlich ein Papst. Der Herr Pfarrer lächelt herzlich und sagt bloß: „Cäsaropapismus", womit er heiter auf die mittelalterliche Verbindung von Kaiser und Papst in einer Person hinweisen will. Im Sinne dieses Amtes und der Pfarrgemeinschaft ist es wohl auch, daß der Pfarrer, wie ich noch zeigen werde, die Alten und Kranken zu Hause aufsucht.

Die Pfarrersköchin Rosina aus dem Waldviertel, mit der ich darüber sprach, meinte dazu: „Der Pfarrer soll für die Leute dasein, er soll die alten Leute besuchen. Das hat der Pfarrer, bei dem ich war, immer gemacht."

Der Pfarrer wird geradezu als Vertreter Gottes in seiner kleinen Welt gesehen. Der Titel, mit dem er angesprochen wird, kann „Monsignore", „geistlicher Rat", „Dechant" oder ähnlich sein.

Grundsätzlich dürfte der Pfarrer mit der Anrede „Herr Pfarrer" zufrieden sein, schließlich drückt diese Anrede in trefflicher Weise seine Funktion als Hirte der Gemeinde aus.

Frau Rosina, die mir über ihr Leben mit einem Herrn Pfarrer einen Brief geschrieben hat, hielt in diesem über seine Bescheidenheit fest: „Als ihm der Titel Monsignore verliehen wurde, sagte er: ‚Jetzt könnte ich einen Talar mit roten Knopflöchern tragen, aber ich brauche keine Knopflöcher mit Entzündung!‘" Der Pfarrer macht sich lustig, er ist mit der Benennung „Pfarrer" zufrieden, denn als solcher respektieren ihn die Leute.

Darüber sprach ich auch mit dem Pfarrherrn einer kleinen Stadt im Waldviertel. Er meinte dazu: „Ich habe als Pfarrer den Titel Monsignore. Die Ansprache mit ‚Herr Pfarrer‘ aber ist mir lieber."

Für einen Pfarrer, dem es mit seiner Beziehung zum Kirchenvolk ernst ist, ist es wichtig, gut, während der Messe verständlich und eindringlich zu predigen. Es besteht dann die Hoffnung, daß die Gläubigen nach dem Meßbesuch sich sagen: „Heute hat er wieder gut gepredigt."

Über die Freude des Pfarrers am Predigen erzählt Frau Susi aus Wien: „Der Sonntag ist sicher für ihn anstrengend. Zu einem Sonntagsspaziergang kommt er nicht. Er predigt aber sehr gerne und predigt jedesmal etwas anderes. Er kann sehr gut frei reden. Meistens liegt am Samstagabend die Betonung auf der alttestamentarischen Lesung, am Sonntag um 8 Uhr predigt meist nicht der Pfarrer, sondern unser Diakon. Um halb zehn Uhr spricht der Pfarrer eher für Kinder und über das Evangelium, und am Sonntagabend ist es die zweite Lesung aus dem Neuen Testament, über die er predigt. Die Predigten überlegt er sich genau, aber er schreibt sich nichts auf. Der Pfarrer hat eine spitze Zunge. Ich weiß manches Mal genau, wenn er predigt, daß hinten ein Doktor oder ein Rechtsanwalt sitzt, den er in die Predigt einbaut. Er macht dabei eine solche Erwähnung, da weiß man genau, wer in der Kirche ist. Oft nennt der Pfarrer die Namen von Leuten, daß sie zum Beispiel die Lesung gehalten haben. Damit gibt es ein Wissen voneinander."

Die große Kunst und Aufgabe des Pfarrers ist es also, neben seinen Pflichten beim Messelesen, bei der Erteilung der Sakramente, bei der Durchführung von Begräbnissen und bei diversen liturgischen Veranstaltungen die Gemeinschaft des Kirchenvolkes aneinanderzubinden. Der Pfarrkirchenrat, in dem sich hoch ehrwürdige Leute der Kirchengemeinde befinden, und ähnliche demokratische Institutionen mögen ihm dabei helfen, aber er ist das Symbol dieser Gemeinschaft. Und die Pfarrersköchin bietet ihm den Hintergrund für seine Tätigkeit in diesem kirchlichen Rahmen.

Voll des Lobes über die Predigten ihres Bruders als Pfarrer ist auch Frau Sallinger aus Waidhofen: „Er hat gut gepredigt. Er hat darauf hingezielt, daß die Kapläne, die bei uns waren, nicht die Predigt auswendig lernen. Man soll sich nicht auf das Herunterlesen verlassen. Er hat oft bekrittelt, daß die Jungen zu viel herunterlesen."

Auch Frau Poldi meint: „Unser Herr Pfarrer hat jede Predigt frei geredet. Er hat daheim mit Stenographie die ganze Predigt durchgearbeitet. Bevor er in die Kirche gegangen ist, hat er sie noch einmal durchgesehen, und dann ist er hinübergegangen, hat die Predigt in die Tasche gesteckt und hat sie nicht mehr herausgenommen. Man spürt, wenn man frei redet, dass die Leute mittun." Ich frage Frau Poldi heiter, ob sie bei der Predigt geholfen habe. Sie lacht herzlich und verneint: „Dazu war ich nicht geschult." Jedenfalls bewundert sie, wie ihre Kolleginnen auch, die Fähigkeit ihres Herrn Pfarrers, frei von der Kanzel herab oder vor dem Altar zu reden. Der Pfarrer zeigt so ein gewisses Maß an Souveränität, die nicht nur der Pfarrersköchin imponiert.

Grundsätzlich versuchte die Pfarrersköchin wohl nicht, auf den Inhalt der Predigt Einfluß zu nehmen, obwohl es vorstellbar und sogar naheliegend ist, daß manche Pfarrer von den Sachen, die sie dem Kirchenvolk verkünden wollten, ihrer Pfarrersköchin berichteten. Von der Pfarrersköchin in Klaus erzählte mir Herr Limberger, daß sie Aushilfspfarrern auch etwas beim Aufsetzen der Predigt mithalf: „Jeder Priester, der zur Aushilfe nach Klaus kam, wurde zuerst einmal über die Eigenheiten des Pfarrvolkes, über Essenszeiten und sonstige Pfarrhofregeln informiert. Sie hatte den Ruf, nicht nur hervorragende Speisen aufzutischen, sondern sie kümmerte sich auch wie eine Meßnerin um alle Arbeiten in den beiden Kirchen. Nur Predigten schreiben, das tat sie nicht, obwohl sie aufgrund ihrer langjährigen Erfahrung schon wußte, was man den Leuten bei der Sonntagsmesse sagen sollte. Sie machte aber Vorschläge für die Predigten. Nicht jeder Aushilfspfarrer nahm ihre Vorschläge an, was sie allerdings nicht störte. Nach eigenwilligen Predigten wagte sie allerdings manche kritische Auseinandersetzung mit dem ,Herrn', wie sie jeden Pfarrer titulierte."

Für die Pfarreien war es typisch, daß dem Pfarrer ein Kaplan beigegeben war, manchmal auch zwei Kapläne, die sich als junge Priester auf den Beruf als Pfarrer vorbereiteten und durch Mithilfe am Pfarrbetrieb das nötige praktische Wissen dazu erwerben konnten. Heute sind Kapläne eher selten geworden.

Viel mit Kaplänen hat Frau Poldi in einer kleinen Waldviertler Pfarre zu tun gehabt: „Wenn die Kapläne frisch geweiht gekommen sind, so mußten sie sich erst einleben. Wenn sie einen guten Pfarrer hatten, so hat er ihnen überall geholfen.

In den kleineren Pfarren waren die Kapläne jeweils ein oder zwei Jahre und sind dann zu einer anderen Pfarre gekommen. Dann später, wie der Pfarrer schon älter war, hat er die Kapläne jeweils für drei Jahre gehabt. Das war mir selber lieber, denn da hat man den Herrn schon gekannt. Da hat man sich schon leichter mit ihm getan. Wenn ein Kaplan nur kurz geblieben ist, hat man sonst jedes Jahr lernen müssen, wie man ihn behandelt." Und Frau Sallinger, die bei dem Gespräch mit Frau Poldi dabei ist, fügt hinzu: „Die Kapläne waren meist um die 25 oder 26 Jahre alt. Waidhofen war nie ein Erstposten, weil die Pfarre zu groß war, bei den kleineren Pfarren haben sie sich leichter einarbeiten können. Als Pfarrersköchin muß man sich ihnen auch anpassen. Ich habe den jungen Kaplan immer gleich gefragt, ob es etwas gibt, das er nicht ißt oder nicht essen will."

Auch dem Kaplan begegneten die Pfarrersköchinnen mit Respekt. So meint Frau Poldi: „Ich war immer per sie mit den Kaplänen. Die Achtung ist viel größer, wenn man per sie ist."

Gegenüber dem Kaplan hat die Pfarrersköchin mitunter mütterliche Gefühle. Schließlich ist der Kaplan ein Lernender unter der Obhut des Pfarrers und wohnt im selben Haushalt wie der Pfarrer und seine Pfarrersköchin. Geradezu fürsorglich-heiter klingt die Klage von Frau Christl aus dem Waldviertel über den Kaplan, der auch Tormann der örtlichen Fußballmannschaft ist: „Wir haben einen schlampigen Kaplan, aber da nützt auch das ganze Reden nichts. Heute habe ich wieder gesagt: ‚Was tun wir mit dem Gewandkasten, er ist bis hinauf voll mit Pullovern?' Es ist eine Katastrophe!" Dabei lächelt sie.

Vom Kaplan erwartet sich die Pfarrersköchin allerdings, daß er mit Würde und allem Respekt seinen Aufgaben nachkommt. Ein Kaplan, der dies nicht tut, muß mit herber Kritik rechnen.

Frau Sallinger erinnert sich: „Einmal hat bei uns in Waidhofen ein Kaplan in der Schule mit ‚du' angefangen, das ist dann nicht mehr gegangen, die Schüler sind zu frech geworden. Meine Nichte hat mir erzählt, in der Schule bei ihr sei der Pfarrer mit den Kindern per du, sie könnten zu ihm kommen und mit ihm reden, er habe Getränke und solche Sachen. Er tue dies, damit die Kinder mit ihm über alles reden. Wie ich das gehört habe, war ich ganz baff. Der Kaplan hat keine Achtung genossen, meine Nichte hat abfällig über ihn gesprochen."

Auch Frau Poldi betont: „Eine gewisse Achtung gehört dazu. Ich habe allweil gesagt: Herr Pfarrer! Oder: Sie werden gerufen. Ich habe allweil eine Achtung gehabt, weil ich gewußt habe, er macht seine Arbeit ordentlich. Und er ist nett zu den Leuten und den Kaplänen. Das hat mir viel gegeben, auch im religiösen Leben, weil ich immer zu ihm aufschauen konnte. Ich habe gewußt, er macht eh alles in Ordnung. Ich bin auch vom Pfarrer geachtet worden. Wir sind alle um den Tisch beisammengesessen. Der Kaplan hat auch mit uns gegessen. Heute gibt es kaum mehr Kapläne, man muß die Pfarrer aus Polen holen. Es will bei uns keiner mehr auf sich nehmen, Pfarrer zu werden."

Frau Sallinger, mit der ich darüber sprach, überlegt: „Es gibt nette polnische Priester. Unser Nachfolger war ein Pole, er war ein guter Mann. Er hat selber gesagt, mit allen seinen Landsleuten, die nach Österreich als Pfarrer gekommen sind, ist er nicht einverstanden." Mit dem Nachwuchs ist es jedenfalls nicht einfach. Und die „echten" Pfarrersköchinnen, wie ich später noch zeigen werde, werden immer weniger.

Ähnlich wie die vor allem früheren Pfarrersköchinnen entstammen auch die alten Pfarrer nicht selten einem bäuerlichen Hintergrund. So auch der Herr Pfarrer, bei dem Frau Susi ihre Dienste verrichtet. Er ist um die Sechzig. Als ich mein Gespräch mit Frau Susi durchgeführte setzte er sich zu uns. Seine Eltern waren Kleinbauern im Burgenland. In der Volks- und Hauptschule zeigte er besonderen Fleiß und große Intelligenz, so daß der Pfarrer des Dorfes ihn in das Priesterseminar in Hollabrunn empfahl. Der Pfarrer hat ihn also „studieren lassen". Durch das Studium und die Priesterweihe „erhebt" sich der junge Pfarrer über den bäuerlichen Stand. Seine Familie ist stolz auf ihn. Die nun folgenden Seiten aus dem Tagebuch eines Pfarrers bestätigen diese Überlegungen.

Die Vorbereitung auf das Leben im Pfarrhof – die Klosterschule

Auf den nächsten Seiten erzählt der geistliche Herr über seine Kindheit und sein Leben im Internat der Klosterschule.

Diese Erzählung ist für dieses Buch höchst aufschlußreich, da sie nicht nur einen Blick auf den bäuerlichen Hintergrund der alten Geistlichen wirft, sondern auch über die Erziehung in der Klosterschule, die viele der früheren Pfarrherren genossen haben, Auskunft gibt. Ein Thema, das mich sehr interessiert, da ich selbst in eine Klosterschule gegangen bin und darüber ein Buch verfasst habe. Ich behaupte, dass sich seit dem 16. Jahrhundert bis in die sechziger Jahre des 20. Jahrhunderts in der Welt der Klosterschulen kaum etwas verändert hat. Es war geradezu eine mittelalterliche mönchische Kultur, die der Herr Pfarrer Sallinger und auch ich erlebt haben. Zunächst streift der Herr Pfarrer seine Kindheit, die eine fromme gewesen sein muß, dann schildert er die Aufnahmsprüfung in die Klosterschule zu Seitenstetten. Überschrieben ist dieser Aufsatz mit „Ich über mich": „Mein Glück fing an daheim bei Vater und Mutter. Uns zwei Buben wurde es nicht so ganz damals bewußt, wie viel schöner es doch gewesen wäre, wenn der Vater nicht hätte einrücken müssen zum 1. Weltkrieg 1914–1918. Er muß Furchtbares erlebt haben, sonst hätte er nicht den Ausspruch getan: ‚Lieber täte ich heute meinen Buben die Hände abhacken, als daß sie auch zu einem Krieg einrücken müßten.' Gut war es, daß ihn Gott dies nicht mehr erleben ließ, daß die drei Jüngsten einberufen wurden im 2. Weltkrieg, kaum erst der Schule entwachsen. Dazu hätte er nicht geschwiegen und die Nazi hätten ihn nach Dachau oder Mauthausen verbannt. Meinem Vater verdanke ich die Entscheidung, daß ich zum Studium ins Seminar nach Seitenstetten kam." Seine Eltern dachten wohl: „Vielleicht wird er einmal ein Pfarrer." Die Aufnahmsprüfung bestand er. Obwohl sein Vater im Herbst zunächst meinte: „Wir brauchen dich hier

zur Arbeit. – Gott kann ja warten", übersiedelte der junge Mann
in die Klosterschule.

Es entspricht der großen Frömmigkeit im Bauernhause der Familie Sallinger, daß schließlich alle drei Söhne Pfarrer wurden. Der
Beruf des Pfarrers brachte bis lange nach dem letzten Krieg der
gesamten bäuerlichen Familie Ansehen. Und für den jungen Bauernburschen war der Weg zum Pfarrer ein Weg aus der Enge des
Dorfes.

Heiter schreibt der Herr Pfarrer über die Aufnahmsprüfung:
„Die Aufnahmsprüfung war für mich keine Hexerei. In Erinnerung
ist mir die Deutschprüfung. Ein freier Aufsatz mit dem Titel ‚Mein
Lieblingstier'. Weiß aber nimmer, wie poetisch ich des Nachbarn
Hund beschrieben hab'. Weiß nur, daß wir dann eine Nacherzählung niederschreiben mußten über einen Mandarin in China.
Da hat es einen anderen Prüfling erwischt: den Franz Miksch aus
dem weltverlorenen Dorf Groß-Radischen. Der hat da droben im
obersten Waldviertel noch nie was gesehen oder gehört von einem
Mandarin. Darum schrieb er die Nacherzählung von einem ‚Mann,
der hieß Darin'. Er hat die Prüfung aber bestanden. Nur in Mathematik hatte er lauter ‚Fünfer' in der 1. Klasse. Wegen großem Fleiß
kam er durch. Mit 14 Jahren ging ihm der Knopf auf, und er wurde
ein guter Schüler und ein tüchtiger Pfarrer."

Seine Zeit im Internat, er spricht vom Seminar, empfindet der
Herr Pfarrer hart, oft plagt ihn das Heimweh, er erlebte aber auch
Freuden. Zur damaligen Zeit, auch bei mir war es in den fünfziger
Jahren noch so, durften die „Zöglinge" nur viermal im Jahr nach
Hause zu den Eltern fahren. Man war also einer dauernden Kontrolle durch die Patres ausgeliefert. Aber dennoch gibt es auch schöne und heitere Erinnerungen für den Herrn Pfarrer: „Rektor Kroißmayer und Vicerektor Oberbauer waren gute Erzieher. Kroißmayer
hielt uns viele schöne Lichtbildvorträge über seine Reisen. Jedes Jahr
im November gab es ein Seminartheater, wozu auch die Eltern eingeladen wurden. Schöne Volksstücke haben wir aufgeführt: ‚Lumpa-

zivagabundus', ‚Der Verschwender', ‚Peter Mayer, Wirt an der Mahr'.
Einer aus der 7. Klasse wurde jeweils zum ‚Theaterdirektor' gewählt,
auch ich einmal. Zum Gedächtnis des Stifters Udo von Seitenstetten
hat das Stiftsgymnasium auch ein Jubiläumsspiel aufgeführt, wo ich
auch mitspielen durfte. Am Schulschluß war jedesmal im Promulga-
tionssaal eine große Feier: Die besten Schüler aus den unteren vier
Klassen erhielten je ein Buch als Prämium; vier habe ich mir geholt.
Dann haben zwei Schüler ein Stück aus einem griechischen und römischen Dichter vorgetragen. Mit viel Lampenfieber habe ich als Primus
der 7. Klasse die Schluß- und Dankrede halten müssen. Im Winter
wurde im Seminarhof eine hölzerne Schlittenbahn aufgestellt. Erstmals durfte ein Seminarist Schi fahren gehen, das war ich, weil mir
der Turnprofessor Pater Erhart Schi geliehen hat. – Zu Weihnachten
haben wir vor dem Heimfahren ein Hirtenspiel aufgeführt. – Nach
Weihnachten war halt der Abschied von daheim jedesmal sehr schwer,
weil es doch immer so schön war bei den Geschwistern. In der 3. Klasse habe ich mich einmal allein in den Speisesaal gesetzt, um nicht in
meinem Schmerz gestört zu werden, da schrieb ich einen herzzerrei-
ßenden Brief, die Eltern sollen mich vom Heimweh erlösen und mich
heimnehmen. Zerrissen aber hab' ich den Brief am nächsten Tag, weil
es eh schon wieder viel ‚Gaudi' gab. – In der 3. Klasse hat uns Pater Jakob mit Griechisch überfordert und setzte gleich eine Schularbeit an.
Doch ich fühlte mich der Sache nicht gewachsen und schwänzte die
Schule, blieb am Morgen im Bett. ‚Kopfweh', klagte ich. Der Haus-
arzt Dr. Berger kam wie gewohnt, da es öfter solche armen Patienten
gab. Und er murmelte zum Herrn Rektor die Diagnose ‚Semestritis'.
Ein zweiter ähnlicher Fall lag im Krankenzimmer: der Wimmer Franz
aus Reitern bei Gföhl. Ihn fragte Dr. Berger: ‚Wann hast du denn den
letzten Stuhlgang gehabt?' Dieses Vokabel hatte der biedere Waldviertler sein Lebtag noch nicht gehört. Nach reiflichem Nachdenken
stotterte er: ‚Ich meine … voriges Jahr.' Er brauchte aber kein Abführ-
mittel, weil am nächsten Tag eh keine Schularbeit zu befürchten war
und die Gesundung raschest vor sich ging.“

Ein Krankenzimmer gab es auch im Konvikt zu Kremsmünster. Wir hielten uns ebenso gerne dort auf, denn als Kranker war man von den lästigen Schularbeiten befreit und konnte sich ein paar Tage erholen. In den Krankenzimmern ging es meist lustig zu, da manche der Kranken gar nicht krank waren, sondern sich nur krank stellten, um dem Schulbetrieb zu entkommen. Zu diesem Behufe wurde das Fieberthermometer von dem angeblich Kranken heimlich derart gerieben, dass es eine entsprechende Temperatur anzeigte, die ihn berechtigte, weiterhin in der Krankenabteilung zu bleiben. Auch unser Pfarrer Sallinger hat als Zögling des Internats seine „Krankheit" genossen.

In der nächsten Geschichte schildert der Autor den „1.-Mai-Ausflug": „Man schrieb das Jahr 1923. Jedes Jahr gab's da die Fußwanderung für die jeweils 1. Klasse auf den Sonntagsberg, den ‚Heiligen Berg des Mostviertels'. Frühstück: Stohsuppe und ein Stück Brot und drei rohe Erdäpfel. Das Brot war bald verzehrt, 3-Stunden-Marsch! Am Sonntagsberg: Staunen – Schauen, zum erstenmal so was Herrliches! Da war der Hunger vergessen. Die drei Erdäpfel gaben wir ab im ‚Hotel' Gassner und wir verschlangen dann mit Heißhunger die dicke Kartoffelsuppe. Keiner hat gemurrt. Es war harte Nachkriegszeit (nach dem 1. Weltkrieg)."

Auch über seine „beliebten Lehrer" schrieb Pfarrer Sallinger, so über einen, dem man den Spitznamen „Schuster" gegeben hatte: „Der Schuster, so hieß er im rauhen Studentenjargon. Aber im abwertenden Sinn, denn sein Vater war ein Schustermeister in der ‚urbs'! So nannte Hofrat Direktor Pater Anselm Salzer Waidhofen an der Ybbs, es war seine Heimatstadt, eben die ‚urbs'. Davon konnte er soviel erzählen, aber in fließendem Latein. Wir hörten begeistert zu. Bei unseren ersten Lateinlehrern, Pater Ämilian und Pater Friedrich, hatten wir in der 1. bis 4. Klasse so intensiv Latein eingeimpft bekommen, so dass wir alles verstanden, was der Pater Anselm erzählte. Er hatte in langen Nächten eine zweibändige deutsche Literaturgeschichte geschrieben, die auf allen Universitäten sehr geschätzt wurde. Er konnte so spannend vortragen, daß wir Aug' und Ohr bei seiner Schilderung der Biographie der Dichter waren. Goethe und Grillparzer schätzte er auf das höchste. Und störte wirklich einmal einer in der Deutschstunde, dann war sein ärgstes Schimpfwort: ‚Du Strumpf, du!' Mir hatte der Herr Hofrat die Schülerbücher anvertraut, und ich besorgte jeden Freitag die Bücherausgabe. Ich hatte daher auch die Schlüssel zur Bücherei. Und da ist ein Pech passiert: Es war zur Zeit der Obsternte. Ein Student hat halt immer Appetit. Ich war heimlich vom Seminar nachmittags abgehaut, lief auf die Burner Höh' und füllte mir die Hosen- und Rocktaschen. Es waren dort so reichlich viele Äpfel gefallen – ‚herrenloses Gut' –, ich dachte nicht an Diebstahl. Doch die Strafe folgte auf dem Fuße: Ich verlor dabei den Bibliotheksschlüssel. Ich mußte ja den Verlust dem Pater Anselm bekennen. Und ich erhielt von ihm einen neuen Schlüssel mit der Bemerkung: ‚Du Strumpf, du!'"

Unter der Überschrift „Der beliebte Mörder" schreibt der Herr Pfarrer: „Er war ein hervorragender Lehrer, der Pater Blasius Schwammel. In Religion wie in Deutsch konnte er interessant vortragen. Aber daß er ein Mörder war, erfuhren wir erst lange nach unserer Matura. Er hatte in der k. u. k. Armee der Monarchie als Offizier gedient. Damals galt noch das ungeschriebene Gesetz des Ehrenkodex, daß eine Ehrenbeleidigung unter Offizieren durch ein Duell ausgetragen werden mußte. Bei solch einem Duell ist nicht der Offizier Schwammel, sondern sein Gegner tödlich verletzt worden. Doch war er als Überlebender vom Anblick des Toten derart erschüttert, daß er die Offizierslaufbahn verließ, er beschloß, die Untat gutzumachen, und wurde Benediktinermönch im Stift Seitenstetten. Er dirigierte auch den Studentenchor. – Übrigens: Das Duell wurde unter Kaiser Franz Joseph abgeschafft. (…)

Ein anderer Lehrer hieß ‚der Götz': Das war die Kurzformel für unseren Professor Pater Gottfried Weiland. So nannten ihn die Konviktler, bei denen er Präfekt war. Er hat Geographie und Geschichte am Gymnasium unterrichtet. Mich haben Geographie und

Deutsch besonders interessiert. Darin wollte ich auch maturieren bei der ‚Mündlichen‘. Daher mußte ich eine Hausarbeit schreiben. Pater Gottfried wußte, daß ich damals schon bergsteigen ging. Deshalb gab er mir das Thema: ‚Geographische Erkenntnisse bei unseren Bergfahrten‘. Und ich schrieb wie ein ‚Profi‘. Bekam auch prompt ein ‚Sehr gut‘ und ein Maturazeugnis mit Auszeichnung.“

Dies berichtet der Herr Pfarrer über seine Gymnasialzeit, in der er die klassische alte humanistische Bildung, zu der Latein und Alt-griechisch gehörten, genoß, genauso wie ich. Heute, dies sei ein-gefügt, hat das Altgriechische in den Gymnasien an Bedeutung verloren, was eigentlich schade ist, denn der Großteil der Wissen-schaftssprache leitet sich aus dem Griechischen ab, aber auch Worte des Alltags wie Auto, Telefon und Geographie.

Aus seiner Zeit an der katholischen Universität in Salzburg, an der er sich auf sein Priesteramt vorbereitete, erfahren wir vom Pfar-rer Sallinger: „Große Gelehrte konnte ich hören in Salzburg auf der Universität. Bischof Michael gab mir dazu das Geld aus seiner Pri-vatschatulle. Er hatte ja vor, mich an ein Gymnasium [als Religions-lehrer, R. G.] zu schicken. Kaum war ich dann auf meinem Posten, kam schon ein Brief von ihm: ‚Professoren sind auch sterblich. Be-reiten Sie sich auf die Lehramtsprüfung vor!‘ Ich tat es, indem ich die Diplomarbeit zu schreiben begann. Professor Dr. Frank gab mir das Thema: ‚Die Bekämpfung des Alten Testaments durch den Ras-sen-Antisemitismus‘. Das war 1936. Hab’ nun viele Nazibücher und Nazischriften durchgeackert, was die alles gegen die Juden wußten. Als aber die Nazis 1938 in Österreich einmarschierten, sagte mir Dr. Frank: ‚Ändern wir den Titel, ein Sehr gut haben sie eh drauf. Aber lassen Sie die Arbeit schnell verschwinden, sonst kommen sie in das KZ Dachau.‘ – Am 1. Juni 1938 hatte ich die letzten schriftlichen und mündlichen Prüfungen. Ich war der einzige, der damals den Magister machte. Bin auch derzeit unter den 60 Priesterpensioni-sten der Diözese der einzige; sechs oder sieben haben das Doktorat gemacht. Bin aber froh darüber, daß ich in Salzburg wirklich große Gelehrte hörte: so etwa den Philosophen Dr. Alois Dempf von München, den Philosophen Dietrich von Hildebrand, den Dogmatiker Agostino Gemelli von Mailand, den Moralisten Alexander Horwart, den Atom- und Elektronenforscher Prof. Friedrich Dessauer aus Deutschland. – Man lernt nie aus. Gut, daß man dazu erzogen wurde. Deshalb haben wir nach der Matura über unsere Klassentür den Spruch geschrieben: Wenn der Mensch nicht geschunden wird, lernt er nichts!'"

Das Leben in den Pfarreien

Nun folgt in seinem „zweiten Sonntagsbuch" ein langes Kapitel über sein Leben in den Pfarreien, in denen er lebte und wirkte, es trägt die Überschrift: „Vom ersten bis zum letzten Posten". Ich denke, die Ausführungen des Herrn Pfarrers Sallinger sind zeitgeschichtlich von hohem Wert, sie zeigen aber auch, wie die Pfarrersköchin, seine Schwester, allmählich in sein Leben tritt:

„BEHAMBERG bei Steyr war mein erster Posten. Und das war schon eine gütige Fügung der göttlichen Vorsehung. Nur das erste Jahr, vom 1. August 1934 bis 1. August 1935, war schön. Nur sonntags hat der Herr Rat Gatterbauer noch seinen Dienst voll versehen können. Alles andere mußte ich tun: Schule, Katholische Jungschar, Landjugend, Burschenverein, Mädchenkongregation, Versehgänge bergauf, bergab, Theaterproben … Unser Vater war neugierig, wie es mir da droben geht. So fuhr er per Bahn nach Haidershofen und ging zu Fuß nach Behamberg. Es war Sonntag. Er schloß sich etlichen Kirchgängern an. Die erzählten ihm: ‚Einen neuen Kaplan haben wir jetzt bekommen, einen Neugeweihten. A bißl langsam ist er noch, aber den werden wir uns schon richten.' (…)

Es war gut so, daß ich in Behamberg meinen ersten Posten hatte und nicht weit hatte nach St. Valentin. Am 15. August 1935 hatte ich eben das Hochamt gesungen, da kam die Nachricht: ‚Der Vater liegt im Sterben im Linzer Krankenhaus.' Ich kam noch rechtzeitig hinauf. Mit der Mutter war ich in seinen letzten Stunden bei ihm. In den nächsten Zeiten kam ich doch öfter nach Klein-Erlaa. Da konnte ich das Primizgeschenk, das neue Steyr-Waffenrad, gut gebrauchen. – Im Februar 1936 starb mein erster Chef und ich wurde Pfarrprovisor. Die Haushälterin Sali ging zurück in ihr Elternhaus. Nun mußte ich den ‚Tierpark' auflösen: Ein flügellahmer Rabe hatte immer vor der Pfarrhof-Haustür die Leute begrüßt, der hatte, bevor er weg mußte, den kleinen Zeisig in der Küche umgebracht. Der Eichelhäher, der immer bei der Mahlzeit zu mir betteln kam, sowie die Lenerl im Käfig wurden verschenkt, und den treuen Haushund Rolf habe ich nach Klein-Erlaa gebracht, wo er liebevoll von den Geschwistern aufgenommen wurde. Er hat mir aber sein Lebtag die Treue bewahrt. So oft ich nach Klein-Erlaa kam, hat er mich freudig begrüßt und beim Fortgehen mir nachgeweint. Der Abschied von der braven Bauernpfarre fiel mir schwer, und sogar bei Burschen gab es Tränen. Der Bischof brauchte mich nun in GFÖHL als ‚Beschwichtigungshofrat'. Denn dort gab es Streit: Der Pfarrer Hilber hatte zur Seite den Turnverein – dem Kaplan standen zur Seite der katholische Volksbund und die Jugend. Der Bischof sagte mir: ‚Den Kaplan versetze ich (der ging bald in die Diözese Wien), aber dem Pfarrer will ich nichts antun. Er ist mein Studienkollege, aber ein komischer Kautz. Sie bekommen einen Kaplan', das war der Vinzenz Koller. Wir hatten nie einen Streit mit dem Pfarrer, wohl aber bei jeder Mahlzeit die köstlichste Unterhaltung, weil er soviel Originelles aus seinem Pfarrleben zu erzählen wußte. Er ging bald nach Krems in die Pension und ich wurde wieder Provisor. Bald kam als neuer Pfarrer Gottfried Kunka aus Echsenbach, ein ausgezeichneter Prediger. Zum 1. Februar 1938 kam meine Versetzungszeit nach NEULENGBACH. Dort war der Pfarrer Hiebl verstorben. Provisor wurde ein älterer Kaplan namens Bauer. Und ich wurde sein Helfer. Eine harte Zeit: viele Schulstunden, wo es schon gärte (Nazigefahr), ich diktierte am Abend meine Diplomar-

beit einer alten Tippmamsell, mußte fleißig studieren für die Lehramtsprüfung und auch für den dortigen sehr aktiven Liturgiekreis.
Dann kam noch die viele Schreiberei von Matrikenscheinen zum
Nachweis der arischen Abstammung. Denn der große Umbruch
brach herein über Österreich. Ich hörte noch im Radio den letzten
österreichischen Bundeskanzler Dr. Kurt Schuschnigg: ‚Ich weiche
der Gewalt – Gott schütze Österreich!‘ Von der Straße hörte man
Lärm – ein Fackelzug der Nazis! Ich ging in die kleine Empore neben meiner Kaplanwohnung, von der Empore sah man schön hinab
zum Tabernakel in der Pfarrkirche. ‚Jetzt ist es vorbei mit Österreich‘, war mein Gedanke und ich weinte. – Weil ich eben erst fünf
Wochen in Neulengbach war, hatte ich als unbeschriebenes Blatt
von der Nazipartei hier nichts zu befürchten. Mit dem neuen Pfarrer, ehemaliger Diözesan-Jugendseelsorger Josef Klamminger, gab
es eine schöne Zusammenarbeit. Meine Schwester, die Mitz, kam
auch auf ein paar Wochen zur Aushilfe in den Neulengbacher Pfarr-
haushalt.“

Herr Pfarrer Sallinger erzählt spannend von seiner Tätigkeit als
Kaplan. Damals war es noch üblich, die Versehgänge, also die Besu-
che bei den Kranken, zu Fuß und im priesterlichen Gewand durchzuführen. Beim Versehgang ging vor dem Priester, der in einer Mon-
stranz die geweihte Hostie trug, ein Ministrant und läutete. Die an
der Straße stehenden Menschen verbeugten und bekreuzigten sich.
So wurden die Menschen des Dorfes aufmerksam gemacht, dass jemand aus ihrer Gemeinde krank war und auf die heilige Kommuni-
on wartete. Als Priester auf dem Dorf war es also nicht einfach. Man
mußte viel wandern, heute fährt der Pfarrer mit dem Auto, er bleibt
anonym. Bemerkenswert ist auch der Hinweis auf die Matrikenschei-
ne, also die Taufscheine, mit denen den Leuten durch das Pfarramt
ihre „arische“ Abstammung bescheinigt wurde. Ergreifend ist sein
Hinweis, daß er weinte, als Österreich von den Nazis besetzt wurde.
Der Herr Pfarrer erzählt weiter über seinen Weg ins Waldviertel:

„Die neue und letzte Station: WAIDHOFEN an der THAYA.

Waidhofen an der Thaya, immer schon eine liberale Stadt, hatte eine Reihe Illegale, also heimliche Nazis, und nun nach dem Umbruch viele neue, die 1938 sich der Partei anschlossen, z.T. auch, um ihren Posten nicht zu verlieren. Deswegen traten auch viele aus der Kirche aus. Auch solche, die bisher auf seiten des Pfarrers Winglhofer standen. Den damaligen Religionsprofessor Dr. Panholzer hat der Landesschulrat in Pension geschickt. Ein neuer muß her! Dechant Winglhofer erklärte dem Bischof: Der neue Religionsprofessor soll den anderen Professoren am Gymnasium ebenbürtig sein durch einen akademischen Grad, also Dr. oder Magister. –

Ich wußte nicht einmal recht, wo dieses Waidhofen/Th. liegt: Jedenfalls muß man da eine Weltreise tun: Neulengbach – St. Pölten – Krems – Hadersdorf – Sigmundsherberg – Schwarzenau – Waidhofen /Th. fünfmal umsteigen. Die Damen Münster und Riedl begleiteten mich noch bis Sigmundsherberg, dann überließen sie mich dem unbekannten Waldviertel. Und es wurde meine zweite Heimat."

Unter die letzten drei Wörter zieht der Autor zwei Striche, als wolle er symbolisch andeuten, daß er in Waidhofen eine neue Welt betrat, die etwas völlig Neues in seinem Leben ist und dieses wesentlich bestimmt. Mit seiner wie gestochen erscheinenden Handschrift schreibt Pfarrer Sallinger, der nun auch zum Religionsprofessor wird, weiter: „Es erwartete mich Dechant R. Winglhofer am Bahnhof. Der alte Draschtak lud meine Koffer auf sein Brückenwagerl. – Tags darauf begann meine Lehrtätigkeit. Der Religionsunterricht war dadurch von den Nazis eingeschränkt worden, daß sich jene Schüler eigens anmelden mußten, die am Religionsunterricht teilnehmen wollten.

Darum gab's weniger Schüler im Religionsunterricht. Deshalb wurden Stunden auf den späten Nachmittag verlegt. So ist ein treuer Schüler aus Zwettl, wo es noch kein Gymnasium gab, erst um halb sieben Uhr abends heimgefahren (Eigl, der jetzige Besitzer der Zwettler Mineralölfirma). Mit einem schäbigen Schmäh haben mich die Nazis aus dem Gymnasium ausgebootet: Es verkündete der Direktor 1942: ‚Ab September wird ein anderer Herr die Religionsstunden übernehmen!' Wer? Und die Schüler erfuhren: ‚Der aus der Kirche ausgetretene Hauptschullehrer Albert Reiter!' Und die Schüler sagten: ‚Auf den sind wir nicht neugierig.' Es meldeten sich in der Schule nicht einmal 20. So hatten die Nazis ihr Ziel erreicht – ganz ‚legal'.

(...) Eines Tages kam Frau Uitz aus Puch weinend zu mir und erzählte, daß der NSDAP-Ortsgruppenleiter Winter ihr mitgeteilt hat, daß ihr dritter Sohn gefallen sei, aber sie soll es mit ‚stolzer Trauer' bekunden, daß sie drei Söhne dem Führer A. Hitler und dem Vaterland habe opfern können. Diese tapfere Frau sagte nur: ‚Wissen Sie, hätte man da nicht den festen christlichen Glauben, dann müßte man verzweifeln.' – Derselbe Herr K. Winter hat es aber dann nicht ‚in stolzer Trauer' ertragen, als Hitler und das 1000jährige Reich untergegangen sind. Er versteckte sich mit seiner Frau in einer Jagdhütte mit noch zwei Nazi-Anhängerinnen, als die Russen einmarschierten. Die zwei Frauen haben sich vergiftet. K. Winter hat seine Frau und dann sich selbst erschossen. Ich sah ihn mit zerschossenem Schädel in der Leichenhalle liegen, als ich wieder eine Einsegnung hatte."

Herr Pfarrer Sallinger behielt während der Nazizeit seine Aufrichtigkeit und er trauerte mit den Menschen, die unter dem Krieg zu leiden hatten. Die Nazis verachtete er wegen ihrer Gottlosigkeit. Daher fügt er den vorigen Ausführungen diesen Spruch aus Schillers „Wilhelm Tell" mit großer schöner Kunstschrift an: „Gottes Auge wacht! Gott sitzt hoch und er sieht weit. Bedenkt, daß ein Gott im Himmel ist, dem ihr müßt Rede stehen für alle Taten!"

Das nächste Kapitel, in dem er mit den verwundeten deutschen Soldaten mitleidet, überschreibt er mit „Der neue Anfang 1945": „Der war in Waidhofen/Th. auch sehr turbulent. Die Russen haben nach Kriegsende 6000 deutsche Verwundete aus tschechischen Lagern gebracht: Gymnasium, Konvikt, Volks- und Hauptschule, Krankenhausbaracke, Volkssturmbaracken (auf dem heutigen Kolpinghausgelände) waren überbelegt. Manche sind heimlich geflüchtet, von unseren Leuten mit Zivilkleidung versorgt, viele sind gestorben, täglich hatten der Dechant und ich Einsegnungen; über 200 liegen hier am Heldenfriedhof. Manche Abende habe ich in den Baracken verbracht. Interessante Gespräche ergaben sich mit dem verwundeten Dr. Walter Kröber. Er war evangelisch. Er konnte ausgeheilt in seine Heimat zurück. Er wurde Dozent an der Universität Bonn, BRD. Er übersetzte die ,Nachfolge Christi' von Thomas von Kempten aus dem Lateinischen, erschienen im Reclam-Verlag; er schenkte mir ein Exemplar. Dr. Kröber hatte eine große Freude, als wir uns beim Kölner Dom trafen. 1965 war ich dort mit mehreren Kolpingsöhnen beim Internationalen Kolpingtreffen."

Ein paar Seiten nach seinen biographischen Aufzeichnungen erzählt der Herr Pfarrer, dass dieser Dr. Kröber ein gläubiger Protestant gewesen wäre: „Diesem frommen und gescheiten Mann wäre es nie eingefallen, so unentschieden und liberal zu behaupten, es seien alle Religionen und alle Kirchen eh gleich und gleich wertvoll. Denn Wahrheit gibt es immer nur eine! Daher auch nur eine wahre Religion bzw. eine wahre Kirche Christi. Dank sei dem Herrn, der mich aus Gnad' zur wahren Kirche berufen hat."

Und verärgert schreibt er ebenso ein paar Seiten später unter der Überschrift „Ein Farbverkehrer": „Einen schäbigen Charakter hatten wir in Klein-Erlaa, den Flickschuster Aistleitner. Er war gleich ein begeisterter Hitler-Anhänger. Und als der ,Führer' 1938 im Triumphzug vom ,Reich' hereinkam und auf der Reichsstraße nach Wien fuhr, mußte er auch durch Klein-Erlaa und an dem Aistleitner-Häusl vorbei.

Genug Reisig hatte der Aistleitner schon vom Wald geholt, um die Haustür und Fenster mit Girlanden zu schmücken. Als aber 1945 die Russen einmarschierten, war aus dem begeisterten Nazi doch ebenso ein begeisterter Kommunist geworden. Als die Russen im Dorf herumfragten: ,Wo Nazi, wo Nazi?', erzählte er ihnen sogleich: ‚Beim Klein-Sallinger ist einer der Söhne bei der Waffen-SS!' Angeblich verriet er also den Russen, daß unser Fritz zur SS gezwungen worden sei. Aber das haben die Russen wahrscheinlich nicht verstanden. Sie hörten nur: ‚Nazi, SS', und schon kamen Russen und durchsuchten unser ganzes Haus nach SS und Nazis. Unsere Mutter mußte dann täglich für mehrere Russen kochen. Benahmen sich anständig. Nach der Russenzeit hat sich der Farbverkehrer Aistleitner nach Linz verduftet. Unser Fritz kam erst fünf Jahre nach dem Krieg heim aus russischer Kriegsgefangenschaft." Dem Herrn Pfarrer waren also Leute wie dieser Aistleitner, die ihre Fahne nach dem Wind richteten, widerlich.

Weiter heißt es im Text: „Mühsam war der Neubeginn am Gymnasium, als endlich die Russen es freigaben. Es fehlten noch Professoren. Ich mußte neben Religion auch Philosophie ein paar Jahre vortragen, was mich wie auch die Schüler der 7. und 8. Klasse sehr interessierte. Kurze Zeit hatte ich auch Latein. –

Eine erste Jugendwoche der neu entstandenen Kathol. Jugend leitete ich auf der Klosteralm in Lilienfeld. Eine erste Tagung der Kathol. Stud. Jugend in Zwettl bestritten Prof. T. Leisser und Prof. Dr. Friedrich Heer aus Wien und meine Wenigkeit. Bei einer Jugendtagung (Seelsorger) war ich zugleich mit Dr. Franz König auch Referent.

(…) Mit Dr. König war ich bei dem ‚Pfarrkonkurs' auch als Prüfling in St. Pölten angetreten. Wir beide haben die Prüfung bestanden. Ich brauchte sie. Er nicht. Er wurde nie Pfarrer, sondern Universitätsprofessor und Kardinal. –"

Soweit der Bericht Pfarrer Sallingers aus seinem Tagbuch über die Zeit des Krieges und kurz danach, eine Zeit, die ihn offensichtlich sehr beschäftigt hat und in der er in seinem Innersten aber auch gewachsen ist.

Die Aufgaben der Pfarrersköchin – Hausfrau, Gefährtin, Pfarrhelferin, Fahrlehrerin und so weiter

Die echten Pfarrersköchinnen sind also Frauen, die dem Mann an ihrer Seite in jeder Hinsicht beistehen. Und irgendwie erinnern sie an die alten Sennerinnen im Gebirge und die Frauen der kalabrischen Mafia. Von den Sennerinnen heißt es vor allem in alten Liedern, sie hätten dem Wildschütz Schutz und Lager gewährt. Und ein Spruch der kalabrischen Mafia heißt: Ein Mann braucht zwei Dinge: „Amure il donna e cori di briganti", also: die Liebe einer Frau und das Herz des Wegelagerers. Ich will damit nicht sagen, daß der Pfarrer so etwas wie ein Räuber oder Wildschütz ist, sondern daß es auch in seiner Welt Frauen gibt, die ihm in den Wirrnissen des Lebens Beistand und Freude gewähren.

Es wundert daher nicht, daß die Schutzpatronin der Pfarrersköchinnen eine Heilige ist, die eine kühne Frau war, man kann sie sogar eine Abenteurerin nennen. Es ist dies die heilige Verena. Verena heißt übersetzt soviel wie die Scheue oder Zurückhaltende. Ihr Fest ist der 1. September. Verena ist eine sehr bekannte und beliebte Heilige, die besonders in der Schweiz verehrt wird. Sie wurde um 200 n. Chr. geboren. Als junges Mädchen kam sie mit römischen Soldaten, die damals schon zum Großteil Christen waren, in die Nähe des Großen St. Bernhard. In dieser Armee diente ihr Onkel als Oberst, dieser adoptierte sie, da ihre Eltern früh verstorben waren. Es kam nun zu einer Verfolgung der Christen. Diejenigen Soldaten, die sich als Christen bekannten, wurden getötet. Verena überlebte und wanderte unerkannt bis nach Solothurn in der Schweiz. Dort wurde sie zur Einsiedlerin und lebte eine Zeit einsam und genügsam in einer kleinen Zelle mitten in der Wildnis. Später mußte sie von dort weg und kam auf ihrer weiteren Wanderschaft nach Zurzach, das auch in der Schweiz liegt. Dort nahm sie der Ortspfarrer in sein Haus auf – und sie wurde seine Pfarrersköchin (oder „Haushälterin").

Zehn Jahre lang leitete sie gewissenhaft den Haushalt dieses Pfarrers. Später wollte sie wieder in die Einsamkeit gehen, was dieser Pfarrer auch ermöglichte. „Elf Jahre lebte die Jungfrau dort in großer Gottseligkeit" – heißt es im Bericht über die heilige Verena, der später abgefaßt wurde. Verena starb etwa Mitte des dritten Jahrhunderts und wurde bald als Heilige verehrt. Diese gottgefällig lebende, aber auch verwegene Frau, die keinen Fußmarsch scheute, wurde schließlich zur Heiligen der Pfarrersköchinnen. Pfarrersköchinnen, die sich in der Tradition dieser Heiligen sehen, sind alles andere als langweilige Geschöpfe, sondern sie zeichnen sich auch durch eine gewisse Selbständigkeit aus.

Das heißt also, daß die Pfarrersköchin wirtschaftlich im Pfarrhof mehr oder weniger autonom agiert, wie der Pfarrer von Zwettl es beschreibt: „Sie hat in gewissen Bereichen eine gewisse Autorität. Von denen versteht sie etwas, z. B. was das Wirtschaftsgeld anbelangt, da habe ich als Pfarrer keine Ahnung." Seine Pfarrersköchin Christl ergänzt: „Ich bekomme einen gewissen Betrag für den Haushalt. Ich schreibe alles ein, was ich ausgebe. Damit wir einen Überblick haben."

Die alten Pfarrersköchinnen mußten hart arbeiten, um den Pfarrhof in Ordnung zu halten. So meinte Frau Christl: „Ich habe mein Leben lang gearbeitet und bin alt geworden mit der Arbeit."

Die echten Pfarrersköchinnen bieten dem Pfarrer also eine Heimat, in der er sich wohl fühlt, und sie sind bereit, sich für den Pfarrer einzusetzen – in vielerlei Hinsicht.

Für sie gilt zwar das Haushälterinnengesetz ebenso wie für jene Frauen, die bloß an bestimmten Tagen oder Halbtagen der Woche notwendige Arbeiten im Haushalt des Pfarrers oder in den Räumen des Pfarrhofes verrichten. Aber für sie ist ein gewisses Maß an Hingabe an das Leben des Pfarrers charakteristisch, wie es auch Frau Rosina in ihrem Brief andeutet, wobei sie den modern gewordenen Begriff der „Haushälterin" in Frage stellt: „Ich war keine Haushälterin, wie sich viele Leute eine Haushälterin vorstellen. Ich habe

Schaufel, Krampen, Meißel, Trennscheibe und Maurerkelle genauso gerne in die Hand genommen wie den Kochlöffel."

Die Pfarrersköchinnen im klassischen Sinn sind also Gefährtinnen und Partnerinnen des Pfarrers, den sie in jeder Hinsicht unterstützen, Herz und Seele. Ähnliches meinten auch andere Pfarrersköchinnen, die ich später noch zu ähnlichen Themen sprechen lassen werde.

Die Tradition der klassischen Pfarrersköchin wird heute auch von Frau Susi, einer Pfarrersköchin in einer Wiener Stadtpfarre, weitergeführt. Ich erwähne im Gespräch mit ihr, die Frau, egal ob Ehefrau oder echte Pfarrersköchin, müsse dem Pfarrer einen gewissen Hintergrund bilden, ihm also helfen, mit seinen Problemen und seinem Ärger fertig zu werden. Und daher habe die Pfarrersköchin auch eine gewisse Macht, denn schließlich ist sie die Herrin über Haus und Küche. Frau Susi lächelt und bestätigt meine Gedanken: „Für mich äußert sich Macht darin, daß ich selbständig entscheiden kann, was ich tun will. Aufgrund meines Zeitplanes weiß ich, daß ich das und das zu tun habe. Aber wie ich es einteile, ist meine Sache. Daher kann ich auch einmal am Vormittag weggehen. Und wann ich Staub sauge, ist eigentlich egal, das ist meine Sache. Macht hat auch etwas mit Verantwortung zu tun. Für das gesamte Hauswirtschaftliche habe ich die Verantwortung. Der Unterschied zu den verheirateten Frauen ist, dass ich nicht verheiratet bin. Offiziell ist der Pfarrer der Chef und ich bin seine Angestellte. Ich tue eine Arbeit, für die eine Ehefrau nichts bezahlt bekommt. Ich bin angestellt und verdiene meine Pension. Das verschafft mir auch Freiheit, aber ich habe auch Verantwortung. Verantwortung hat wirklich etwas mit Macht zu tun. Und es gibt von seiten der Pfarre keinen Anspruch darauf, daß ich in der Pfarre etwas tue. Ich arbeite in der Pfarre, weil es mir Freude macht. Wenn ich beim Pfarrkaffee mitwirke oder in der Kirche zusammenräume, so tue ich dies gerne. Mein Chef, der Pfarrer, hat gesagt, er möchte seinen privaten Raum und das offizielle Pfarrliche getrennt haben.

Ich bin nicht im Pfarrkirchenrat. Wenn es zwischen Pfarrer und Pfarrgemeinderat klappt, da gibt es kein Problem. Bei uns verstehen sich Pfarrer und Pfarrgemeinderäte. Wäre ich im Pfarrkirchenrat, so könnten Mitarbeiter bequem sagen: ‚Die Susi macht es schon.‘ So sind es zwei getrennte Bereiche. Der private Bereich im Haus mit dem Pfarrer. Vom Pfarrkirchenrat weiß ich nichts. So kann keiner vom Pfarrgemeinderat sagen, die beiden machen es sich beim Mittagessen aus. (…) Aber wenn sie etwas brauchen, kommen sie ja eh. Da müssen sie aber extra fragen. Das ist meine persönliche Entscheidung. Es gibt sicher Pfarrhaushälterinnen, die wollen im Pfarrgemeinderat sein und kandidieren für diesen. Ich mag das aber nicht." Die Macht und die Beglückung der Pfarrersköchin beziehen sich also im wesentlichen auf den Privatbereich des Pfarrers. Bei ihr weiß sich der Pfarrer in „Sicherheit", er weiß, wenn er krank ist, daß sich die Pfarrersköchin um ihn kümmert. Die Pfarrersköchin erfreut sich zwar am Leben in der Pfarre, sie bietet dem Pfarrer aber eben auch eine Rückzugsmöglichkeit, ähnlich wie die Sennerin dem Wildschütz, der sich von seinen Abenteuern ausruhen will. So meint auch Frau Susi: „Man muß den Pfarrer freihalten von gewissen Dingen. Und wenn er hier und da Migräne hat, so kümmere ich mich um alles. Wenn er mir also sagt: ‚Mir geht es heute nicht gut, ich lege mich nieder‘, so weiß ich, was ich zu tun habe. Das heißt dann, ich nehme Telefongespräche entgegen. Und wenn jemand an der Tür läutet, dann empfange ich ihn und sage das oder das."

Die Pfarrersköchin Susi verweist schließlich auf die Weite ihres Berufes und die Freiheiten, die mit diesem trotz der Arbeit verbunden sind: „Ich habe einen sehr großen Freiraum, in dem ich entscheide, was ich tue. Ich bin relativ frei in der Entscheidung, wann und wo gehe ich hin. Seit dem September (2001) ist mein Vater im Spital. Ich war jeden Tag eine Stunde im Spital. Wie der Pfarrer gefragt hat: ‚Was machst du am Nachmittag?‘, habe ich gesagt: ‚Ich möchte zu meinem Vater gehen.‘ Und ich konnte gehen. Es wird wohl abgesprochen, was ich heute oder morgen tue. Ich habe Freiheiten, aber auch Verantwortung."

Schließlich betont Frau Susi ganz im Sinne aller anderen Pfarrersköchinnen und stellvertretend für diese: „Zu meinen Pflichten gehört der ganze Haushalt, alles, Wäsche, Wohnung und so weiter. Der ganze Haushalt und der persönliche Lebensbereich des Herrn Pfarrers gehört zu meinen Aufgaben." Ich flechte ein: „Sie sind also die Herrin über den inneren Bereich des Pfarrhaushaltes." Sie nickt. Ihr und dem Herrn Pfarrer ist es wichtig, daß ihre Aufgaben als „Pfarrhaushälterin" klar umgrenzt sind. Daher meint sie: „Bei dem Pfarrer vorher war es nicht klar, was gehört der Pfarre und was dem Pfarrer. Was ist Aufgabe der Pfarrhaushälterin und was nicht. Der jetzige Pfarrer hat mir von vornherein gesagt, dass ich in erster Linie für seinen persönlichen, privaten Bereich zuständig bin. Und alles, was Pfarre ist, dafür müssen sich Leute von der Pfarre finden. Daher bin ich auch nicht im Pfarrgemeinderat. Wenn mich aber Leute von diesem fragen: ‚Kannst du etwas für den Pfarrkaffee machen?', so werde ich sicher ja sagen. Aber ich bin nicht verantwortlich für den Pfarrkaffee. Ich habe eine Zeitlang den Blumenschmuck in der Kirche gemacht. Dann ist aber jemand gekommen und hat gesagt, er habe Kontakte zu einem Blumengeschäft, er würde das gerne machen. Dann habe ich das wieder abgegeben. Ich mache viele Dinge, aber wenn jemand kommt und sagt, er könne es machen, so soll er es machen. Ich springe dort ein, wo es gerade notwendig ist. Einmal hat man mich gebeten, eine Statue abzustauben, und einmal, die Halbbogenfenster in der Kirche zu putzen. So bin ich hinaufgekraxelt und habe es gemacht. Damals war ich noch schlanker. Ich habe auch den Fußboden abgeschliffen, den Turm vom Taubendreck gereinigt. Es gibt von der Pfarre keinen Anspruch, daß ich dies alles tun muß. Wenn ich etwas für die Pfarre mache, dann nach Absprache mit dem Pfarrer. Und wenn ich mich dazu entschließe, dann mache ich es."

Eine besonders aufregende Aufgabe hatte zusätzlich die Pfarrersköchin Frau K. aus dem Waldviertel, wie sie erzählt: „Der Pfarrer, also der Herr Dechant, hatte keinen Führerschein und daher war ich auch sein Chauffeur. Ich wurde sogar zu seinem Fahrlehrer. Ich habe ihm das Autofahren beigebracht, das Einparken und alles, was dazugehört! Damals haben einige gemeint, es ist nicht gut, wenn eine Untergebene jemand Höhergestelltem etwas beibringt! Aber er hat das Autofahren lernen müssen, und da war ich eben streng zu ihm. Sonst wäre ich vielleicht noch schuld gewesen, wenn er bei der Fahrprüfung in Gföhl dann durchgefallen wäre! Gott sei Dank ist er durchgekommen. Und wie er dann das erste Mal mit dem Auto fahren sollte, ist er ganz verhalten und verspannt gefahren.

Aber irgendwann ist er dann ausgestiegen und hat zu mir gesagt: ‚Fahren Sie weiter, Sie können das eh besser‘, und seitdem ist er nicht mehr gefahren. Ich habe ihn dann herumgeführt. Jeden Monat führte ich ihn zu den Kranken. Ich habe schon alle Leute gekannt, bei denen er war. Oft sind wir beide auch mit meinem Motorrad gefahren, der Herr Dechant saß im Beiwagerl!“

Die Dame ist schon im fortgeschrittenen Alter und wundert sich: „Ich weiß heute nicht mehr, wie ich das alles auf einmal geschafft habe! Als ich Pfarrersköchin wurde, habe ich nicht gewußt, was da alles auf mich zukommt!“

Ähnlich denkt wohl auch Frau Janisch, die Fallschirmspringerin. Zu ihren Arbeiten zählt ebenso wie bei anderen Pfarrersköchinnen der Telefondienst, bei dem sie Messen im November für das ganze Jahr aufnimmt. Für die gewöhnliche Messe verrechnet sie 7 Euro und wenn ein Organist dabei ist, muss mit 10 Euro gerechnet werden. Um 7 Uhr in der Früh erhebt sie sich aus ihrem Bett, der Herr Pfarrer meist schon früher. Dies nimmt sie an, denn sie hört ihn schon so ab 6 Uhr in seinem Zimmer rumoren. Um 8 Uhr ist dann Messe und dann das Frühstück. Dann fängt ihr Tagesprogramm an, entweder bügelt sie oder sie begibt sich in den Garten. Der Pfarrgarten, der gleich an den Pfarrhof und an ein Haus, in dem sich Gläubige bisweilen versammeln, grenzt, dient in der warmen Jahreszeit unter anderem dem von Janisch vorbereiteten feierlichen Frühstück für die Kinder, die bei der Erstkommunion waren, und der Kirchtagsmesse, die der Herr Pfarrer mit Vorliebe im Freien liest. Frau Janisch ist auch Pfarrgemeinderat und eifrig dabei, obwohl schon in Pension, Muttertagsfeiern, Erntedankmessen, Theaterspiele der Kinder und anderes zu organisieren.

Es ist eine berufliche Buntheit, die mit dem Leben der Pfarrersköchin verbunden ist, wie wir sehen. Diese Buntheit reicht von Arbeit in der Küche und im Garten bis hin zum Wäschewaschen, dem Erledigen von Dingen der Pfarrkanzlei, der Beschäftigung als Aushilfskindergärtnerin und dem Herumführen des Pfarrers mit dem Auto. So eine Pfarrersköchin kann sowohl Hausfrau sein als auch Pfarrsekretärin und Fahrlehrerin.

Es ist diese Buntheit, die auch der jungen Pfarrersköchin Erika, sie ist um die 28, gefällt, sie meinte zu Herrn Dammerer: „Ich möchte noch sagen, daß ich diesen Beruf nicht als altmodisch sehe, sondern als große Herausforderung."

Mit dem Fahrrad zum
heiligen Franziskus

Nach Murau –
zur Geschichte der Vagabondage,
Rebellen

Es ist gegen Mittag an einem warmen Tag der ersten Augustwoche, als ich mein Fahrrad bepacke. Gestern abend habe ich noch jene Dinge zusammengesucht, die man auf einer Radtour in den südlichen Sommer und über die Pässe so braucht, wie Sonnenbrillen, ein buntes Radkapperl, einen Pullover, eine Wind- und Regenjakke, eine lange Hose und ein Polohemd für die Stunden am Abend nach dem Radeln und ähnliche Dinge mehr. Es fehlen noch ein paar freundliche Bemerkungen aus dem Kreise und der Tiefe meiner Familie, verbunden mit Ratschlägen, die mein Überleben als pilgernder und vagabundierender Radfahrer auf der Landstraße sichern sollen. Als ich auch diese bekomme, besteige ich das Fahrrad und radle zaghaft winkend los. Durch Spital am Pyhrn, ein paar freundliche Damen und Herren am Straßenrand grüßen freundlich. An der alten Leonardikirche vorbei zum Paß, dem ersten der Tour. Ich trete hart in die Pedale, um auf den Pyhrn zu gelangen. Einstens zogen auch hier Pilger, sogar Kreuzritter waren unterwegs. Den Pilgern des Mittelalters werde ich nachfolgen. Werde versuchen, den Zauber des Pilgerns zu erleben. Wir sind alle nur Pilger auf dieser Erde und auf der dauernden Suche nach irgend etwas, was uns erfreuen oder betören könnte. Insofern kann Pilgern etwas höchst Erfreuliches sein. Das ganze Mittelalter war voll von Pilgern, von denen allerdings nicht wenige in einem furchtbar schlechten Ruf gestanden haben. Darüber werde ich an einem der nächsten Tage, vielleicht wenn ich in Padua bin, noch etwas zu sagen haben.

Als ich meiner Frau und den anderen Familienmitgliedern in Spital am Pyhrn klarmachte, daß ich mich nun für die nächste Zeit als Pilger und Vagabund sehe, erntete ich höfliches Kopfschütteln. Ebenso meine Bemerkung, daß ich nicht bloß als Pilger unterwegs sein will, sondern auch als Forscher, den der Mensch und seine Buntheit des Handelns interessiert. Vagabondage ist mit Mühen verbunden, denke ich. Die Steigung auf den Paß hinauf ist nicht arg, aber stetig. Ich ermüde, aber ich lasse nicht nach.

Vagabunden und Pilger haben eine interessante Geschichte. Hier am Pyhrnpaß, über den viele dieser Leute zogen, ist Zeit, ihrer zu gedenken.

Mich fasziniert schon lange das Phänomen des Vagabunden. Dies war auch der Grund, warum ich mich als Kulturwissenschafter intensiv mit den Vagabunden der Großstadt, den Sandlern, beschäftigt habe. Ich zog einige Zeit mit diesen Leuten durch Wien, um ihr Leben zu studieren. Dabei fiel mir auf, daß diese zum Teil dem Alkohol verfallenen, oft auch arbeitsscheuen und wenig angesehenen Stadtstreicher einen alten Schatz mit sich tragen, nämlich die alte Sprache der Vagabunden, das Rotwelsch, das weit in das Mittelalter zurückgeht, eine Sprache, die im deutschen Sprachraum auf den Straßen und in den Herbergen entstanden ist und auch noch weiterhin gesprochen wird. Aber auch uralte Tricks des Überlebens kennzeichnen diese Kultur der Stadtstreicher und Vagabunden, eine Kultur, die voll der Betrübnisse war und ist, die aber auch ihren Zauber hatte und hat.

Die Geschichte der Vagabunden ist so alt wie die Menschheitsgeschichte. Der Vagabund – oder der Landstreicher – ist jemand, der aus irgendwelchen Gründen stetig von Ort zu Ort zieht und sich an keinen festen Ort gebunden sieht, auch wenn er immer wieder an einen solchen zurückkehrt. Zu den Vagabunden – oder Vaganten, wie man sie im Mittelalter auch nannte – zählten Leute jeden Standes. Handwerksburschen, die auf der Suche nach Arbeit waren, Bettler, die auf eine milde Gabe hofften, wandernde Dirnen, die Männern Freude versprachen, Artisten, die ein freundliches Publikum erwarteten, Gaukler, die auf den Straßen ihre Kunststücke zeigten, Hausierer, die allerhand Krimskrams anboten, und vor allem auch Pilger, die vorgaben, nach heiligen Stätten unterwegs zu sein.

Vagabunden dieser Art hatten kein besonderes Ansehen. Die Straßen des Mittelalters und der frühen Neuzeit waren voll von diesen Leuten, aber noch in der letzten Nachkriegszeit sah man sie. Von diesen Leuten unterscheiden sich allerdings jene Pilger heute, die als brave Bürger – unter ihnen gibt es eifrige Professorinnen genauso wie verdiente Beamte – auf Pilgerrouten ziehen. Sie haben nicht die Sorgen, die die alten Pilger hatten, zumal ihr Ruf kein schlechter ist. Anders als die früheren Pilger und Vagabunden.

Dem guten Bürger waren diese fahrenden Leute stets höchst suspekt. Um diesen Vagabunden auf die Schliche zu kommen, versuchten in früheren Zeiten fleißige Kriminalbeamte sogar Bücher zu verfassen, in denen die Tricks der Landstreicher und deren Sprache dargestellt wurden. Das vielleicht berühmteste Buch dieser Art ist das in der Gegend von Nürnberg um 1510 erschienene „Liber Vagatorum", also das „Buch der Vaganten". Aus ihm erfährt man viel über das Leben und Überleben auf der Straße. Interessant ist nun, daß zu diesen Vagabunden, wie ich noch später erzählen werde, sich schon sehr früh auch Studenten und fertige Akademiker mischten, die keine Anstellung gefunden hatten. Diesen Burschen scheint das Leben als Landstreicher, zumindest eine Zeit, gefallen zu haben. Zu ihnen, die ein wildes Leben führten, gehörten auch wundervolle Dichter, wie der Archipoeta und Walter von Chatillon.

Ihre heiteren, trinkfreudigen und auch erotischen Lieder haben sich in der sogenannten „Carmina Burana", der Liedersammlung aus dem 12. und 13. Jahrhundert, erhalten.

Das Geld, das die Vagabunden benötigten, erwarben sie sich durch Gelegenheitsarbeiten bei Bauern oder durch das sogenannte „Fechten", was soviel heißt wie „Betteln". Noch in meiner Kinderzeit bezeichnete man Leute, die um eine milde Gabe baten, als Fechter. Solche Fechter gab es vor allem in den Notzeiten vor dem letzten Krieg, als die Armut in den Städten die Leute auf das Land trieb, wo sie bei den Bauern um Brot oder Schmalz bettelten.

Das alte fahrende Volk hatte es nicht leicht, man versuchte sogar, es unschädlich zu machen, wie zum Beispiel Maria Theresia, die Dirnen aus Österreich verbannte und die mitleidlos gegen Zigeuner losging, und die Diktatoren jeder Richtung, die in Vagabunden „Volksschädlinge" sahen. Große Sympathien für das Leben als Vagabund hatten die Studenten des 19. und 20. Jahrhunderts, die im Vagabunden ein Symbol eines freien Lebens sahen, eines Lebens abseits eines kleingeistigen Bürgertums.

Die schönsten Vagabundenlieder stammen daher aus der Welt der herumziehenden Studenten, wie zum Beispiel das Lied „Ein Heller und ein Batzen", in dem das Leben eines Landstreichers verherrlicht wird. Vagabunden waren auch die Hippies der sechziger Jahre, die bis nach Indien zogen, und zu ihnen zählen wohl heute jene jungen Leute, die sich mit dem Rucksack und per Bahn an der Buntheit der Welt erfreuen.

Der Vagabund und der Pilger, eben weil sie nicht verharren wollen – weder örtlich noch geistig –, bleiben Fremde in dem Sinn, daß sie über den Dingen stehen.

Tatsächlich geht, wie schon gesagt, das Wort Pilger auf das lateinische „Peregrinus", was soviel wie der Fremde bedeutet, zurück. Aus dem Peregrinus wird im 4. Jahrhundert nach Christus der Pelegrinus, es kommt also das „l" dazu. Und daraus wird im 8. Jahrhundert der Pilgrim, worunter man allgemein den nach Rom wallfahrenden Ausländer bezeichnete. Im 15. Jahrhundert schließlich spricht man schon vom Pilger.

Wie ich später noch zeigen werde, hatten die Pilger in früheren Zeiten keinen guten Ruf, da sich viele Schwindler unter sie mischten. Es wundert daher nicht, daß das wienerische Wort „Pücher" für Gauner sich vom Wort „Pilger" ableitet. Im Laufe der Zeit wurde daraus der „Pilcher" und schließlich der „Pücher". Meine Zimmerfrau Anna Zanibal – Gott habe sie selig –, bei der ich als junger Student wohnte, verwendete noch die Bezeichnung „Pilcher" und „Pülcher" für Personen, die ihr suspekt waren. Damals ging mir ein Licht auf, und mir wurde die Verbindung von Pilger und Pücher klar.

Das Leben der Vagabunden und Pilger war nicht immer einfach, hatte aber seinen Zauber, an den weitherzige Dichter des vorigen Jahrhunderts anzuknüpfen versuchten, wie Nikolaus Lenau mit seinem Lied von den „drei Zigeunern" und Willhelm Müller mit seinem Lied von den „Prager Musikanten", das aus der Zeit um 1820 stammt.

Ich summe es, während ich den Pyhrnpaß hinunterradle.

Dieses Lied drückt gut die Freude am Vagabundieren aus:

„Mit der Fiedel auf dem Rucken, mit dem Käppel in der Hand,
zieh'n wir Prager Musikanten durch das weite Christenland.
Unser Schutzpatron im Himmel ist der heil'ge Nepomuk,
steht mit seinem Sternenkränzel auf der Prager Bruck.
Als ich da vorbeigewandert, hab ich Reverenz gemacht,
ein Gebet ihm aus dem Kopfe ganz bedächtig hergesagt."

Das freie, ungebundene Leben wird hier verherrlicht, ganz in der Tradition der Vaganten des Mittelalters.

Ich meine nun, daß der Tourenradfahrer, wie ich ihn sehe, sich in der besten Tradition dieser alten Vagabunden, der alten Wanderburschen und der weit umherziehenden Pilger befindet. Sie alle verbindet die Freude am fast anarchischen Reisen, das nicht genau geplant ist, bei dem die Landstraße noch ihren Zauber hat und bei dem man noch Zeit hat, sich Gedanken über die Gegend, ihre Geschichte und ihre Menschen zu machen.

Der Himmel verspricht kein allzu gutes Wetter, weiße Federwolken umgeben die Sonne, es sind vielleicht nasse Tage zu erwarten, die ich auf dem Fahrrad verbringen werde. Aber im Moment habe ich andere Sorgen. Das Fahrrad bedarf noch einiger Ergänzungen, die mir der Fahrradhändler Vasold in Liezen, bei dem ich dieses schöne Meisterstück erstanden habe, anbringen will. Ich bezeichne meine Fahrräder als meine Freunde, als meine besten Freunde, die mich nicht enttäuschen. Zwischen dem Fahrrad und mir entsteht während einer solchen Tour eine enge Beziehung.

Für mich bedeutet es wahre Lust, das Fahrrad zu lenken. Allerdings muß das Fahrrad in Ordnung sein. Darauf schauen die Herren der Radfirma Vasold. Gegen 15 Uhr ist es soweit. Ein paar Griffe noch am Fahrrad, dann schiebt der Sohn des Herrn Vasold mein Fahrrad zu mir, blickt mit einigem Stolz auf den neuen Gepäckträger, die gefettete Kette und den verlängerten Sattel meines Rennrades, eine Art Trekking-Rennrad, also eines, das zwar schmale Reifen, auf denen schnell zu fahren ist, besitzt, das aber ebenso mit Kotschützern und einem Gepäckträger versehen ist. Auf letzterem transportiere ich meine große Gepäcktasche, die zwei Seitentaschen, die rechts und links des Hinterrades hängen, und eine Mitteltasche, die direkt am Gepäckträger aufliegt, umfaßt. Angetan bin ich mit dunkler Hose mit Gürtel und einem rot-blauen T-Shirt, früher hat man ein solches bloß als „Leiberl" bezeichnet.

Dieses für Radfahrer spezielle T-Shirt ist zweigeteilt, in zwei Flächen: in eine rote und in eine blaue, am Rücken hat es zwei Taschen, in die Sachen, die man während des Radelns schnell zur Hand haben will, passen.

Ich biete ein buntes Bild, dies ist wichtig wegen der dahinrasenden Autofahrer, die ich so auf mich aufmerksam machen und sie anregen kann, ihren Karren vorsichtiger zu lenken. Ich zahle kräftig für die prächtige Arbeit von Meister Vasold. Falls er diese Zeilen lesen sollte, so sei ihm gesagt, daß ich ihm für seine Arbeit dankbar bin. Das Fahrrad funktioniert großartig, es wird mich bergauf, bergab an kalten und warmen Tagen durch allerlei Gefilde geleiten. Ich weihe es dem heiligen Franz, dem Vorbild der Vagabunden, auch der radelnden. Nach einem Handschlag mit Herrn Vasold besteige ich lustvoll mein Fahrrad und radle los. Bleibe aber kurz nachher bei einer Apotheke stehen, kaufe ein Sonnenmittel, um mich gegen die starke Sommersonne Italiens zu schützen. Erzähle der Apothekerin, ich wäre auf einer Radtour nach Italien. Sie schaut bewundernd zu mir auf und fragt: „Von wo sind Sie schon unterwegs?" Ich erwidere wahrheitsgemäß, obwohl ich am liebsten mit einer bereits langen Tour etwas angegeben hätte: „Von Spital am Pyhrn, aber immerhin habe ich bereits den Pyhrnpaß hinter mir." Sie antwortet mit einem bloßen, etwas abschätzigen: „Ach so!", und übergibt mir die Sonnencreme. Nun radle ich wirklich los. Die Straße hinunter, unter eine Überführung und über die Schienen der Bahn zur Straße, die zur Enns führt. Über die Brücke und dann zur Abzweigung nach Irdning. Geradeaus geht es etwas bergauf nach Lassing, einem Ort, der traurige Berühmtheit erlangte, als unverantwortliche Bergwerksunternehmer brave Bergmänner und Familienväter in den Schacht gehen ließen und dieser über ihnen zusammenstürzte. Die toten Männer konnten nicht geborgen werden. Ich gedenke dieser braven Arbeiter und radle weiter. Vor mir wuchtet sich der Grimming majestätisch in den blauen, mit weißen, dünnen Wolken durchzogenen Himmel. Der Grimming, auf dem ich auch einmal stand, ist der Wächter dieser Gegend, das Symbol eines ehedem rebellischen Völkchens. Es waren Menschen aus dem Ennstal, welche im 16. Jahrhundert sich gegen die Unterdrückung durch Aristokratie und Kirche aufgelehnt und einen tapferen Kampf gefochten haben. Sie waren Protestanten geworden, da sie meinten, die Religion Martin Luthers wäre die richtige. Die Übersetzung der Bibel durch diesen Mann aus Wittenberg in das Deutsche war ihnen entgegengekommen, denn nun konnten sie wohl zum ersten Mal auf Deutsch lesen, Christus habe verlangt, man solle seinen Nächsten lieben. Von dieser Liebe hatten Bauern und Bergleute, die von Adel und Kirche ausgebeutet und unterdrückt wurden, bis dahin nicht viel gespürt. Sie sahen im evangelischen Glauben die Rettung vor den Ungerechtigkeiten und Erniedrigungen, denen sie durch die hohen Herren ausgeliefert waren. Wie brutal man mit den rebellischen Leuten umging, zeigt ein Marterl, ein Bildstock, zwischen Spital am Pyhrn und Windischgarsten, der Gegend, aus der ich geradelt komme; der rührige Schullehrer Kusche aus Windischgarsten hatte es geschnitzt und beschrieben. Auf diesem Marterl sieht man einen Bauern in altertümlicher Tracht, in seiner Hand hält er eine Schriftrolle, auf der die römischen Zahlen von Eins bis Zwölf stehen. Diese Zahlen beziehen sich auf die 12 Forderungen der oberschwäbischen Bauern, mit denen sie Freiheits- und Menschenrechte von den Grundherren für sich verlangen. So wollten sie das Recht, den Pfarrer selbst zu wählen, auch das Jagdrecht, das der Adel für sich alleine in Anspruch nahm. Wie brutal die Herren mit den Rebellen umgingen, zeigt sich an der Aufschrift am Marterl. Dort heißt es, daß 1597 acht Männer mit dem Propst von Spital am Pyhrn, Gienger, um Recht und Glauben stritten. Deswegen wurden vom Landesobristen Starhemberg vier der Bauern bei ihren Höfen gehängt und die vier anderen draußen in Sierning. Zur ehrenhaften Erinnerung an diese acht Burschen seien ihre Namen hier in allen Ehren erwähnt, ich habe sie einmal bei einer Schilanglauftour auswendig gelernt: „Adam Lechner, ein Lederer, Paul am Wartech. Lipp am Hof. Wolfgang am Schönegg. Leohard Eggl, ein Schneider. Leonhard am Kaltenbrunn, Hans Köchl, ein Krämer; und Erhard Dürrer, ein Bäcker." Diese braven Streiter um ihren Glauben hat man hingerichtet, weil die Herren offensichtlich meinten, sie würden die alte Ordnung stören. Was diese auch wollten im Namen der Menschlichkeit. Mit der war es damals nicht weit her. So überlege ich und gedenke der rebellischen Bauern. Ich werde auf sie heute am Abend im Gasthaus einen Schluck Bier trinken. Besonders rebellisch waren sie hier im offenen Ennstal, in dem trotzig der Grimming steht. Für mich als Radler ist er Orientierung, aber auch Symbol alten Rebellentums. An seinem Fuß führt die Straße durch ein Tal hinauf über Untergrimming nach Klachau und Mitterndorf. Am Eingang in dieses Tal, hoch oben, über den Felsen, durch die und an der die Eisenbahnlinie von Stainach nach Bad Aussee, Hallstatt und Bad Ischl führt, liegt eingebettet das viel gerühmte und als steirisches Kripperl bezeichnete Pürgg. Wie eine Trutzfeste liegt dieses Bauerndorf dort oben. Ich liebe diesen Ort. Schon oft marschierte ich zum Andenken an meine verstorbene Mutter, die brave Landärztin, von Stainach über Pürgg nach Lessern und weiter über Klachau, Mitterndorf, den Paß Radeing nach Bad Aussee, wo meine Mutter vor Jahren zur Winterszeit im dortigen Krankenhaus lag. An einem Faschingsdienstag hatte ich sie besucht, auch damals war ich zu Fuß in Aussee angelangt. Für meine Mutter, die vielleicht von oben von einer Wolke oder von einem Stern auf mich herunterlächelt, unternehme ich beinahe jedes Jahr diese Tour, bei der mich mitunter auch meine freundliche Schwester Erika begleitet.

Wenn man Pürgg so sieht, gerade aus der Perspektive des im Tal ziehenden Radfahrers, kann man sich gut vorstellen, daß damals im 17. und 18. Jahrhundert sich dort oben brave, aber rebellische Protestanten zurückgezogen hatten. Dieses Pürgg bildet den beinahe anarchischen Gegensatz zu dem im Tal an der Kreuzung der aus dem Salzkammergut und vom Dachstein her kommenden Straßen liegenden stolzen Schloß Trautenfels, in dem die noblen Grundherren wohnten, für die die Bauern hier knechtische Dienste zu verrichten hatten. Von Pürgg mögen Bauern heruntergeschaut und geschimpft haben. Man kam diesen Rebellen in Pürgg auf die Spur und verbannte sie in der Mitte des 18. Jahrhunderts, so wie viele andere aus dem Ennstal und dem nahen Salzkammergut, nach Siebenbürgen in die Dörfer bei Hermannstadt, dem heutigen Sibiu. Aus einer Liste der Verbannten, in die ich einmal Einsicht nehmen konnte, geht hervor, daß eine ganze Schar von Rebellen – Frauen, Männer und Kinder – in das siebenbürgische Dorf Großpold geschafft wurden. Dieses brutale Vorgehen gegen Protestanten war das Werk der angeblich sehr frommen Maria Theresia und ihres Vaters, Karl VI., Die beiden haßten die Protestanten. Sie wollten ein rein katholisches Österreich, also ein Österreich ohne Protestanten. Vielleicht versprachen sich die beiden Herrscher durch ihre Aktivitäten einen besonderen Platz im Himmel. Erst der Sohn Maria Theresias, Joseph II., der Aufklärer, gab in seinem Toleranzpatent vom 13. Oktober 1781 den Menschen das Recht, ihre Religion frei zu bestimmen.

Seit Jahren forsche ich mit Studenten in Großpold bei den Nachkommen der von hier Verbannten, den sogenannten Landlern. Bei diesen fiel mir übrigens der Familienname Sonnleitner auf, ein Name, der auch in den Verbannungslisten von Pürgg zu finden ist. In Großpold in Siebenbürgen kann man also auf Leute stoßen, die sich von Pürgg ableiten. Die Landler sind fromme und freundliche Leute, bei denen ich gerne bin. Der Name Landler kommt übrigens vom „Landl", wie das Gebiet um Eferding in Oberösterreich heißt. Dort nahm der wilde Bauernaufstand von 1625 und 1626, geführt von dem Helden Stefan Fadinger, seinen Anfang. Dieser wurde brutal niedergeschlagen. Die Protestanten wurden darauf verfolgt und genötigt, katholisch zu werden oder auszuwandern. Und schließlich kam es zur Verbannung jener Rebellen, die aus ihrer Heimat nicht auswandern wollten, dazu gehören die Aufsässigen von Pürgg.

Heute noch sprechen ihre Nachkommen in Siebenbürgen ein altes Österreichisch, das im 18. Jahrhundert stehengeblieben ist. Leider wanderten nach dem Niedergang des Kommunismus in den letzten Jahren viele dieser Nachfahren von Rebellen nach Deutschland und Österreich aus. Dies ist schade, da diese Menschen dort bis heute eine schöne alte bäuerliche Kultur weitergeführt haben, eine Kultur, die es bei uns in Österreich nicht mehr gibt. Bei uns ist der Bauer im alten Sinn verschwunden, es gibt nur mehr Spezialisten. Noch etwas ist interessant an Pürgg und fasziniert gerade mich als Radfahrer, der ich in Hochachtung vor den alten Bauern in Pürgg nach oben in die Felsen blicke. Eine alte gotische Dorfkirche mit spitzem Turm blickt von dort oben ins Tal. Daneben gibt es aber noch eine kleine Kirche, die am Rande des Dorfes auf einem kleinen Hügel über dem Tal thront und die ihren besonderen Zauber hat. In sie zu gelangen ist nicht so einfach, man benötigt dazu einen Schlüssel, den eine Familie in einem kleinen Häuschen unweit der Kirche wie einen Schatz verwahrt. Es bedarf einer gewissen Höflichkeit und eines seriösen Aussehens, um für kurze Zeit diesen Schlüssel besitzen und mit diesem die Tür zur Kirche öffnen zu können. Mit dieser Johanneskirche, so ist sie benannt, hat es eine besondere Bewandtnis. Sie wurde um 1000 erbaut, romanische

Elemente verbinden sich in ihr mit byzantinischen Mustern, die wahrscheinlich den Kreuzzügen ihre Existenz verdanken. Vielleicht war es ein kunstgesinnter Kreuzritter, der aus Byzanz die Idee dieser Muster hierher gebracht hat. Berühmt ist die Kirche jedoch wegen einer besonderen Darstellung, die eine Burg zeigt, in der Mäuse sich gegen angreifende Ratten zu verteidigen suchen. Diese farbige Darstellung gibt gelehrten Leuten einige Rätsel auf. Es mag sein, daß diese Malerei den Kampf von Kreuzrittern zeigt, die sich in einer Burg vor dem Angriff von Moslems schützen.

An alle, die einmal in Pürgg waren und von hier wegmußten, sei es als fromme Protestanten oder als kühne Kreuzritter, denke ich, während ich in Irdning beim Friedhof, dort, wo es bergauf geht, einfahre. Auf sie alle werde ich am Abend ein Bier trinken.

Langsam radle ich durch Irdning, einen freundlichen Ort, der einen freundlichen Arzt hat, nämlich meinen Schwager, den Ehemann meiner Schwester. Ich radle an der alten Kirche vorbei, auch sie ist gotisch und erinnert an die Zeiten der Religionskämpfe. Mir ist aufgefallen, daß dort, wo die Bauern hart für ihre Sachen gekämpft haben und wo die katholische Kirche mächtig war, die gotischen Kirchen mit Barock überzogen wurden, um die Stärke der Kirche zu demonstrieren. Dies spielte sich im Zeitalter der Gegenreformation ab, als die frommen Herrscher Österreichs während des 18. Jahrhunderts den Protestantismus mit Putz und Stingl ausrotten wollten. So zum Beispiel ist die Stiftskirche des Klosters zu Kremsmünster voll des Barocks. Entfernt man allerdings den barokken Verputz, so erscheint, wie man es an der Außenfront der Apsis getan hat, prachtvolle Gotik. Gotisch war auch das Stift zu Spital am Pyhrn, ehe man ihm in der zweiten Hälfte des 18. Jahrhunderts den barocken Stempel aufdrückte. Die barocke Kirche in Spital am Pyhrn wurde somit zum Symbol barocker Herrschaft, um den Bauern, die auch hier Aufstände erprobten, die Kraft der katholischen Kirche zu zeigen. Mir selbst behagt die Gotik mehr als der Barock. Die edle Schlankheit gotischer Kirchen hat etwas Beeindruckendes und Erhebendes, im Gegensatz zu den meisten für mich eher plump und pompös wirkenden barocken Kirchen, mit Ausnahme vielleicht der von Spital am Pyhrn, die sich durch eine meiner Ansicht nach untypische barocke Leichtigkeit auszeichnet. Es kann auch sein, daß diese Kirche nur darum nicht so aufdringlich wie die anderen wirkt, weil die Hälfte der Kirche um die Mitte des vorigen Jahrhunderts abgebrannt und ohne viel Ornamentik wieder aufgebaut worden ist. Auch Brände können etwas Gutes an sich haben.

In manchen Marktflecken, wie hier in Irdning, wo offensichtlich ein liberales Bürgertum ein Gegengewicht zu den Mächtigen der Kirche darstellte, haben sich jedoch die gotischen Kirchen erhalten, und dies gefällt nicht nur mir, dem vorbeitretenden Radfahrer. Gegenüber der Kirche biege ich ab, an schmucken Bürgerhäusern vorbei gelange ich zum Ärztehaus meines Schwagers und meiner Schwester. Ich bleibe stehen und läute an der noblen Tür des um die Jahrhundertwende erbauten, großzügig angelegten Hauses mit einem großen Garten, der sich hin zur Landstraße erstreckt. Zunächst rührt sich niemand auf mein freundliches Klingeln. Nach einer Zeit höre ich die Stimme meines Neffen Berndi durch die Gegensprechanlage. Ich melde mich. Er kommt gleich und ruft: „Onkel, du bist es." Dabei lächelt er. Ich habe die Ehre, von ihm bloß mit „Onkel" angesprochen zu werden. Mit dem Ausruf „Onkel" in diesem Haus weiß jeder, daß nur ich damit gemeint sein kann. Ich erzähle meinem Neffen: „Ich starte nun zu meiner Radtour nach Italien. Ich freue mich schon auf den Apennin. Aber bevor ich losradl, wollte ich euch noch ‚auf Wiedersehen' sagen." Berndi lacht heiter, seine Zähne blitzen, und seine gelockten, etwas längeren Haare vibrieren. „Onkel, das ist großartig. Die Eltern sind nicht da. Ich wünsche dir das Beste. Schau auf dich." Er fügt noch etwas hinzu, was mich aufhorchen läßt: „Mein Vater hat mir, bevor er weggefahren ist, erzählt, in der Ordination sei bei ihm ein alter Mann gewesen, der früher in der Gegend da ein berühmter Wildschütz gewesen ist. Vielleicht kannst du mit ihm einmal reden, wenn du wieder hier bist." Ich danke ihm und nehme mir vor, diesen Mann einmal aufzustöbern. Vielleicht erfahre ich von ihm einiges über die Wilderergeschichten, an denen die Gegend um Irdning und weiter nach Öblarn reich ist. Ich begebe mich noch, nachdem ich mich von Berndi per Handschlag verabschiedet habe, zu Gottfried Uray, seines edlen Zeichens Gymnasialprofessor im Ruhestand. Er ist gerade beim Grasmähen. Als er mich sieht, macht er eine Pause, stellt den elektrischen Mäher, der einen höllischen Lärm verursacht, ab. Wir grüßen uns. Ungläubig hört er zu, als ich erzähle: „Ich bin auf dem Weg mit dem Fahrrad nach Italien. Heute möchte ich noch bis Murau kommen." Er neigt skeptisch den Kopf und meint: „Ob du den Sölkpaß heute noch packst, ist fraglich." Ich antworte: „Ich werde mich bemühen. Jetzt ist es gegen 5 Uhr nachmittags. Es muß sich heute noch ausgehen, allerdings werde ich in die Dunkelheit kommen." Ich füge noch hinzu: „Jetzt muß ich aber los." Der Herr Professor lächelt weise, ich gebe ihm die Hand und trete in die Pedale. Die Straße, eine Nebenstraße im Ort, führt durch eine Art Allee. Das Wetter ist noch prächtig. Ich überquere die Straße nach Donnersbachwald, ein Winkel drinnen in den Bergen. Auch hier gab es Wilderer, ziemlich gefürchtete sogar. Ich radle im Talboden, links oben liegt die Schule Raumberg, in der künftige Agraringenieure ausgebildet werden. Ich habe dort einmal einen Vortrag über Wildschütze gehalten. Mit einem alten Wildererstutzen war ich unterwegs, um diesen den aufgeweckten und etwas spitzbübischen Schülern, alle so um die 16 Jahre alt, zu zeigen. Diese waren mit meinen Geschichten und Geschichtchen hoch zufrieden. Weniger einverstanden dürfte der Herr Direktor der Schule gewesen sein. Ihm war ich, wie ich später einmal erfuhr, ob meiner heiteren Vorgangsweise etwas suspekt. Ich wende meinen Blick von der Schule ab, ich radle durch Altirdning, ein lieber Ort mit alten Bauernhäusern, und biege in die Nebenstraße in Richtung Öblarn. Es ist angenehm flach hier im Talboden des Ennstals, dunkle Wälder zieren die Hänge, rechts von mir fließt die Enns. Nur wenige Autofahrer sind unterwegs. Knapp vor mir radelt ein Sonntagsradler in bunter eng-anliegender Kleidung. Wir beide grüßen uns nur kurz, wir radeln auf der Straße und nicht am Radweg, der neben der Straße verläuft. Ich ziehe auch für gewöhnlich die Straße dem Radweg vor, denn solche Radwege sind oft teuflisch, oft machen sie Umwege, und manchmal sind sie ungepflegt, auf ihnen finden sich kleine Steine, und sogar Nägel habe ich schon entdeckt. Oft fluchte ich über Patschen, über Löcher im Schlauch, weil ich den Radweg benützt habe. Die normale Straße erscheint mir meist sicherer als Radwege zu sein, denn Radwege entpuppen sich oft als Fallen, wenn man selbst schnell unterwegs ist oder sein will und es kommen zwei oder drei gemütlich tretende Radfahrer entgegen, denen es gleichgültig zu sein scheint, daß ihnen jemand begegnet. Es kann passieren, wenn die Entgegenkommenden dickliche Gelegenheitsradler sind, daß man als Tourenradler regelrecht von ihnen überrollt wird. Die normale Straße dagegen ist bisweilen sicherer, denn die Autofahrer nehmen auf bunt angezogene Radfahrer grundsätzlich Rücksicht. Allerdings gibt es Autofahrer, die ärgern sich, wenn man die normale Straße mit dem Rad befährt, obwohl ein Radweg daneben verläuft. Ein solcher verärgerter Autofahrer überholt uns beide, die wir hintereinander radeln, laut hupend. Wir ignorieren den üblen Zeitgenossen. Die Ortstafel von Öblarn taucht auf, ein liebliches Dorf, in der die Dichterin Paula Grogger gelebt und schöne Sachen geschrieben hat, wie den berühmten Roman „Das Grimmingtor", eine geheimnisvolle Geschichte, die mit einem steinernen Tor hoch oben am Grimming in Verbindung gebracht wird.

Gegenüber von Öblarn erstrecken sich die Ausläufe des Grimmings bis hin zum Dachstein. Auch am Fuße des Dachsteins, in Ramsau, gab es rebellische Bauern, die zu Protestanten geworden waren. Dort sind sie bis heute geblieben, sie sind niemals vertrieben worden, da sie sich sehr geschickt vor den Häschern Maria Theresias, der großen Gegnerin der Protestanten, schützen konnten. Es war für die Häscher schwer, die Bauern dort oberhalb von Schladming als geheime Protestanten zu überführen. Dies lag nicht nur an der gebirgigen Abgeschiedenheit des rebellischen Dorfes, sondern auch daran, daß die Ramsauer Protestanten die dort hinaufgelangten katholischen Polizeibeamten hereinlegten. Diese suchten in den Häusern nach der deutschen Lutherbibel, deren Besitz streng verboten war. Damit die Bibel nicht in die unbefugten Hände fiel, versteckten die Bauern diese sehr gewissenhaft, entweder an einem geheimnisvollen Winkel des Bauernhauses oder noch besser: unter den Sparren des Stalldaches in schwer zu entdeckenden Fächern. Aber um ganz sicherzugehen und um keine Probleme mit den Häschern zu bekommen, rissen manche Bauern die erste Seite der Bibel, auf der der Name Luther stand, heraus. So hofften sie zu Recht, die Inspektoren, die nicht viel mehr als den Namen Luther lesen konnten, zu täuschen. Sie sollten meinen, bei dem betreffenden Buch würde es sich nicht um die Lutherbibel handeln. Vor einigen Jahren war ich bei einem alten Bauern in Ramsau, er hieß Knaus. Er erzählte mir, daß die verbotenen Lutherbibeln um 1750 zur Zeit Maria Theresias von Gosau auf einem geheimen Weg nach Ramsau geschmuggelt worden waren. Diesen Weg, man nennt ihn heute Bibelweg, würde er jedes Jahr zur Erinnerung an seine protestantischen Vorfahren marschieren. Nach Gosau kamen die Bibeln durch Handwerker aus Deutschland. Nachdem mir Herr Knaus dies geschildert hatte, holte er aus einem Kasten eine alte Lutherbibel. Vor dem Krieg hatte er sie im Stall versteckt gefunden. Er öffnete die Bibel und zeigte sie mir. Ich sah, daß die erste Seite fehlte, auf der wohl der Name Luther zu lesen gewesen ist. Die Protestanten haben sich in Ramsau bis heute gehalten, sie scheinen stolz auf ihre Religion zu sein, die einmal eine rebellische war.

Diese Luft der Rebellion umgibt mich, als ich kräftig in die Pedale trete, die ansteigende, kurvige Straße hinauf, die in Stein an der Enns nach St. Nikolai und auf den Sölkpaß führt. Noch ist es hell, es ist gegen sieben Uhr. Noch ist eine ziemliche Strecke zurückzulegen. Zwei junge Burschen radeln vor mir, sie sind schwer bepackt und lassen sich Zeit. Ich hole auf, grüße und beginne mit dem einen, der vorausfährt, ein Gespräch. Ich frage, wohin die beiden fahren wollen. Der eine Radler führt aus: „Wir beide kommen aus Deutschland. Wir sind mit einer Gruppe unterwegs. Wir haben in Fiume ein Treffen, ein Lager. Die anderen fahren mit dem Zug dorthin. Wir sind vorausgefahren mit dem Zug, bis Österreich, nun wollen wir mit dem Fahrrad nach Fiume fahren. Uns macht dies Freude, wir bekommen so eine ganz andere Beziehung zu den Gegenden, durch die wir radeln. Hier in Österreich, wir sind das erstemal hier, ist es wunderschön. Die Landschaften sind herrlich. Seit zwei Tagen sind wir mit dem Rad unterwegs." Ich nicke und bin froh, in Österreich zu leben.

Die beiden scheinen tatsächlich von der Umgebung hier angetan zu sein. Sie schauen auf die dieses Tal zum Sölkpaß umrandenden Berge. Die beiden machen Rast. Ich verabschiede mich mit dem Wunsch, ihre weitere Reise solle eine schöne werden. Ich radle, langsam steigt die Straße an. Sie geht entlang des kleinen Flusses, manchmal über diesen. Noch scheint die Sonne, aber sie ist am Verschwinden. An Bauernhäusern geht es vorbei. Echte Bauern gibt es hier und auch sonst in Österreich nicht mehr. Die früheren Bauern hier im Gebirge, falls sie noch nicht aufgegeben haben, wurden zu reinen Viehspezialisten mit Rinderhaltung, Milchwirtschaft und vielleicht Schweinemästung. In früheren Jahren bis um 1960 wurde hier auch Getreide angebaut. Es gab noch autarke Bauern, aber solche darf es im Rahmen der großen Globalisierung gar nicht geben. Der Bauer wurde zum Subventionsempfänger, er wurde abhängig und zum Landschaftspfleger. Ich erinnere mich als Kind, daß auf den Wiesen sogenannte Heumandln standen, Holzgestänge, auf denen das frisch gemähte Gras trocknen konnte. Das Heu wurde dann auf dem Heuboden gelagert, bis der Bauer es für die Kühe herunterholte. Oft habe ich als Bub im Heu gespielt. Heute gibt es diese Heuböden nicht mehr. Das Gras wird, wenn es mit der am Traktor sich befindlichen Mähmaschine geschnitten ist, heute in Plastikhüllen gepreßt. Das Gras wird auf diese Weise silisiert und so den Kühen vorgeworfen. Zu diesem kommt noch Kraftfutter. Es hat sich Wesentliches bei den Bauern geändert. Der alte Bauer ist verschwunden, an seine Stelle ist der Manager getreten. Und das ist traurig, denke ich mir, während ich weiterradle und auf die langweilig grünen Wiesen schaue; früher waren sie bunter mit den vielen Blumen, die heute fehlen, weil mindestens dreimal das Gras geschnitten wird, Blumen haben da keine Chancen, voll zu erblühen.

Kleine Weiler werden von mir durchfahren. Bald bin ich an der Umfahrungsstraße von St. Nikolai, dem letzten Dorf vor dem Sölkpaß. Es dämmert schon, ich denke mir, glücklich jene beiden Radfahrer, die ich vorher getroffen habe, die mir erzählten, sie würden hier in St. Nikolai übernachten. Ich will weiter, in die Nacht hinein, bis Murau möchte ich kommen. Die Straße wird steiler, etwas mühsam wird es für mich als Radler, aber ich ziehe durch. Die Straße führt durch eine Almgegend, an einer Almhütte vorbei, früher mag sie eine echte mit Sennerin gewesen sein, die vorbeiwandernden Leuten Milch ausschenkte und Steirerkäse aufwartete. Sie wird dabei nicht viel verdient haben. Dieser „Steirerkas" ist eine Spezialität im Ennstal. Ich kaufe mir öfter einen solchen bei einer Bäuerin am steilen Weg von Ketten, nicht weit von Irdning, hinauf nach Oppenberg. Ein Schild irgendwo da oben verweist auf einen Bauernhof, auf dem man einen solchen „Kas" kaufen kann. Der Briefträger Lois Trinkl in Spital am Pyhrn hat mich, als ich noch ein Bub war, auf die Köstlichkeit dieses Käses aufmerksam gemacht. Seit damals schmeckt er mir. Dieser Käse schaut allerdings greulich aus. Er schimmert in Farben, die von hellbraun bis dunkelgrün und schwärzlich gehen. Er ist bröselig, er muß also auf das Brot gestreut werden. Der Anblick dieses Käses hält viele ab, ihn zu sich zu nehmen. Dazu kommt noch der intensive und scharfe Duft, der um vieles ärger ist als der der üblichen Stinkkäsesorten. Die furchtbare Farbe und dieser ganz und gar nicht anregende Duft machen das Delikate dieses Käses aus. Mir schmeckt er. Nur hier im Ennstal wird er hergestellt, sonst nirgends. Hier in dieser Almhütte mag er erzeugt worden sein, vielleicht wird er es heute noch, aber die Milch für den Topfen, aus dem er fabriziert wird, muß vom Tal hierher transportiert werden, denn hier oben gibt es nur Jungvieh, und das gibt keine Milch. Es hat sich also in der bäuerlichen Kultur viel geändert. Auch die Alm, auf der früher die Kühe geweidet wurden, hat sich gewandelt. Eine echte Sennerin, die täglich die Kühe melkte, kann es also nicht mehr geben. Aus der ehemaligen Almhütte ist eine Art Ausflugsgasthaus geworden, in dem man, wie man auf Holztafeln lesen kann, Geselchtes, Käse und anderes, was als typisch bäuerlich erscheint, erhalten kann. Ein paar Autos stehen vor der Hütte. Gegenüber davon erblicke ich ein paar Kälber, die genußvoll das Almgras zupfen. In einer Kurve zweigt ein Weg etwas bergab zu einer anderen Almhütte, die allerdings wie ein Hotel wirkt, denn auf einer Tafel wird großspurig darauf hingewiesen, daß man hier gutbürgerlich essen und sogar übernachten könne. Die Hütte ist nach dem legendären Erzherzog Johann benannt, ebenso wie die ganze Straße bis zur Paßhöhe hinauf. Dieser Erzherzog, der als so großer Menschenfreund hingestellt wird, dürfte tatsächlich eine sonderbare Person gewesen sein, denn er hat einige der aufrechten Rebellen von 1848 hereingelegt, so den Bauernbefreier Hans Kudlich, der als Student im Reichstag den Antrag auf Aufhebung der Robot und des Zehents gestellt hatte. Er mußte in die Vereinigten Staaten fliehen und war in Abwesenheit zum Tode verurteilt worden. Gott sei Dank war er in Sicherheit. Mir ist nicht bekannt, daß der Erzherzog, ein schlauer Herr, nur einen Finger für diesen Rebellen gerührt hat. Ich bin also ein wenig ein Kritiker des allseits so verehrten Erzherzogs Johann. Heinrich Heine meinte sogar in einem Gedicht, daß der Erzherzog ein ehrgeiziger Herr gewesen sei, der selbst deutscher Kaiser werden wollte. Jedenfalls war er gegen die Revolutionäre von 1848, obwohl er am Beginn der Revolution so getan hatte, als ob er mit ihnen sympathisiere.

Ich radle ich auf der nach dem Erzherzog benannten Straße, vorbei an hohen Bäumen und sattem Moos. In Serpentinen geht es allmählich in die Höhe. Die Bäume werden weniger. Es dunkelt. Bald stehe ich am Paß. Die Tafeln, ich kenne sie schon von früher, verweisen auf die alte Kultur dieser Straße. Römer spazierten hier, und das Salz von den Bergwerken Bad Aussees und Hallstatts wurde durch die Jahrhunderte über den Paß nach dem Süden verhandelt. Auf den Rücken von Bauernburschen und in von starken Rössern gezogenen Fuhrwerken wanderte das Salz nach Kärnten und sicherlich weiter bis nach Italien. Aus den Funden bei den Ausgrabungen in Hallstatt kann man schließen, daß bis in den Raum der Adria Hallstätter Salz gebracht wurde. So fand man in Hallstatt und am Dürnberg bei Hallein Situlen, so heißen die verzierten großen Bronzegefäße, in denen noble Römer den Wein mit Wasser mischten. Gegen Salz wurden also Gegenstände der Römer wahrscheinlich auch über diesen Paß, den Sölkpaß, befördert. Übrigens steckt in unserem Wort „Seidel", dem klassischen Glas, in dem 0,333 Liter Bier Platz finden, das Wort Situla, der Name dieses römischen Mischgefäßes.

Auf ein Bier freue ich mich, als ich mir einen Pullover überstreife, das Licht am Rad andrehe und nun bergab sause. Es ist schon dunkel, sehr dunkel, mein Licht sucht den Weg, der teilweise steil hinunterführt. Es ist kühl, ich freue mich auf ein Wirtshaus. Es wird eben und dann wieder steil, an ein paar Bauernhäusern vorbei. Es zieht sich, und schließlich bei einem Friedhof biege ich in die Straße, die von Tamsweg hierher geht, nach Murau ein. Ein paar Autos begegnen mir, einige überholen mich. Man nimmt auf mich, den Radfahrer mit Gepäck und Licht, Rücksicht. Ich radle in den Ort Murau. Ich komme aus der Dunkelheit in das beleuchtete Städtchen. Ich bin müde, ich bin weit gefahren, immerhin bin ich erst am Nachmittag von Liezen weggeradelt. Im ersten Gasthaus, an dem ich vorbeikomme, halte ich und frage den Wirt, ob er ein freies Zimmer für mich habe. Denke fest, daß dieses große Haus mich, den Radfahrer, aufnehmen werde. Doch ich werde enttäuscht, als

der Wirt meint, es sei nichts frei, ich solle es woanders versuchen.
Dabei schaut er mich etwas skeptisch von oben bis unten an. Mag
sein, daß er mich für einen radelnden Vagabunden hält. Ein solcher bin ich eigentlich auch, allerdings kann ich mir ein Zimmer
leisten. Ich radle weiter gegen die Mitte des Ortes. Beim Gasthaus
„Bärenwirt" versuche ich es wieder. Es ist schon gegen elf Uhr, als
mir der Wirt erklärt, ich könne bei ihm übernachten. Das Radl
stellt er in der Nähe der Küche ab. Hier könne es nicht gestohlen
werden, meint er. Ein älteres Ehepaar sitzt noch in der Gaststube
und trinkt Bier. Ich bitte den Wirt inständig, wenn ich mein Gepäck am Zimmer habe, noch einmal kommen zu dürfen, ich habe
Hunger, allerdings bin ich Vegetarier. Er sträubt sich etwas, nickt
aber. Ich gehe auf das Zimmer, es ist eher einfach und langweilig.
Hauptsache, ich habe ein Bett. Ich ziehe mich um und erscheine in
der Gaststube. Das biertrinkende Ehepaar betrachtet meine Person
als unerwünschte Störung und ignoriert mich. Ich grüße zwar, ernte
aber nicht einmal ein Kopfnicken. Der Wirt hat mir inzwischen einen Käseteller mit einem Stück Weißbrot, das nicht mehr das jüngste zu sein scheint, und ein Glas, gefüllt mit Bier, auf einem abseits
stehenden Tisch kredenzt. Ich bedanke mich höflich und wortkarg.
Ich habe keine Lust, jetzt noch mit dem Wirt ein Gespräch zu führen. Müde lange ich zu und trinke mein Bier. Ich erhebe es auf das
Wohlsein all der Rebellen, über die ich heute nachgedacht habe,
es sind dies die Landler und die alten Bauernkrieger, die dem Adel
harte Kämpfe geliefert haben. Es gab aber noch andere Rebellen
hier in den Wäldern um den Paß, es waren dies die Wildschützen,
über die werde ich morgen etwas nachdenken. Dies nehme ich mir
vor und gehe schlafen.

Ich hoffe das Beste.

Nach Assisi – im Land der Etrusker

Ich erwache in dem großen Zimmer meiner Herberge. Mein erster Blick fällt auf das antik anmutende Gemälde am Plafond, es zeigt irgendwelche umherschwirrende römische oder gar etruskische Göttinnen, umgeben von Blumen und Hirschen oder anderem Getier. Das Gemälde dürfte wie das ganze Haus aus der Zeit um 1900 stammen, es deutet wohl darauf hin, daß dieses Hotel, diese Alberghiera, einmal eine Nobelabsteige war. Das Zimmer, das mich für ein paar Stunden beherbergt, ist groß, es hat drei mächtige Fenster, deren Holzläden vor der Sonne schützen sollen. So auch jetzt, jedoch durch die Fugen der Läden kämpft sich in feinen Strahlen die Morgensonne und hüllt den Raum in dämmrig-frohes Licht. Ich öffne die Läden und lasse die Grelle der Sonne herein. Die Göttinnen auf dem Plafond blicken nun frech und lebenslustig auf mich. Die Fenster gehen auf die Straße, nur wenige Autos sind zu hören, es ist gegen acht Uhr. Drei Betten stehen in dem feinen Zimmer, das einmal bessere Zeiten gesehen haben mag. Vielleicht war es für eine ganze Familie gedacht, vielleicht für eine aus Florenz oder Rom, die hier im Apennin in früheren Jahren die Sommertage verbracht haben mag. Papiano, wie dieses Dorf am Fuße waldiger Berge heißt, dürfte einmal eine attraktive Sommerfrische gewesen sein. Darauf verweist der großzügige, heute altmodisch wirkende Bau des Hotels. Ich wasche mich und packe meine Radtasche. Im Raddreß setze ich mich in das vornehm wirkende, an elegante Jahre erinnernde Speisezimmer. Nun sehe ich, daß noch zwei Ehepaare hier im Hotel wohnen, wahrscheinlich sind es Pensionisten, die sich hier für einige Tage oder mehrere Wochen einquartiert haben. Sie trinken Kaffee und essen Brötchen. Mir bringt der Maestro – der Herr Hoteldirektor hat tatsächlich etwas von einem Dirigenten an sich – einen Tee und Weißbrot, dazu Käse. Er setzt sich zu mir. Ich drücke meine Hochachtung bezüglich der etruskischen Figuren aus, die hier hinter Glas zu sehen sind. Seine Augen leuchten, und er erzählt in einfachem Italienisch, das ich etwas verstehe und das ich hier in Deutsch wiedergeben will: „Ich komme zwar aus Sardinien, aber mir gefällt es hier, und ich liebe die Etrusker. Auch hier lebten sie vor zweieinhalbtausend Jahren. Hier in der Nähe, nicht weit von dem Paß, über den Sie geradelt sind, entspringt der Arno, er durchfließt die Toskana, und an ihm liegt Florenz." Erst jetzt wird mir bewußt, daß ich am Ursprung des berühmten Flusses Arno, der Lebensader der Toskana, bin. Auf der Karte sehe ich, daß er bis in die Nähe von Arezzo nach Süden und dann wieder nach Norden, nach Pontassieve und Florenz fließt. Ich werde ihm also noch einigemal begegnen. Eine Zeit werde ich ihn heute begleiten, die Landstraße führt, wenn ich der Karte folge, direkt in seiner Nähe. Mich freut dies. Ich werde den Arno bewußt im Auge behalten.

Ich beende mein Frühstück, stehe auf und bedanke mich bei dem freundlichen sardinischen Hotelier. Ich zahle, hole meine Radtasche aus dem prächtigen Zimmer und stelle diese vor das Tor des Hotels. Mein Gastgeber begleitet mich in den tief gelegenen Schuppen. Das Fahrrad ist noch hier. Ich schiebe es über den Parkplatz hinauf zur Straße und schnalle die Radtasche auf dieses. Der Herr Hotelier schaut mir zu, aus seinen Augen spricht neugierige Hochachtung. Ich äußere den Wunsch, noch etwas Reiseproviant zu kaufen. Er zeigt mir ein nahes, über der Straße gelegenes kleines Geschäft, einen Krämerladen, wie ich ihn als Kind noch erlebt habe. Er geht mit mir zu diesem und betritt mit mir dieses. Hier gibt es Bananen, Äpfel, Käse, Zeitungen, Wurst und viele andere Dinge, die die Menschen hier in dem Dorf des Apennins brauchen. Zwischen all diesen Schätzen sitzt eine Dame. Gnädig schaut sie auf mich. Zwei Bananen, ein Brot und etwas Käse kaufe ich ein. Der Herr vom Hotel macht ein paar höfliche Scherze. Dann verabschiede ich mich. Beide wünschen mir „buon viaggio", und dann radle ich winkend los. Es waren schöne Stunden, die ich in diesem Nest und in diesem lieblichen Hotel, das, wie jeder alte Herr und jede alte Dame, einmal schönere Zeiten gesehen haben mag, verbringen durfte.

Es geht leicht bergab, ich lasse Stia, den kleinen Fremdenverkehrsort, hinter mir. Ich sehe den Arno, bald bin ich in Poppi und fahre in Bibbiena ein. Hier herrscht reges Leben, hier sind Touristen unterwegs, die wie in allen anderen Touristenorten auch, wie zum Beispiel in Badgastein oder in Kitzbühel, den halben Tag damit verbringen, daß sie von Geschäft zu Geschäft ziehen und irgendwelche Andenken, wie Kuhglocken oder Gläser mit dem Ortswappen, und Ansichtskarten erwerben.

Ich halte mein Fahrrad an, schiebe es ein Stück, mische mich unter die Leute.

Es sind wohl nur Italiener hier, für Deutsche, Engländer und anderes Volk ist diese Gegend im Auslauf des Apennins wohl wenig spannend, erst das mittelalterliche Arezzo dürfte sie interessieren. Mir gefällt Bibbiena und die Landschaft, in die das Städtchen eingebettet ist. Ich erwerbe in einem Laden einen Film, dies ist höchste Zeit, denn in den letzten Tagen habe ich meine mitgeführten Filme mit dem in Murau vor ein paar Tagen gekauften Fotoapparat bereits verschossen. Ich bin ein sehr sparsamer Fotograf und nehme mir immer wieder vor, nur das Wichtigste und Schönste auf Film zu bannen, um nicht zuviel unnötiges Bildmaterial daheim herumliegen zu haben. Ich leide nämlich unter dem vielen Papier und den vielen Bildern, sie erdrücken mich. Aber trotz dieses Vorsatzes passiert es mir aber doch, auch unnötiges Zeug und ewig gleiche Landschaften zu fotografieren.

Ich lege den Film in den Apparat, schieße ein Foto von der lieblichen Stadt. Weiter geht es in Richtung Arezzo. Die Hügel werden niedriger, große Felder und Pinien, Zypressen, Buschen mit Akazien und Oleander, dazwischen noble Villen, erfreuen mein Auge.

Die Straße entfernt sich etwas vom Arno, nähert sich ihm wieder vor Arezzo und überquert ihn. In einem Bogen wendet sich der Arno nun nach Norden. Das Gebiet, durch das ich radle, gehört zum alten Siedlungsgebiet der Etrusker. Zwischen Arno und Tiber war das zentrale Gebiet dieses geheimnisvollen Volkes. Von den an-

tiken Schriftstellern wissen wir nicht allzuviel. Ein großer Teil der
etruskischen Geschichte entzieht sich unserer Kenntnis. Die Über-
lieferung behauptet, es habe im Norden des Apennins während des
6. und 5. Jahrhunderts zwölf etruskische Städte gegeben, erwähnt
werden aber nur fünf. Zu ihnen gehören Felsina, also Bologna, 540
vor Christus gegründet, von dort bin ich gestern weggeradelt, und
Mantua, dessen Name sich wahrscheinlich vom etruskischen Un-
terweltsgott Mantus ableitet.

Die Forschung ist den Etruskern schon lange auf den Spuren.
Immer wieder gibt es neue Erkenntnisse.

Der Name Etrusker ist lateinischen Ursprungs. Die Griechen
nannten sie Tyrrhenoi oder Tyrsenoi. Im Tyrrhenischen Meer lebt
diese Benennung weiter.

Eine alte Theorie besagt, daß diese hochbegabten Leute aus
Kleinasien eingewandert seien. Doch diese Überlegung ist problematisch. Ich selbst weiß von Professor Pittioni, dem großen Urge-
schichtler, dessen Vorlesungen ich vor vielen Jahren besucht habe,
daß die Etrusker wahrscheinlich die Urbevölkerung der Apenn-
inhalbinsel bildeten. Danach seien sie keine Indogermanen, denn
diese sind erst später eingewandert und treten als Italiker in den
Blickpunkt der Geschichte. Die Etrusker waren also schon vor den
Indogermanen da und wurden von diesen überlagert. Das Lateinische ist eine indogermanische Sprache, die allerdings einige etruskische Wörter enthält, wie zum Beispiel das „fenestra" für Fenster
oder „widowa" für Witwe. Dies weiß ich aus einem Vortrag, den
ich vor Jahren von dem berühmten Etruskologen Pfiffig in Wien
gehört habe. Dieser gescheite Mann meinte übrigens, daß wir die
etruskische Sprache nicht vollständig kennen, sondern die Worte,
die wir kennen, sind uns aus den Inschriften in ihren großartigen
Begräbnisstätten erhalten. Wir wissen also nur etwas von der Fried-
hofsprache dieser Leute. Die Etrusker sind also ein äußerst geheim-
nisvolles Volk, das mich schon immer fasziniert hat. Jetzt beim Radeln in Richtung Arezzo gehen mir die Etrusker wieder nahe. Sie

hatten einen eigenen Umgang mit dem Tod, der typisch für manche bäuerliche Kultur zu sein scheint. Und die Etrusker waren ein Bauernvolk.

Viele ihrer Grabkammern gleichen eher noblen Hotelzimmern als Erinnerungsstätten für Tote. Solche gibt es nicht weit von Arezzo im Tal des Flusses Chiana, der in den Arno mündet. Er kommt von Süden. Ich werde in den nächsten Stunden an ihm entlang in Richtung Trasimenischer See radeln. Es ist eine fruchtbare Ebene, die sich mir da eröffnen wird. Hier lebten ab dem 6. Jahrhundert vor Christus wohlhabende etruskische Bauern, wahrscheinlich gab es reiche Gutsbesitzer unter ihnen. Von solchen dürften die extravaganten monumentalen Gräber mit falschem Gewölbe und Tumulus stammen. Der Hauptort war damals Chiusi, von dem die Besiedlung des Chianatales ausging. Eine spannende Kultur, die hier entstand. Es gab viele Gelehrte, Privatarchäologen und Dichter, die versucht haben, diese alte Kultur in ihrer Seele zu deuten. Auch der englische Schriftsteller D. H. Lawrence gehörte zu ihnen. In seinen poesievollen Reiseerinnerungen um 1920 beschreibt er die Wesensmerkmale der Etrusker sehr einfühlsam und wahrscheinlich auch richtig. Lawrence ahnte, daß die gesamte Kultur der Etrusker dem Leben geweiht war. Nach ihren Vorstellungen ging das Leben im Tode einfach weiter. Daher sieht man an den Wänden der Gräber Etrusker auf schönen Pferden fröhlich in die Welt des Todes reiten. Sie müssen ein heiteres Leben geführt haben. Lawrence schließt messerscharf, daß die „Lenden" Mittelpunkt ihres Lebens waren und nicht das Gehirn.

Dies zeigt sich bei ihren Festen, die gerade, wenn es um den „Abschied" ging, orgiastisch waren. Die Frau spielte, so meine ich in aller Bescheidenheit, als Spenderin der Liebe und des Lebens eine ganz große Rolle. So war bei den Gastmählern der Etrusker, wie wir aus ihren Bildern und Skulpturen wissen, stets die Frau dabei, Männer und Frauen tafelten also gemeinsam – im Gegensatz zu den Römern. Und weil die schönen Frauen der Etrusker einen heiteren und leichten Umgang mit Männern hatten, galten sie bei den Römern als lasterhaft. Lawrence stellt dazu bissig fest: „Wir wissen das, weil es ihre Feinde und Vernichter, die Römer, behauptet hatten." Die Römer behaupteten tatsächlich, die Frauen der Etrusker seien zwar sehr schön, aber leicht zu haben gewesen. Viel Zeit brachten sie damit auf, ihren Körper zu pflegen, und fanden nichts dabei, sich vor Männern und Frauen nackt zu zeigen. Dies berichtete der griechische Historiker Theopompos. Auch ihre Hunde dürften die Etrusker sehr geliebt haben, denn man fand in Grabstätten auch eigene Schlafstellen für die Hunde. Die Heiterkeit und Unbekümmertheit der Etrusker steckt noch heute in den Italienern. Ich spürte sie, als ich durch Arezzo radle, eine Stadt etruskischen Ursprungs mit gotischen Kirchen, sie ist die Geburtsstadt des hochberühmten Dichtes Petrarca. Plötzlich merke ich, daß im Hinterreifen meines Fahrades keine Luft mehr ist. Ich habe also einen Patschen. Ich bin unglücklich, ich bin schon auf der Straße in das Val di Chiana, das Chianatal. Ich suche mir einen Platz, an dem ich den Reifen wechseln kann. Nach ungefähr hundert Metern freudlosen Schiebens des Rades in der heißen Mittagssonne, gelange ich zu einem Standl, wie man bei uns in Wien zu einer Imbißstätte oder einer Würstelbude im Freien sagen würde. Diese gastliche Stätte ist eine Art Anhänger, die mit einem Auto verschoben werden kann. Er ist an der Längsseite aufgeklappt, so daß sich vorne eine Theke bildet und im Hintergrund die anzubietenden Köstlichkeiten aufbereitet liegen, die ein Meister verwaltet. Im Vordergrund dieser Würstelbude, die aber nicht nur Würstel anbietet oder vielleicht sogar ganz andere Dinge, stehen einige Tische mit Sesseln, durch Sonnenschirme geschützt vor der Sonne. An den Tischen lungern einige Herren, private Chauffeure, Arbeiter und Lastwagenfahrer, die hier Station machen, etwas trinken und eine Kleinigkeit aus dem Angebot im Anhänger zu sich nehmen. Ein paar Meter weiter befindet sich ein Parkplatz für diese Kunden. Der Chef der Bude scherzt mit den die Ruhe des Mittags genießenden Männern. Sie lachen, und als ich

mit dem Fahrrad bei ihnen halte, wenden sie mir ihre freundliche
Aufmerksamkeit zu. Einer sieht, daß keine Luft im hinteren Reifen ist, und lächelt mir zu. Ich grüße und mache ihm und seinen
Kollegen klar, daß ich mit dem Rad von Österreich unterwegs bin
und jetzt eben Probleme habe. Als sie von der langen Tour mit dem
Rad hören, nicken ein paar voll der Hochachtung mit dem Kopf.
Ich stelle das Rad mit dem Sattel und mit dem Lenker nach unten,
damit ich das Hinterrad besser ausbauen und den Schlauch besser
wechseln kann. Wenn ich richtig verstehe, was der freundliche Italiener sagt, so ist er bereit, mir zu helfen. Ich nicke, und er versucht
zumindest, das Fahrrad ruhig zu halten. Nach ungefähr 20 Minuten
ist das Fahrrad wieder fahrbereit. Der Wirt freut sich, als ich um ein
Stück weißes Brot mit italienischem Käse bitte, dazu erwerbe ich zwei
Flaschen Mineralwasser. Die eine leere ich auf einen Zug, denn mein
Durst ist gewaltig, die andere zwicke ich in die Halterung am vorderen Rahmen des Fahrrades. Ich werde aus ihr unterwegs trinken. Die
Männer lächeln mir freundlich zu. Ich bedanke mich für die gütige
Aufnahme, rufe ein „Arrivederci". Sie antworten mit „buon viaggio".
Ich radle los. Ich denke an die alten Etrusker, ihre Heiterkeit und ihr
lockeres Leben. Irgendwie steckt auch in diesen Herren etwas von
diesen Eigenschaften. Es ist heiß. Die Straße, die ich benütze, ist viel
befahren, aber ich fühle mich nicht unsicher. Ich fahre nicht direkt
am Chianafluß, jedoch am Rande des nach ihm benannten Tales.
Flache Stücke wechseln sich mit leichten Hügeln ab. Pinien und Zypressen zieren die Wege. Der heiße Himmel ist blau. Kleine Dörfer schimmern an den Straßen. Ich komme nach Cortona, das sich
wahrscheinlich vom etruskischen „Curtun" ableitet.

Bekannt sind in der Nähe drei große Gräber der Etrusker. Ich
nähere mich dem Trasimenischen See, ich habe Schwierigkeiten,
einen idealen Weg zu finden, denn hier läuft eine Autobahn, die
Autos aufnimmt, aber keine Radfahrer. Bei Borghetto am See er-
wische ich eine Landstraße, ich verlasse Etrurien und bin nun in
Umbrien. Hier stoße ich auf Radfahrer, seit zwei Tagen die ersten,

jedoch sind dies keine Italiener, die sich auf Fahrräder geschwungen haben, sondern Holländer, wie ich merke. Hier am See kampiert eine ganze Gruppe dieser Leute. Mit einem jungen Paar spreche ich. Sie sind per Flugzeug nach Florenz gekommen und von dort mit einem Autobus hierher, im Gepäck hatten sie ihre Fahrräder, mit denen sie nun hier am See Ausflüge machen. Sie können mir bei meiner Suche nach dem Weg helfen. Auf einer schmalen Straße, unweit der Autobahn, radle ich durch eine schöne Landschaft, auf kleine Hügel geht es, vorbei an prächtigen Landhäusern mit zarten Bäumen davor, der Grasboden ist trocken, man merkt, daß die letzten Tage heiß waren und es nicht geregnet hat. Zwischen dunklen Bäumen, darunter wohl auch Kastanien und Mandelbäume, gleißt der Trasimenische See, ein fantastischer See, an dem auch Etrusker lebten, zumindest bis in das 5. und zu Beginn des 4. Jahrhunderts vor Christus, als die Römer sie besiegten und sie dem Untergang weihten. Aber irgendwie blieb die etruskische Seele hier, ich spüre sie.

Auch für die Geschichte der den Etruskern folgenden Römer ist dieser Trasimenische See von großer Bedeutung, so kam es 217 zur großen Schlacht, in der die Römer von dem Karthager Hannibal im 2. Punischen Krieg besiegt wurden. Damit dann doch die Karthager besiegt werden konnten, lieferte im Jahre 205 die Stadt Arezzo, die damals ein Mittelpunkt der metallverarbeitenden Industrie war, dem römischen Feldherrn Scipio die nötigen Waffen: 3000 Schilder, 3000 Helme, 50.000 Wurfspieße, Schwerter, lange Lanzen, Äxte, Hacken, Sicheln und andere Werkzeuge.

Ich komme in das Städtchen Passignano, es liegt direkt am Trasimenischen See. Hier herrscht buntes Leben, viele Sommergäste verbringen hier schöne Tage. Ich suche ein Fahrradgeschäft, um einen neuen Schlauch für das Fahrrad zu kaufen, da mein einziger Reserveschlauch, den ich mithatte, bei Arezzo aufgebraucht wurde, als ich den Patschen hatte. Und das Klebzeug, mit dem ich den kaputten Schlauch richten könnte, ist eingetrocknet, also nicht einsetzbar. Ich suche ein Geschäft, in dem ich sowohl einen Radschlauch als auch etwas zum Kleben kaufen kann. Das ist nicht einfach. Ich finde keines, obwohl Passignano ansonsten nicht unterentwickelt erscheint. Ich entdecke ein kleines Reparaturgeschäft, direkt an der Hauptstraße.

Durch ein blaues Tor mit Glasfenstern blicke ich in ein malerisches Durcheinander von allerhand technischem Zeug. Mopeds und Fahrräder können hier sich der Obsorge eines Meisters unterziehen. Diesen finde ich aber nicht gleich. Irgendwann taucht er von irgendwo aus dem Dunkeln des Geschäftes auf. Der Mann ist um die 55. Als er mich mit meinem bepackten Fahrrad sieht, mich, einen radelnden Vagabunden, faßt er Sympathien für mich und lächelt mich freundlich an. Ich erzähle ihm, so gut es mit meinem eigenartigen Italienisch geht, von meinem Patschen und bitte um einen neuen Schlauch und Klebezeug. Wohl hat er etwas zum Kleben, aber das braucht er selbst. Zwei alte Schläuche jedoch, die bereits geklebt sind, kann ich haben. Ich bin froh über diese und bezahle sie. Der freundliche Herr klebt schließlich auch noch meinen ruinierten Schlauch. Ich verpacke diese drei Schläuche gut und bin froh über sie, besser als nichts, denke ich mir. Ich bleibe noch etwas und tratsche mit meinem Gönner. Ein paar Kunden kommen zwar, aber dennoch erzählt er mir, daß er ein großartiger Radrennfahrer war und es heute auch noch ist. Er bringt mir Bilder, die ihn in kühner Radkleidung mit blauem Helm zeigen. Mit vollem Stolz erwähnt er, daß er Weltmeister von all jenen Radrennfahrern ist, die über 50 Jahre alt sind. Regelmäßig würde es Rennen geben, in denen derartige alte Kracher sich wilde Kämpfe auf der Straße liefern. Der Mann ist eine Art Amateurweltmeister. Ich verneige mich in Hochachtung. Er fragt mich, ob ich St. Johann kenne, es müsse in Tirol liegen. Ich bejahe, und er erzählt mir, daß er dort an einem Senioren-Radrennen teilgenommen habe. Jetzt erinnere ich mich, daß ich vor einigen Jahren dort geradelt bin, ich wollte nach Innsbruck. Als ich in Richtung St. Johann fuhr, kamen mir viele ältere

Herren auf Rennrädern eher schnell entgegen. Ich grüßte sie jeweils, doch keiner erwiderte meinen Gruß, was mich damals sehr verärgerte. Wie ich dann in St. Johann eine Pause einlegte, merkte ich an den Transparenten, auf denen etwas von einem „Senioren-Rennen" oder ähnlichem stand, daß ich in ein Radrennen eingetaucht war, ohne dies zu wissen. Die mir begegnenden Radler waren also keine Vergnügungsradler, wie ich einer bin, sondern echte Rennfahrer. Jetzt verstand ich, warum die radelnden älteren Herren meinen freundlichen Gruß einfach ignorierten. Gerade das fällt mir hier am Trasimenischen See bei dem liebenswürdigen Radmechaniker und Amateurweltmeister wieder ein. Dieser verschwindet in seinem Geschäft und kommt mit einer blauen Radkappe wieder. Die wolle er mir zur Erinnerung schenken. Auf der Kappe steht in oranger Schrift am Schirm „Pedale Magionese" und am vorderen Drittel groß „ALESSIO". Für diese Firma würde er als Rennfahrer starten. Ein sehr großes Bild, ein Poster, zeigt ihn mit einer solchen Kappe auf seinem Rennrad. Ich gratuliere ihm zu seinem Sportgeist. Er freut sich. Vielleicht hat auch er etwas von einem Etrusker an sich, möglich wäre es. Seine heitere und großzügige Art erinnert an die Vorfahren hier am See. Er nimmt mir mein Kapperl vom Kopf und setzt mir dieses von Alessio an seine Stelle. So soll ich weiterradeln, meint er. Ich verspreche es ihm. Ich bedanke mich und radle weiter. Am Ende des Städchens, es ist schon gegen 5 Uhr nachmittags, lege ich bei einem Eissalon eine Rast ein. Ich kaufe mir bei einer hübschen Eisverkäuferin eine große Portion Eis. Schon lange habe ich keines mehr gegessen, aber jetzt an diesem heißen Tag ist der Gusto nach einem Himbeereis oder einem anderen Fruchteis groß. Mit Genuß rutscht das süße Etwas die Kehle hinunter. Ich danke und radle weiter, hinaus aus dem Ort am See in Richtung Perugia. Weit ist es nicht mehr bis dorthin.

Auch Perugia geht auf die alten Etrusker zurück. Die berühmteste Stadt der Etrusker in dieser Gegend ist jedoch Chiusi, nur ein paar Kilometer südlich des Trasimenischen Sees. Dorthin werde ich allerdings nicht hinradeln. Der alte Name der Stadt könnte Clevsin gewesen sein, man ist sich darüber aber nicht im klaren. Wunderbar sind die Gräber hier, die bereits bei den Römern wegen des schönen Gold- und Bronzeschmucks ausgeraubt wurden. Also bevor Archäologen sich darangemacht haben, die Grabkammern zu leeren, freilich für die Museen, waren schon andere Spezialisten am Werk. Aus dem Ende des 7. und dem Beginn des 6. Jahrhunderts stammen Kammergräber, in denen Vasen und Gefäße aus Griechenland gefunden wurden. Ab dem 6. Jahrhundert waren in Chiusi große Künstler am Werk, die prächtige Statuen zu gießen vermochten. Besonders spannend sind die gemalten Bilder in den Gräbern. Man sieht sportliche Wettkämpfe, Gelage und Tanzszenen. Die Etrusker zeigten auch im Tode heitere Gelassenheit, sie wollten sich nicht einfach mit der dem Menschen gegebenen Grenze abfinden. Sie durchbrachen sie, wenn sie zum Beispiel zeigten, wie man mit Rössern in die andere Welt zog, wobei sich diese andere Welt durch nichts von jener Welt unterscheidet, aus der man kommt und in der man trefflich gelebt hat. Wenn man die Städte sieht, in denen einstens Etrusker lebten oder die von Etruskern mitbegründet wurden, so kann man verstehen, daß man diese Orte liebt und nicht weg will von ihnen. Und wenn man dennoch weg muß, dann zumindest in eine Welt, in der es genauso aussieht. Der Tod als echte Fortsetzung des Lebens, das schwebte den noblen Etruskern mit ihren schönen Frauen vor.

Ich radle einen Hügel hinauf, die von Büschen und jungen Bäumen umrahmte Straße deutet auf ein alte Geschichte. Hier mögen sie gezogen sein, die Etrusker und dann die Römer. Und plötzlich, ich bin am Hügel oben, sehe ich auf Perugia, auf eine Stadt, die, wie andere Städte der Etrusker auch, über dem Tal liegt und dem Vagabunden von weitem zuruft, hierher müsse er ziehen, hier erwarte ihn Schönheit und Leben. Und Perugia ist eine schöne Stadt, sie ist befestigt, ähnlich wie Arezzo und andere etruskische Gründungen. In der etruskischen Umwallung erinnert heute noch der „Arco

Etrusco", also das „etruskische Tor", an die Zeit vor 310 vor Christi Geburt, als Perugia unter römische Herrschaft kam.

Die Römer dürften in ihrem Umgang mit den Etruskern nicht zimperlich gewesen sein. Nach und nach haben sie sich das etruskische Reich unterworfen. Begonnen haben sie mit ihren wenig menschenfreundlichen Aktivitäten im 5. Jahrhundert.

Damit ging eine alte Kultur zugrunde, eine Kultur, die Handelsbeziehungen in die gesamte damalige Welt unterhielt. Davon zeugen Keramiken und Mythen aus Griechenland, aber auch Bernstein aus dem Norden. Geblieben sind von den Etruskern ihre herrlichen Gräber, die Tumuli, steinerne Kammergräber in Form von Hügeln. Diese vermitteln Aufschluß über Städtebau, aber vor allem geben sie uns eine Vorstellung von der Raumgestaltung der Häuser mit Sesseln und Truhen sowie mit allerhand Gegenständen an den Wänden. Eine besondere Hochachtung brachten die Etrusker ihren Königen entgegen. Berühmt war der von Clusium, Porsenna hieß er. Und Rom wurde während seiner etruskischen Periode von der Dynastie der Tarquinier beherrscht. Zu den Insignien der Königsherrschaft gehörten, wie der Geschichtsschreiber Dionys von Halikarnassos berichtet, eine goldene Krone, ein Elfenbeinsessel, ein mit einem Adler gekröntes Zepter, ein bestickter Purpurmantel, wie ihn auch die Könige von Lydien und Persien trugen. Ein weiteres Zeichen der Herrschergewalt waren die Liktoren, die mit ihren Rutenbündeln, den „fasces", den Zug des Königs eröffneten. Das Rutenbündel mit dem Beil in der Mitte ist seit den Anfängen der etruskischen Geschichte belegt. Die römischen Magistrate haben es als Zeichen der Macht von den Etruskern übernommen. Der einzige Unterschied besteht darin, daß die etruskischen Rutenbündel in der Mitte eine Doppelaxt haben, die römischen eine einfache. Die Rutenbündel tauchen immer wieder auf in Italien. Sie gehören zur Geschichte der Halbinsel, die ohne die Etrusker wahrscheinlich nicht diesen Zauber hat, der mir als radelnder Vagabund Sympathien entlockt.

Ich fahre bergab, komme auf eine Schnellstraße und damit in einen Wirbel, da ich mir nicht klar bin, wie ich in das Zentrum Perugias gelange. Ich frage einen Afrikaner, der mit seinem Auto kurz stoppt, um andere Autos vorbeifahren zu lassen. Der Mann blickt mich heiter an und erklärt mir bereitwillig, daß ich irgendwann nach links abbiegen müsse. Zwischen ein paar Lastwägen ziehe ich ein Stück dahin, doch dann folge ich dem Wegweiser nach Perugia. Die Straße steigt an, sie schraubt sich hinauf, entlang der Befestigung, und biegt sich. Hier ist ein kleiner Platz mit Bänken vor ein paar Bäumen, die während des Sonnentages segensreich Schatten spenden mögen. Jetzt ist es schon gegen 19 Uhr, ich war lange unterwegs vom Apennin, ich will noch nach Assisi, dem Zielpunkt der Tour, von dem weg ich wieder nach Norden radeln werde. Ich lehne mein Rad an einen der Bäume und blicke gegen Süden. Jetzt sehe ich am gegenüberliegenden Hügel, keine zwanzig Kilometer Luftlinie entfernt, wie eine Krippe am Bergeshang Assisi liegen. Wunderhübsch ist dieses Städtchen des heiligen Franz eingepaßt in die grünen Hügel der umbrischen Berge.

Ich bitte einen Herrn, mich bei den Bäumen mit dem Fahrrad und vor dem Hintergrund des lieblichen Assisi zu fotografieren. Er tut dies lächelnd. Ich besteige das Rad und ziehe weiter die Straße in das Zentrum Perugias. Vor dem großen Stadttor sehe ich ein Auto mit Wiener Nummer. Ich halte kurz an, grüße die beiden Aussteigenden, eine Dame und einen Herrn, und erzähle, daß ich von Österreich mit dem Rad hierhergefahren bin. Beide nicken freundlich, ich höre noch ein paar höfliche Worte und erwidere diese. Irgendwie habe ich das Gefühl, die beiden noblen Autofahrer sehen in mir eher einen wenig begüterten Vagabundierenden als einen der üblichen Feriengäste in Italien, denn diese sind mit Auto oder Autobus, vielleicht auch mit dem Zug unterwegs. Ich radle durch das Stadttor, bestaune das Standbild des wackeren Garibaldi, des Kämpfers gegen Unterdrückung und für Italiens Einheit, und gelange, noch immer geht es bergauf, wohl auf den höchsten Punkt

Perugias, einen Platz mit Parkanlage, mächtigen Häusern und der Kathedrale. In einem vornehmen Imbißladen kaufe ich mir eine große Flasche Mineralwasser und eine Kleinigkeit zu essen. Das Wasser tut mir gut, denn der Tag war heiß. Perugia liegt erhaben und gut befestigt über dem Tibertal, in das ich begeistert blicke. Feindliche Krieger, von ihnen gibt es genug in der Geschichte Perugias, werden es schwer gehabt haben, diese Stadt am Hügel einzunehmen. Zu den Kriegern, die sich 1202 daranmachten, Perugia einzunehmen, gehörte auch der junge Franziskus, einige Jahre bevor er ein heiligmäßiges Leben begann. Bis dahin führte Franziskus ein fröhliches und sorgloses Leben, er wollte Ritter werden, also Adeliger, wie andere Burschen aus dem noblen Bürgertum in Assisi auch. Dazu war es notwendig, gut ausgerüstet an einem Krieg teilzunehmen. Dieser Krieg hat übrigens eine interessante Wurzel. Bereits 1173 war Assisi im Auftrag Kaiser Friedrichs I. erobert worden. Die Grundherrschaft sollte eingeführt werden. Städtische Bürger sollten zu Untertanen gemacht werden, die regelmäßige Abgaben an die „boni homines", also an den Adel, zu zahlen hätten.

Diesen „boni homines" standen die „homines populi", die Bürger der Stadt, gegenüber. Letztere ließen sich diese Abhängigkeit nicht gefallen und begannen eine Rebellion gegen erstere, gegen die „boni homines". Diese flohen darauf nach Perugia. In der Nähe von Perugia kam es zur Schlacht, in der die „boni homines" siegten. Franz und seine Kommilitonen gehörten zu den Besiegten. Franz geriet in Gefangenschaft der Leute von Perugia. Über ein Jahr wird er in Perugia festgehalten. Er wird krank. Nach seiner Rückkehr und Gesundung nimmt er an dem nächsten Kriegszug teil. Sein Vater, Pietro Bernardone, ein begüterter Kaufmann, unterstützte seinen Sohn und rüstete ihn mit allem Notwendigen aus. Hoch zu Roß verabschiedete sich Franz von seinen Freunden und seiner Familie, um sich dem berühmten Heerführer Walter von Brienne auf dessen Feldzug durch Apulien anzuschließen. Drei Tage später ist er wieder zurück in Assisi. Er ist verändert, er ist nicht mehr der alte. Ein Traumerlebnis hatte ihn zur Umkehr bewogen. „Wenn du hoch hinaus willst", hörte er eine Stimme zu sich sprechen, „warum läufst du dann einem kleinen Fürsten nach, statt in den Dienst des großen Königs zu treten?" Franz glaubt die Stimme des höchsten Gottes vernommen zu haben. Für den jungen Mann beginnt eine Zeit des Suchens. Er flieht in die Einsamkeit, verkriecht sich in Wäldern und Höhlen. Seine gewohnte Welt steht auf dem Kopf. Statt Krieg will er nun Frieden. Statt Adelstiteln nachzujagen, gibt er sich mit Bettlern ab. Hier, wo ich gerade radle, unweit von Perugia, hat also der heilige Franz als junger Bursche mit ungefähr 21 Jahren gekämpft. Hier ist der Ausgang zu seinem heiligmäßigen Leben zu suchen. Dazu benötigte er deprimierende Erlebnisse, die fand er in der Krankheit und dann in dem Kriesgzug nach Süditalien. Er hat eingesehen, daß Krieg und eitles Getue, wie das der Adeligen, nicht im Sinne Gottes sein kann. Eigentlich hat er recht, der gute Heilige, denke ich mir und trete in die Pedale.

Ich suche nun die Straße nach Assisi. Ein gütiger Herr erklärt sie mir. Ich lasse es bergab laufen, in der Hoffnung, auf dem richtigen Weg zu sein, doch bald wird mir durch eine Tafel klargemacht, wenn ich jetzt so weiterfahre, bin ich auf der Autostrada in Richtung Rom. Und auf dieser ist das Radfahren verboten. Im Moment bin ich etwas verzweifelt, weil ich nicht mehr zurückfahren will, doch dann finde ich einen Weg in das Tal des Tiber, des neben dem Arno zweiten wichtigen Flusses der Etrusker. Der Tiber verbindet Perugia mit Rom, der Weltstadt, die sich gegenüber den Etruskern übel verhielt. Auf einer gemütlichen kleinen Landstraße fahre ich gegen Süden, vor mir liegt Assisi. An Landhäusern vorbei gelange ich nach einigen Irrfahrten nach Bastia. Ich komme in ein Gewirr von Gassen, zu einem großen Platz. Hier sitzen Männer vor einem Kaffeehaus, sie tratschen und genießen den Abend, allmählich wird es dunkel. Ich frage nach dem Weg. Auf einer Nebenstraße geht es leicht bergauf, ich komme an einem kleinen Nest mit uralten Mauern, vor denen Zypressen und Pinien wachsen, vorbei. Jahrmarktstimmung herrscht hier, Lampions leuchten, und junge Leute wandern lachend in den Ort. Sie hoffen wohl auf einen bunten Abend mit Musik, Tanz und heimlichen Freuden. Irgendwie gelange ich über eine Bahnübersetzung und befinde mich auf der direkten Straße in die Stadt des heiligen Franz, des Freundes der Tiere, aber somit auch, das ist meine Idee, des Freundes des Fahrrades, des edlen Drahtesels. Der Himmel über mir ist mit Sternen übersät, die Nacht kündigt sich an. Irgendwo liegt hier, so ersehe ich es aus meiner Karte, der 1290 Meter hohe Monte Subasio. Die Lichter des vor mir erhöht und erhaben liegenden Assisi erinnern mich tatsächlich an eine große Krippe. Assisi wird auch häufig mit einer Krippe verglichen. Wenn ich mich nicht irre, war der heilige Franz der erste, der eine kleine Weihnachtskrippe als Gegenstand der Anbetung gebastelt hatte. Die Straße steigt an, und nach zwei langgezogenen Kurven stehe ich auf dem großen Platz unweit der Kathedrale von Assisi. Hier regiert Leben, Autobusse bremsen, Autos haben Schwierigkeiten beim Einparken, weiter hinauf in die bergige Stadt dürfen nur Privilegierte fahren, und vor einem großen Hotel stehen Leute mit Koffern und Taschen, sie hat wohl ein Autobus ausgespuckt. Auch ich frage in diesem Hotel nach einem Zimmer, doch man schüttelt den Kopf. Ich muß weitersuchen. Ich schiebe das Fahrrad ein steiles Gäßchen hinauf, hier entdecke ich das Hotel „Giotto", benannt nach dem großen Maler, der in der Kathedrale Schönes hinterlassen hat. Der Hotelportier ist zunächst wortkarg, als er mich im Raddreß sieht, doch nach einigen auf meine Person gerichteten vorsichtigen Blicken wird er etwas freundlicher und weist mir ein Zimmer im ersten Stock des wohl aus der Zeit nach der Wende zum 20. Jahrhundert erbauten Hauses zu. Das Fahrrad darf ich in der Garage zu den Autos der Gäste stellen. Das Zimmer ist von eleganter Einfachheit. Ich dusche und ziehe mich um. Mit Tasche, Fotoapparat, Papier und Bleistift mache ich mich auf den Weg, die Stadt zu erforschen und zu fühlen, wo der heilige Franz groß geworden ist und zum Rebellen wurde. Ich marschiere die Gassen und Gäßchen immer höher. Alles scheint hier aus Stein zu sein. Am Boden liegen Steinplatten, durch deren Fugen wackere Pflänzchen nimmermüde sich zwängen, auf der Suche zur Sonne, zum Himmel, dort, wo jetzt der heilige Franz ist und von wo er vielleicht auf mich selig herunterblickt und sich denkt, daß das Vagabundieren eine angenehme Sache ist. Auch er, der heilige Franz, war so etwas wie ein Vagabund – dies meine ich in aller Höflichkeit und Ehrerbietung –, denn er war weit unterwegs, wie ich noch erwähnen will.

Ein wackerer und nobler Herr war der Franz, er würde sich, falls er heute leben würde, wahrscheinlich weigern, in ein Auto einzusteigen. Mir ist er sympathisch, der heilige Franz. Und ich denke nach über ihn, während ich über kleine und große Plätze, an Kirchen und Kirchleins vorbei zu einer Pizzeria marschiere. An den Tischen sitzen einige Deutsche, wie ich vernehme, die sich laut lachend unterhalten. Der Ofen, aus dem die Pizzen kommen, dominiert appetitlich den vorderen Bereich der gastlichen Stätte. Nicht weit vom Ofen, getrennt durch eine Art Steinmauer, nehme ich an einem einsamen Tisch Platz. Hier habe ich meine Ruhe. Eigentlich liebe ich die Einsamkeit, frei nach dem Spruch: „Wer einsam ist, der hat es gut, weil niemand da, der ihm was tut." Ich zücke meinen Bleistift und beginne meine Notizen über den heutigen Tag zu machen. Dazwischen trinke ich einige kräftige Züge aus dem Glas mit dem herrlichen Bier, dem isotonischen Getränk. Es tut mir gut. Bald bringt mir die Wirtin eine prächtige vegetarische Pizza mit Paradeisern, wie man in Österreich die Tomaten nennt. Um wieviel schöner ist doch Paradeiser als Tomate. Paradeiser erinnert an das Paradies, vielleicht kommt er ursprünglich wirklich von dort. Der heilige Franz hat Paradeiser noch nicht gekannt, da sie erst nach der Entdeckung Amerikas aus Übersee bei uns eingeführt worden sind. Auch wenn Franz den Paradeiser noch nicht gekannt hat, so liebte er doch das Paradies. Aber zu diesem zu gelangen ist eine beschwerliche Sache. Franz wußte das.

Geboren wurde Franz zu einer Zeit, als in der Kirche einiges los war, als man hart gegen Ketzer losging, also gegen Leute, die vom

angeblich richtigen Glauben abgewichen sind, und als mächtige
Päpste zu den Kreuzzügen aufriefen. Zur selben Zeit entstand in
den Städten ein selbstbewußtes Bürgertum. Vor diesem Hintergrund wurden auch die ersten Universitäten gegründet, wie die
von Bologna und Padua, über die ich schon erzählt habe. Jedoch
nicht nur die Freiheit war dem Bürgertum wichtig, sondern auch
die Freude an einem noblen Leben, aber dazu benötigte man Geld.
Der Handel blühte, und die Kaufleute machten gute Geschäfte. In
ein solches städtisches Leben, das sich nicht wesentlich von dem des
Adels unterschied, wurde Franziskus 1181 als Giovanni Bernardone
geboren. Er war Sohn eines wohlhabenden Kaufmannes und seiner
französischen Ehefrau. Das Elternhaus kann bis heute besichtigt
werden, auch ich schlenderte an ihm vorbei. Als Jüngling bekam
Giovanni den Rufnamen Francesco wegen seiner von der Mutter
geerbten Vorliebe für die französische Sprache und für ritterlich-hö-
fisches Leben. Wörtlich übersetzt heißt Francesco nichts anderes als
„der Franke“ oder besser: „das Französchen“. Unter diesem Spitznamen wurde er schließlich zum Heiligen.

Die Läuterung, die Franz in den beiden Kriegszügen, von denen
ich schon erzählt habe, erfahren hat, dürfte seinen Vater, den vornehmen Kaufmann, nicht erfreut haben, denn er hätte in Franz gerne
jemand gesehen, der seine Geschäfte weiter führt. Franz jedoch stellte
sich auf die eigenen Füße und lebte nun sein Ideal der Armut, das
ihm als wunderbares Gegenstück zu dem oberflächlichen Leben der
Eltern und überhaupt zu einem selbstherrlichen Bürgertum erschien.
Ich stelle mir hier vor, wie Franz als Bettler vor den angesehenen Leuten hier in Assisi auftrat und wie diese es nicht fassen konnten, daß
der Sohn eines hochangesehenen Kaufmannes plötzlich in der Kleidung der Armut sich zeigte. Man dürfte verwundert und manche sogar erschreckt gewesen sein. Franz war ein echter jugendlicher Rebell,
wie ich ihn mir vorstelle, der, ähnlich wie bei uns die Burschen und
Mädchen der letzten sechziger und siebziger Jahre, auf ein langwei-
liges Bürgertum pfiff und hinaus in die Natur strebte. Die Natur mit

Tier und Pflanze besang er und erfreute sich an ihr. Etwas erinnert diese Einstellung des heiligen Franz an die Flower-power-Bewegung der Generation um 1970, die eigentlich genug vom Politisieren hatte, in dem gerade Spezialisten des Jahres 1968, die immer wieder Marx und Hegel zitierten, sich verstrickt hatten. Der Franz war ein großer Wanderer, er zog bis ins Heilige Land und weiter. Große Umherzieher waren auch meine Freunde und Freundinnen am Beginn der siebziger Jahre. Ich war damals in Indien, um eine Forschung an einem Stamm durchzuführen. In Bombay traf ich auf Amerikaner, Österreicher und Deutsche, unter ihnen gab es einige, die in tibetanischer Mönchskleidung unterwegs waren. Diese erinnerten mich besonders an den heiligen Franz, dem ebenso eine einfache Kutte genügte.

Ich sehe den guten Franz, wie er vor diesen steinernen Häusern nobler Bürger um Gaben bettelt. Es mag auch einen Aufruhr und ein Getratsche wegen des Franz gegeben haben.

Nicht mehr der Ruhm fasziniert ihn, sondern die Demut. Das Leben der von den guten Bürgern Mißachteten, der Armen und Aussätzigen, interessierte ihn. Also diejenigen hatten es ihm angetan, die ein abwertendes Zeichen, ein Stigma, wie Armut oder Aussatz, zu tragen hatten, wahrscheinlich auch aus Protest heraus. In seinem Testament, auf das ich noch eingehen werde, erzählt er die Geschichte mit dem Aussätzigen, den er sogar küßt, obwohl dies ihm widerlich war und er Abscheu empfunden hat. Beeindruckt hat ihn das Erlebnis in der Kirche San Damiano. Dort sprach angeblich Christus zu ihm vom Kreuz herab: „Wenn du nicht weißt, was du tun sollst – du siehst doch: mein Haus ist halb zerfallen. Mach dich nützlich und baue es wieder auf!" Franz zögert nicht lange und legt Hand an. Sein Vater Bernardone meint dazu: „Mein Sohn ist verrückt geworden." Um die Kirche restaurieren und Bettler verköstigen zu können, beginnt Franz das väterliche Vermögen zu verschleudern. Dem Vater wird dies zu blöd, und er will ihn gerichtlich enterben. Der Fall wird vor dem Bischof von Assisi verhandelt. Dies ärgert den guten Franz, und er macht etwas Rebellisches.

Um seinen Vater, Bischof und gute Bürger zu entsetzen, entkleidet sich Franz auf öffentlichem Platz, er wirft seinem Vater die Sachen vor die Füße und erklärt: „Weder Geld noch Kleider will ich von dir. Von jetzt an kenne ich nur noch einen Vater, den im Himmel!" Franz hat sich damit von seinem alten Leben und dem der Eltern losgesagt. Die Bürgerschaft von Assisi ist schockiert. Franz aber läßt sich nicht beirren, setzt seinen Weg fort und renoviert baufällige Kapellen und Kirchen. Das Geld dazu und das für sein Leben erbettelt er in den Straßen der Stadt, durch die ich eben spaziert bin. Bei einem Gottesdienst im Jahre 1208 hört Franz die Worte der Heiligen Schrift, wie Jesus seine Jünger je zu zweit aussendet, damit sie in allen Dörfern der Umgebung den Anbruch des Gottesreiches verkünden. Franz fühlt sich angesprochen und will dies genauso tun. Erste Gefährten schließen sich ihm an, sie sind tief beeindruckt von dem, was Franz tut. Die kleine Schar lebte in strenger, frei gewählter Armut. Wenn sich neue Fragen stellten, zogen die Brüder die Heilige Schrift zu Rate. Sie empfanden, daß der Geist Gottes sie leitete und führte. Als ihre Gruppe auf zwölf Mitglieder herangewachsen war, dachte Franz daran, eine Regel für die Gruppe niederzulegen, um nicht als vagabundierende Bettler oder ähnliches angesehen zu werden. Franz machte sich nun mit seinen Brüdern auf nach Rom, um vom Papst Innozenz III., dem damals mächtigsten Mann Europas, die Zustimmung zu erhalten. In dem berühmten Film „Bruder Sonne und Schwester Mond" von Franco Zefirelli wird diese Szene prächtig geschildert. Man sieht Franziskus mit seinen Brüdern, alle in einfacher Kutte, müde von der Reise, eher wie Vagabunden aussehend als wie brave fromme Leute, vor dem Papst, der umgeben ist von seinen Kardinälen. Sie alle sitzen dort in ihren protzigen Gewändern und mit teuren Ringen an den Fingern. Die Kardinäle sind entsetzt über die eher lumpig aussehenden jungen Burschen. Sie fragen Franziskus, was er wolle. Er erzählt nun vom einfachen Leben und fügt heiter hinzu: „Macht es wie die Vögel, die ernten und säen nicht." Er will damit sagen, daß Gott für die Seinen sorgt.

Die Kardinäle zeigen sich verärgert über diese Worte, sie sehen sie als Beleidigung des Papstes. Doch dieser sagt zunächst nichts. Die Kardinäle fragen ihn, warum er sich die Frechheiten des Franziskus gefallen lasse. Nun antwortet der Papst nachdenklich, daß das, was Franziskus nun deklamiert habe, das Evangelium sei. Die Kardinäle verstummen beschämt, und der Papst bestätigt nun die neue Lebensform von Franz und seinen Brüdern. In Windeseile sprach sich herum, daß die Gemeinschaft des Franz die erforderliche kirchliche Anerkennung erhalten habe. Der Zulauf war beträchtlich.

Ich habe meine Pizza gegessen, mein Bier getrunken und an die Geschichte des heiligen Franz gedacht. Hier, wo ich sitze, einige Gassen über der Kathedrale, in einem alten steinernen Haus, in dem heute die Pizzeria eingerichtet ist, ist mir der heilige Franz sehr nahe. Er muß ein kühner Bursche gewesen sein, der sich belustigt hat über das Bürgertum der Stadt und es auch verunsichern wollte. Wahrscheinlich hat er mit den Seinen herzlich gelacht, wenn man ihnen Worte des Spottes nachrief.

Aber nicht nur Männer aus guten Häusern zog es zu ihm, sondern auch noble Frauen. Die erste war eine gewisse Klara, sie stammte aus adeligem Hause. Ihr folgten wenig später deren Schwester Agnes, die Mutter Ortulana und andere Frauen nach. Die „Schwestern" des heiligen Franz bildeten eine eigene Gruppe und fanden bei der Kirche San Damiano Unterkunft. Sie bezeichneten sich als „Arme Frauen von Assisi". Ein neuer Orden war entstanden. Die Brüder sahen es als ihre Hauptaufgabe an, überall die Erneuerung zu predigen. In der ersten Zeit waren sie ständig unterwegs. Ihren Lebensunterhalt verdienten sie sich als Gelegenheitsarbeiter. Als die Gemeinschaft immer zahlreicher wurde, gründete man jedoch feste Niederlassungen. Einmal im Jahr versammelten sich alle Brüder in Portiunkula bei Assisi, um ihr Kapitel abzuhalten.

Meinen letzten Schluck Bier erhebe ich zur guten Erinnerung an den heiligen Franz und die freundliche Klara. Vielleicht war sie sogar verliebt in den Franz, ich könnte es mir vorstellen, schließlich war er ein kühner Herr, der sich nicht um die Meinung der Bürger von Assisi gekümmert hat. Ich mache mir noch einige Notizen über den heutigen Tag in mein Büchlein, zahle die Zeche, bedanke mich für die freundliche Bewirtung, stehe auf, grüße die Wirtin und grüße auch zum Tisch der Deutschen hinüber. Vielleicht sitzt unter ihnen einer, der aus Franken stammt und Franz heißt. Und vielleicht weiß er nicht, daß der heilige Franziskus auf Giovanni Bernardone getauft worden ist und daß der Name Franziskus so etwas wie ein Spitzname war und „der Franke" bedeutet.

Ich spaziere noch einmal durch die Gassen bis weit hinauf und dann zurück zur Piazza del Commune. Hier herrscht Leben, einige junge Leute singen, andere vergnügen sich bei Eis und Coca-Cola, und wieder andere lassen schweigend alles auf sich einwirken. Viele von den Menschen hier sind wohl aus fernen Gegenden gekommen, um dem heiligen Franz zu huldigen. Diese Piazza del Commune war zur Zeit der Römer ein Forum, ein Platz für Markt und Politik. Hier steht auch die Kirche Santa Maria Sopra Minerva, die aus einem Tempel der Minerva von mehr oder weniger frommen Katholiken geschaffen wurde. Ich schlendere durch dieses liebliche mittelalterliche Städtchen in den umbrischen Bergen. Immerhin liegt Assisi auf 424 Meter Seehöhe. Es ist an der Zeit, es ist schon gegen 23 Uhr, mich in das Hotel zu begeben und im Schlaf mir Kraft für den morgigen Radtag zu holen. Das Hotel ist etwas altmodisch, aber es hat etwas Nobles an sich. Nehme an, daß in diesem die vornehmeren Pilger Quartier bezogen haben. Der Portier nickt freundlich, als ich mir meinen Zimmerschlüssel hole. Ich schaue noch kurz in die gegenüberliegende Garage, ob mein Fahrrad nicht in die Hände von Dieben gefallen ist. Es steht noch friedlich dort, neben den vornehmen Autos der anderen Gäste. Ich gehe zu Bett, lese noch etwas, gedenke des Burschen von Assisi, der es zum Heiligen gebracht hat und der Franke hieß. Ich schlafe tief.

Zwischen Gut und Böse

Die Niedertracht der guten und anständigen Menschen – Die einfachen Wahrheiten

Die heiligen Vorurteile

Die Welt besteht aus guten Menschen, die davon leben, daß es Bösewichte gibt, angeblich schlechte Menschen, auf die sie mit dem Finger zeigen können.

Es sind gepflegte Vorurteile, die die Beziehung zwischen guten Menschen und Bösewichten bestimmen. Diese Vorurteile, wie ich sie verstehe, können von braven Feministinnen ebenso gepflegt werden wie von Klosterfrauen, sogenannten Antifaschisten und Fußballanhängern. Sie zielen auf die Verdammung anderer und haben etwas Heiligenmäßiges an sich. Durch das Vorurteil sollen mißliebige Leute ausgegrenzt werden – dies ist die vielleicht wichtigste Strategie der Niedertracht guter Menschen.

Charakteristisch für Vorurteile im allgemeinen und speziell für die guten Menschen ist es, daß sie auf einfachen Wahrheiten, die nicht überprüft werden und auch nicht überprüft werden sollen, beruhen. Diese einfachen Wahrheiten erinnern an kirchliche Dogmen.

Vom Vorurteil in seiner negativen Bedeutung ist keiner verschont. Daher schreibt wohl ein gewisser Ingo Hermann, ein weiser Herr: „Auch unter akademisch gebildeten Menschen wird nichts so sorgfältig gepflegt wie das Vorurteil" *(Salzburger Nachrichten, 12.12.1998, S. 59)*.

Und die Geschichte der Vorurteile ist alt. Ohne Vorurteile gäbe es keine Bösewichte. Hier soll lediglich betont werden, daß anscheinend jede Gruppe, sei es ein Fußballverein, ein Nonnenkloster oder eine politische Partei, sich als „bessere" Menschen oder als Vertreter der Wahrheit sieht. Die Mitglieder solcher Gruppen wissen, wie man sich richtig benimmt, wer der Feind ist und zu welchem Gott man alleine beten müsse.

Die Niedertracht dieser guten Menschen beruht im wesentlichen darauf, daß sie von der Herrlichkeit ihrer Existenz überzeugt sind, oder eben meinen, die Wahrheit zu kennen. Und diese Wahrheit ist grundsätzlich simpel. Daß Wahrheiten komplizierter sein können oder daß Wahrheiten nicht so einfach zu erkennen sind, wollen die guten Menschen nicht einsehen. Sie leben in einer zweigeteilten Welt, die eben aus guten und schlechten Leuten besteht, wobei sie das Glück haben, sich zu den guten Menschen rechnen zu dürfen. Die schlechten Menschen fallen der Verdammnis anheim.

Zu diesen schlechten Menschen, die man als guter Mensch verachten darf, zählen entweder die, welche die Wahrheit, wie die von der einzig wahren Kirche, nicht akzeptieren wollen, oder jene, die von ihrem Beruf oder ihrer Herkunft her als suspekt erscheinen. Zu letzteren gehören jene, die als Vagabunden umherziehen, und jene, die sich aufgrund ihrer Hautfarbe, ihrer Sprache, ihrer Religion oder ihrer Abstammung vom Großteil der Bevölkerung unterscheiden. Ihnen allen kann es schlecht ergehen, wenn sie in Krisenzeiten zum Beispiel für Mißstände oder ähnliches verantwortlich gemacht werden.

Ganze Bevölkerungsgruppen können auf diese Weise zu Bösewichten werden. Besonders verbrecherisch gingen dabei die Nationalsozialisten vor, die Menschen jüdischer Abstammung zu Menschen zweiter Klasse machten. Für sie genügte die Bezeichnung Jude, um zu wissen, diese betreffende Person gehöre zu den „schlechten" Menschen. Es war dabei egal, ob diese Person sich als deutsch sah oder nicht.

Daher fielen auch die „deutschfreiheitlichen" jüdischen Studenten der Verdammnis anheim. So heißt es in einer Flugschrift aus der Vorkriegszeit in Wien über diese Studenten: „Diese Gruppe besteht zu 80 % aus Juden, Täuflingen und Mischlingen. Die überwiegende Mehrheit sind Rassejuden. Diese Gruppe als ‚deutsche' Gruppe zu bezeichnen, wäre ein unerhörter Betrug am deutschen Volkstum. (…) Diese ‚nationalfreiheitlichen' sind weder national noch freiheidich, sie sind Juden, und sie wollen Deutsche sein und können es niemals sein, weil sie nicht die wesentlichen Merkmale der Deutschen (arisch-germanisches Bluterbe und christlich-deutsches Wesen) haben …".

Die Wissenschaften taten und tun dabei fleißig mit. So zum Beispiel lieferten Volkskundler und Anthropologen bis zum Kriegsausbruch 1939 den Nazis Argumente, um ihre rassistischen Verbrechen zu verwirklichen. Heute jedoch setzen diese Disziplinen alles daran, um den Verdacht zu entkräften, dem Nationalsozialismus in die Hände gespielt zu haben. Dafür schaffen sie nun vollkommen neue Theorien (was ja lobenswert sein mag).

Aus guten Menschen bestand auch die katholische Kirche zur Zeit der Kreuzzüge. Die sogenannten Ungläubigen konnten verfolgt, gepeinigt und vernichtet werden, weil man sie für unfähig hielt, der Wahrheit gemäß zu handeln. Der einzige Kreuzzug, der in Europa durchgeführt wurde, richtete sich im 12. Jahrhundert gegen die Albigenser im Süden Frankreichs, die sich selbst als Katharer, das heißt die Reinen, sahen. Auch sie hatten ihre eigene Wahrheit, doch wollten sie diese niemandem aufzuzwingen, im Gegensatz zur damaligen katholischen Kirche, die andere an ihrer Wahrheit maß. Die Albigenser wurden zu Verfolgten. Nikolaus Lenau hat das Schicksal dieser Menschen am Fuß der Pyrenäen in seinem Epos „Die Albigenser" in schönen Worten festgehalten. An ihrem Beispiel hat er gezeigt, wie Menschen unter der Wahrheit anderer zu leiden hatten.

Es gibt die Geschichte, nach der Albigenser beim Angriff des Kreuzzugsheeres in eine Kirche flohen. Bevor es zum Gemetzel kam, soll irgendein Gemütsmensch gemeint haben, man könne doch nicht alle in der Kirche Versammelten töten, da unter ihnen auch Katholiken sein könnten. Dem erwiderte ein katholischer Würdenträger zynisch, dies mache nichts aus, denn der Herr erkenne die Seinen.

Jene also, die der „Wahrheit" entsprechend leben, brauchen nicht zu befürchten, der ewigen Verdammnis anheimzufallen. Die guten Menschen wissen, daß sie am rechten Weg sind. Das wußten die Katholiken, aber auch die Nationalsozialisten und Kommunisten. Ihren Gegnern erging es mitunter fürchterlich, aber nicht nur diesen, sondern auch all jenen, die in Verdacht geraten waren, an der Wahrheit zu zweifeln, wie zum Beispiel an der Vorstellung von der Unfehlbarkeit des Papstes oder des „großen Führers". Hölderlin meinte einmal: Noch immer haben die, die das Paradies versprochen haben, die Hölle gebracht. Schließlich versuchen sie es, anderen ihre Wahrheit aufzuzwingen und an dieser zu messen.

Fundamentalisten

Man bezeichnet die die Wahrheit kennenden Menschen mitunter auch als Fundamentalisten, nämlich als Leute, die die Fundamente ihrer Religion oder ihrer Staatsidee, die auch zur Religion werden kann, konsequent vertreten. Die echten Fundamentalisten lehnen den Dialog mit ihren Gegnern grundsätzlich ab. Sie sind nicht bereit, im Sinne eines demokratischen Lebens auf Argumente Andersgläubiger einzugehen. Diese werden zu ihren Feinden erklärt und mit allen Mitteln niedergerungen.

Fundamentalisten sprechen für gewöhnlich vom Kampf für die Wahrheit und sind zum Kreuzzug für diese bereit. Leute dieser Art sind daher grundsätzlich mißtrauisch gegenüber Zeitgenossen, die vielleicht anderer Meinung als sie sein könnten.

Bis in dieses Jahrhundert gibt es Bewegungen sogenannter guter Menschen. Sie haben viel Unglück angerichtet, sowohl als „Rechte" als auch als „Linke", sie verbissen sich in ihre ideologischen Wurzeln und fanden nichts dabei, Andersdenkende zu vernichten oder sie zumindest mit Schmähungen zu überziehen. Es ist übrigens bemerkenswert, daß gerade junge Leute dazu neigen, einfache Linien zwischen Menschen zu ziehen. Leicht werden sie Opfer von religiösen Führern, die als „gute Menschen" erscheinen und wissen, wer die „Feinde" sind, deren Bücher zu verbrennen sind und deren Andenken zu vernichten ist. Die Geschichte ist voll mit Beispielen dieser Art. Katholiken verfuhren so mit Protestanten, Kommunisten mit Regimekritikern und Nationalsozialisten in furchtbarer Weise mit „Fremdrassigen".

Diese Tradition, von der man meinte, sie wäre vergessen, wird wacker weitergeführt. Der gute Mensch lehnt den Dialog mit dem Gegner, dem Klassenfeind, dem Andersartigen und den Bösen ab. Ein Dialog könnte ihn schließlich verunsichern und ihn an der Alleingültigkeit seiner Wahrheit zweifeln lassen.

Zu den Strategien der Niedertracht guter Menschen, den wahren Fundamentalisten, gehört es aber auch, daß man die bösen Menschen in Büchern zu erfassen sucht, um sie entsprechend kontrollieren zu können. Es gibt den „Index" der katholischen Kirche, in dem ketzerische Bücher festgehalten sind, deren Autoren als Bösewichte betrachtet werden. Und es gibt sogenannte „Archive", die ebenso auf der Suche nach Bösewichten sind.

Die Kontrolle über die angeblichen Feinde kann höchste Perfektion erreichen. So setzten im 18. Jahrhundert die katholischen Regenten den als Protestanten verdächtigen Leuten in Oberösterreich und der Steiermark „Seligmacher" in die Häuser, also Spezialisten, die mit mehr oder weniger Gewalt die Leute von der allein seligmachenden katholischen Kirche überzeugen sollten.

Die falschen Wörter und die „Political Correctness"

Solche „Seligmacher" gibt es auch heute, nämlich Leute, die anderen beibringen, was sie zu sagen und zu denken haben. Stets machten sich Leute verdächtig, wenn sie gewisse Wörter verwenden, die nicht zum Vokabular der guten Menschen gehörten. So drohte in der Zeit des Kampfes gegen die Protestanten diesen Gefahr, wenn sie zum Beispiel den Namen Luther zu oft im Mund führten.

In der Zeit des Nationalsozialismus wiederum konnte man mit drastischer Bestrafung rechnen, wenn man Witze über den „Führer" machte. Beispiele für die Niedertracht von Leuten, die an einfachen Wahrheiten Menschen messen, sind wohl unzählig.

Auch heute gibt es diese einfachen Wahrheiten guter Menschen, die diese sofort aktiv werden lassen, wenn sie bemerken, jemand verwendet Wörter oder spricht über gewisse Themen, die nicht einem bestimmten Zeitgeist entsprechen. Zu den typischen Wörtern, die man heute nur mit Vorsicht zu gebrauchen pflegt und die tabu sind, weil sie in früheren Zeiten in Mißkredit geraten sind, gehören „Heimat" und „Volk". Mir erzählte dazu ein Tiroler Theaterregisseur, er hätte Schwierigkeiten gehabt, sein neueröffnetes Theater „Tiroler Volkstheater" zu nennen, da der Begriff „Volk" belastet sei.

Heute gibt es den wenig schönen Ausdruck „Political Correctness". Der Begriff „Political Correctness" oder „politische Korrektheit" bezieht sich auf all das, was man öffentlich nicht tun und sagen darf, um nicht moralisch verurteilt zu werden. Es gibt also gewisse Tabus, über die zu reden oder die zu behaupten geahndet werden kann. So braucht man in gewissen Gesellschaften nur den Politiker X. und den Bischof Y. zu loben, um als übler Bursche dazustehen. Ich habe Experimente in dieser Richtung durchgeführt und wurde mit Verachtung gestraft. Dieser Begriff der „Political Correctness" tauchte Anfang der neunziger Jahre zuerst in amerikanischen Universitäten auf. Der Begriff ist neu, aber das Phänomen, wie ich oben gezeigt habe, uralt. Er ist verwandt mit dem der „öffentlichen Meinung", die den Menschen einer enormen Kontrolle aussetzt und ihn unter Druck setzt, sich mit bestimmten Dingen zu identifizieren.

Gedanken über die „Political Correctness" hat sich in einer größeren Studie die deutsche Professorin der Sozialwissenschaften und Leiterin des Allensbacher Instituts für Meinungsumfragen, Elisabeth Noelle-Neumann, gemacht. Typisch für „Political Correctness" sind gewisse Tabuwörter. Ein solches Tabuwort ist das Wort „Neger". Auf dieses ging Frau Noelle-Neumann in ihrer Umfrage ein. So wurde von den Interviewern gefragt:

„Es gibt ja diese Süßigkeit mit Schokoladenüberzug. Wenn davon irgendwo die Rede als ‚Negerkuß' oder ‚Mohrenkopf' ist – finden Sie, daß man diesen lange gebräuchlichen Namen auch weiterhin sagen soll, oder soll man das besser nicht mehr sagen, weil das Wort ‚Neger' beleidigend ist?" Immerhin elf Prozent der Befragten in Westdeutschland – in Ostdeutschland waren es nur sieben Prozent – meinten, sie hätten Bedenken, von „Mohrenköpfen" oder „Negerküssen" zu sprechen.

Bei dieser Umfrage wurde den Interviewten aber auch eine Liste vorgelegt und dazu gefragt: „Auf dieser Liste haben wir einiges aufgeschrieben, worüber man sich unterhalten kann. Welches davon sind Ihrer Ansicht nach heikle Themen, bei denen man sich leicht den Mund verbrennen kann, wenn man darüber spricht?"

Aufgeführt auf dieser Liste waren 17 Stichworte. Es ergaben sich dabei für die Befragten sechs heikle Themen: Asylanten, Juden, Hitler und das Dritte Reich, Aussiedler, Neonazis und Türken.

Übrigens hatte bereits 1995 der deutsche Schriftsteller Martin Walser in seinem Aufsatz „Öffentliches Gewissen und deutsche Tabus" als kritische Themen angeführt: „Frauen, Ausländer und Nazi-Vergangenheit". Dazu bemerkte er: „Meinungen zu diesen Dingen würden abgefragt wie bei uns in der Schule der Katechismus."

Frau Noelle-Neumann bemerkt schließlich dazu: „Die Abscheu, mit der heute über die intolerante Political Correctness gesprochen wird, ist verständlich. Sie steht allen Werten entgegen, zu denen sich unsere Zeit offiziell bekennt: der Meinungsfreiheit ... Sie steht allem entgegen, was mit der Aufklärung für den freien, von seinen Verstandeskräften ungehindert Gebrauch machenden Bürger gewonnen wurde."

Auch in der österreichischen Zeitschrift „Wiener" (4/1996) machte man sich Gedanken über die „Political Correctness". Es heißt da unter anderem: „Die politisch Korrekten in Österreich kennen ihre Feinde – die Menschen, mit denen sie sich nicht mehr auseinandersetzen wollen, mit denen sie nichts mehr verbindet. Es sind die Taxifahrer, die Trafikanten, die Stammtischsitzer, die Schützen- und Sparvereine, die Schrebergärtner, die Kleinbürger und Aufsteiger, denen donnernd verkündet wird, sie seien unmöglich, nicht repräsentativ, ewiggestrig und zum Schweigen verdammt ..." Beispielhaft ist schließlich in dieser Zeitschrift aufgeführt, was politisch korrekt ist und was nicht, beziehungsweise wird vorgeschlagen, was man tun muß, um als politisch korrekt zu gelten:

„So gelten Sie als politisch korrekt: Seien Sie Frau, schwul, Jude oder Neger. Sie können auch als weißer inländischer Mann politisch korrekt sein, aber nur, wenn Sie sich für die Geschichte der letzten Jahrhunderte zutiefst schuldig fühlen ..."

Unter der Rubrik „Wie Sie politisch Korrekte zur Weißglut treiben", heißt es unter anderem: „Erzählen Sie Schwulen-, Neger- und sonstige geschmacklose Witze, (...) Verwenden Sie Reizworte wie ‚Heimat', ‚Tapferkeit' und ‚Anstand'. (...) Sprechen Sie darüber, daß auch Gegner des Dritten Reiches Greueltaten angerichtet haben. (...) Behaupten Sie, daß es Intelligenzunterschiede zwischen den Rassen gibt" (*Wiener*, 4/1996).

„Political Correctness" ist weit verbreitet. Auch in Israel machte sich die Knesset-Abgeordnete Naomi Blumenthal darüber in einem Artikel Gedanken: „Die PLO hat sich gehäutet. Aus Terroristen wurden Friedensengel, deren ganzes Bestreben nur dem Frieden dienen würde. Unsere Leute dagegen, die Siedler, werden als gefährliche Fanatiker dargestellt, die den Streit suchen und sich gegen den israelischen Weg des Friedens stellen. (...) Die in Israel derzeit vorherrschende Meinung ist, gelinde gesagt, absurd. (...) Heute ist es fast unmöglich, von einer nationalen Identität zu sprechen, ohne nicht sofort als Wirrkopf, Araberhasser oder so ähnlich tituliert zu werden. Auf der anderen Seite ist bei einem Teil der Israelis die arabisch/palästinensische Identität eine heilige Kuh …"

Die Probleme der einfachen Wahrheiten und der guten Menschen in ihrer Niedertracht ähneln sich weltweit.

Eitelkeit

Auf niederträchtige Weise sind Mächtige versucht, Ruhm einzuheimsen, der eigentlich ihren Untergebenen gebührt. So ist es in den Büros, in denen der Vorgesetzte von der Emsigkeit seiner Subalternen profitiert, aber auch und vor allem beim Militär. Die einfachen Soldaten müssen das Abenteuer des Kampfes wagen, und der in sicherem Versteck lauernde Befehlshaber, vielleicht ein Herr Graf, erhält die Auszeichnung.

Eine solche Geschichte erfahr ich von Herrn Lepka aus Kuchl bei Salzburg: „Mein Vater erzählte mir viel über seine Erlebnisse im Ersten Weltkrieg. Unter diesen Erlebnissen war ein besonders niederträchtiges. Mein Vater kämpfte an der Dolomitenfront gegen Italien. Er bekam mit zwei Kameraden, sie waren alle drei Heeresbergführer, vom Kompaniechef das Angebot, mit der großen silbernen Tapferkeitsmedaille ausgezeichnet zu werden (die kleine hatten sie bereits), wenn sie eine italienische Artilleriebeobachtungsstelle erfolgreich ausheben würden. Diese Beobachtungsstelle war von den Italienern derart trickreich angelegt, daß sie das italienische Artilleriefeuer präzise in die österreichischen Stellungen und Nachschubrouten dirigieren konnten. Von der österreichischen Seite aber konnte dieser Posten unmöglich durch Beschuß ausgeschaltet werden. Nur durch eine verwegene Kletterpartie war diesem Beobachtungsstand beizukommen. Die drei Burschen wagten es, zu dem Stand hinzuklettern und führten ihre Aufgabe mit vollem Erfolg durch. Die diesen dreien für ihre Bravourleistung versprochene Auszeichnung nahm schließlich der Kompaniechef alleine in Empfang. Das wagemutige Trio hatte das Nachsehen."

Diese Thematik ist zeitlos. Sie verweist darauf, wie geschickt Mächtige, die es überall gibt, auf Kosten der „Kleinen" für sich Ruhm und Ehre holen. Ähnlich verhält es sich an der Universität, wo Professoren bisweilen den Ruhm ihrer Assistenten einheimsen.

Die Niedertracht der Verräter und Verleugner

Die klassischen Formen der Niedertracht schlechthin sind der Verrat und die Täuschung.

Die Figur des Verräters durchzieht in ihrer Niedertracht die Geschichte und ist im Alltag gegenwärtig.

Der Verräter als jemand, der Informationen über Freunde, Bekannte und Kollegen weitergibt, die diesen schaden können, oder als jemand, der die Gutgläubigkeit anderer zu seinem Vorteil nützt, ist geradezu ein Symbol der Niedertracht. Ihn findet man überall, in den Schulen, im Gefängnis und unter Kollegen.

Der Verrat hat viele Gesichter: er kann sich gegen den Freund richten, der auf die Hilfe des Freundes hofft und enttäuscht wird, gegen den Feind, dem man Gnade zugesagt hat und sie nicht hält, gegen den Freundschaftsbund, dem man die Treue nicht hält, gegen die Ehefrau, die man mit anderen Damen betrügt, gegen einen Kumpanen, dessen Geschichten ohne seine Erlaubnis weitererzählt werden, gegen Damen, die von ihrer Kaffeerunde hinterrücks „ausgerichtet" werden, gegen Mitschüler, deren Schwindeltricks dem Lehrer mitgeteilt werden, gegen Gefangene, deren Ausbruchspläne Kollegen den Aufsehern berichten, gegen den Freund, den man gegenüber anderen nicht zu kennen vorgibt, und gegen viele andere Menschen, die ihre Geheimnisse haben, um überleben zu können, oder die schlicht von anderen in Ruhe gelassen werden wollen – sei es von der Polizei oder anderen wohlmeinenden Zeitgenossen.

Die drei Formen des Verrates

Im Matthäus-Evangelium sind die vielen Formen des Verrates auf drei reduziert. Es lohnt, kurz auf sie zu verweisen. Es war nach dem letzten Abendmahl, als Jesus mit den Jüngern auf den Ölberg ging und zu ihnen sprach: „In dieser Nacht werdet ihr alle Ärgernis nehmen an mir." Petrus aber antwortete: „Wenn sie auch alle Ärgernis nehmen, so will ich doch niemals Ärgernis nehmen an dir." Doch Jesus sprach zu ihm: „Wahrlich, ich sage dir: In dieser Nacht, ehe der Hahn kräht, wirst du mich dreimal verleugnen" (Matthäus 26, 31ff.).

Nach einer Zeit „kam Judas, und mit ihm eine große Schar mit Schwertern und mit Stangen, die von den Hohenpriestern und Ältesten des Volkes beauftragt war. Er trat zu Jesus und sprach: Sei gegrüßt Rabbi! Und küßte ihn" (Matthäus 26,69). Dies ist der erste Verrat in dieser Geschichte. Judas wird für diesen Verrat bezahlt, aber er wird mit dem Verrat nicht fertig und erhängt sich. Nun wird Jesus verhaftet, jetzt verlassen ihn seine Jünger, weil sie Angst haben, daß auch ihnen etwas passiert. Das ist der zweite Verrat. Nur Petrus folgt dem Zug aus der Ferne. Während Jesus verhört wird, sitzt Petrus im Hof des Palastes. Es heißt in der Schrift: „Da trat eine Magd zu ihm und sprach: Und du warst auch mit dem Jesus aus Galiläa. Er leugnete aber vor ihnen allen und sprach: Ich weiß nicht, was du sagst" (Matthäus 26,69). Noch zweimal wird Petrus auf Jesus angesprochen: „Da fing er an, sich zu verfluchen und zu schwören: Ich kenne den Menschen nicht. Und alsbald krähte der Hahn. Da dachte Petrus an das Wort, das Jesus zu ihm gesagt hatte. (…) Und er ging hinaus und weinte bitterlich" (Matthäus 26,74l). Das ist der dritte Verrat. Petrus war zwar mutiger als die anderen Jünger, aber auch er genierte sich, zuzugeben, daß er Jesus kenne.

Diese drei Formen des Verrates, die Christus erfahren hat, sind in ihrer Niedertracht charakteristisch für das menschliche Leben überhaupt.

Der Verrat des Judas

Der Verrat des Judas, der gegen Geld einen Menschen, den man für gefährlich hält, den Häschern ausliefert, tritt in vielfältiger Weise auf. Bei dieser Form des Verrates geht es um Macht. Um Macht ging es den Hohenpriestern im alten Jerusalem, da sie Angst vor dem Rebellen Jesus hatten. Um Macht geht es kriegführenden Staaten, wenn sie Näheres über ihre Gegner wissen wollen, um Macht ging es auch den Nazis, die jüdische Familien ausfindig machen wollten, um Macht geht es Politikern am Balkan, die auf der Suche nach Volksfeinden sind, und um Macht ging es der katholischen Kirche, als sie Andersgläubige verbannen wollte. Um diese Macht zu festigen, bedarf es vor allem des Verrates in der Art des Judas gegen Geld, und zwar gegen schlechtes Geld. Als solches erkennt es auch Judas, der die dreißig Silberlinge, für die er Christus verraten hat, nicht mehr haben will und sie in den Tempel wirft.

Wesentlich jedoch für den Verrat des Judas ist, daß diejenigen, die verraten werden, dem Verräter zunächst vertrauen – wie eben Jesus dem Judas, seinem früheren Jünger.

Verräter in der Tradition des Judas können auch Kriegsspione sein, die durch die Weitergabe von Informationen den Tod von Menschen verschulden. Spione zählen jedoch nicht zu den Verrätern, wenn sie Menschen vor Unheil bewahren.

Beispielhaft für einen Verrat im Stile des Judas möchte ich hier auf den Verrat an den Kosaken verweisen, die 1945 von den Engländern an die Russen ausgeliefert wurden. Die Kosaken hatten guten Grund zu glauben, sie wären auf der Flucht vor den Russen bei den Engländern in Sicherheit. Und diese ließen sie zunächst auch in diesem Glauben. Im Sommer 1942 waren Zehntausende Kosaken mit Musik zu den Deutschen übergelaufen, in der Hoffnung, auf diese Weise ihre Heimat am Don vor den verhaßten Kommunisten Stalins retten zu können. Unter dem Kommando des deutschen Generals und „Obersten Feldatamans" Helmuth von Pannwitz zogen Kosakenverbände in den Kampf. Noch vor Kriegsende wurde die berittene Truppe, etwa 35.000 Mann, mit besonderen Ärmelabzeichen und Kosakenmütze zum „XV SS-Kosaken-Kavallerie-Korps" zusammengefaßt. Die Mission der Kosaken endete in Kärnten und in Osttirol.

Im Mai 1945 wurden diese exotischen Bundesgenossen der Deutschen in St. Veit und Lienz von den Engländern interniert. Mit den kosakischen Soldaten war aus Angst vor den Russen ein ganzer Treck nach Österreich unterwegs. Kosakische Frauen, Kinder und Greise mit Haustieren im Troß kamen so nach Lienz. Dort dachten sie, vor den Russen in Sicherheit zu sein. Sie ergaben sich den Engländern, die ihnen zugesagt hatten, wenn sie ihre Waffen weglegten, würde man sie nicht an Stalins Armee ausliefern. Die Kosaken entwaffneten sich, die Engländer brachen jedoch ihr Versprechen. Sie begingen niederträchtigen Verrat und lieferten sie an die Russen aus.

Noch in letzter Minute versuchten die Verzweifelten, ihrem Schicksal durch Flucht über die reißende Drau zu entkommen. Hunderte sollen ertrunken sein. Es wird von Augenzeugen erzählt, daß kosakische Frauen sich mit ihren Säuglingen in die Drau stürzten, um der „Repatriierung" durch die Engländer zu entkommen. Es muß sich Furchtbares abgespielt haben. Mir erzählten Zeitgenossen, die Bauern um Lienz hätten, als man die Kosaken zusammentrieb, die Kirchenglocken geläutet, um diesen Verratenen solcherart Sympathie zu zeigen. Die Engländer hatten diese niederträchtige Auslieferung in einem Geheimabkommen auf Jalta zugesagt und damit das Schicksal der Kosaken besiegelt. Die Russen kannten kein Pardon mit ihnen, für sie waren sie Verräter, weil sie mit den Deutschen gekämpft hatten.

Vor einigen Jahren hatte der Historiker Graf Nikolai Tolstoy in England einen Prozeß gegen den britischen General, der sein Wort gegenüber den Kosaken gebrochen hatte, angestrengt. Vor dem obersten Zivilgericht Großbritanniens konnte sich der Ex-General erfolgreich gegen die Vorwürfe Tolstoys wehren. Letzterer wurde schließlich wegen „Verleumdung" verurteilt und mußte 1,5 Millionen Pfund Sterling Schadenersatz zahlen. Seit einiger Zeit versucht Tolstoy in London erneut, die historische Wahrheit durchzusetzen und den Verrat des früheren englischen Generals öffentlich festzustellen.

Als Verräter, die Menschen im Glauben lassen, man würde ihnen helfen, wie es im Falle des britischen Generals gegenüber dem Volk der Kosaken war, sind auch die Spitzel in der alten DDR einzustufen. Sie waren gewöhnliche Bürger, hinter denen niemand Verräter vermutete, die für die „Stasi", den Staatssicherheitsdienst der DDR, arbeiteten. Nach dem Untergang der DDR wurde das Stasi-Archiv geöffnet. Die Überraschung für den „einfachen" ehemaligen Bürger der DDR war groß, als er erfahren mußte, daß „brave" Nachbarn, seriöse Kirchenleute und „kritische" Schriftsteller sich als Zuträger der Stasi entpuppten.

Plötzlich sah man, daß das alte System der DDR ähnlich wie das der Nazis auf Verrat und Bespitzelung aufgebaut war. Die Enttäuschung war groß, als man fand, daß sich sogar an der Universität verräterisches Pack gefunden hat, das sich durch die Weitergabe von Informationen über mißliebige Kollegen Vorteile zu verschaffen wußte.

Eingefügt sei jedoch, daß ich einen liebenswürdigen früheren Professor der Humboldt-Universität kenne, dem ich einiges verdanke. Er hielt sich integer und genießt als Wissenschafter auch heute noch die Achtung seiner Kollegen.

Der Tratsch

Niederträchtiger Verrat ist übrigens auch die Weitergabe von Geschichten, die einem vertrauensvoll mitgeteilt wurden. Besonders niederträchtig ist dieser Verrat, wenn es Ärzte, Rechtsanwälte oder Beamte sind, die gesetzlich zur Verschwiegenheit über Dinge, die ihre Patienten, Klienten oder Schutzbefohlenen betreffen, verpflichtet sind.

Einen solchen Verrat beging auch ein Polizist, wie in einem Zeitungsbericht zu lesen war. Dieser hatte bei Recherchen über einen Mordfall in einem Wiener Bordell eine Prostituierte kennengelernt. Sie bat ihn um ein Fahndungsfoto ihres Freundes Wolfgang, wofür sie als Gegenleistung bestimmte Informationen anbot. Die Dame vom Strich erhielt eine Kopie des Fahndungsbildes aus dem Computer und ließ es liebevoll einrahmen. Zu Weihnachten lag das Bild als Geschenk für Wolfgang unter dem Christbaum. Der Polizist hatte allerdings durch die Weitergabe des Fotos das „Amtsgeheimnis" verletzt und wurde deswegen – irgendwie fiel die Sache auf – vor

Gericht gestellt. Da er beteuerte, es sei ihm nicht bewußt gewesen, daß er dadurch gegen das Datenschutzgesetz verstoßen habe, wurde er durch einen milden Richter freigesprochen.

Bunt ist die Niedertracht des Verrates in den Schulen. Schüler erhoffen sich offensichtlich Vorteile bei der Notenvergabe, wenn sie Mitschüler bei Lehrern und Professoren verraten, wie zum Beispiel, jemand habe bei der Schularbeit geschwindelt oder während der Unterrichtsstunde Karten gespielt. Verrat begleitet den Schüler bis an das Ende seiner Schulzeit. Ich habe viel unter solchen Attacken von Mitschülern gelitten.

Verrat im Stile des Judas ist auch charakteristisch für die Gefängnisse, in denen Häftlinge andere „verwamsen", um in den Genuß einer etwaigen Besserbehandlung durch die Aufseher zu gelangen. Das Wort „verwamsen" kommt von dem jiddischen „mamsen", das eben „verraten" bedeutet. Der Verräter wird schlichtweg als „Wams" bezeichnet. In der Unterwelt ist das Wort „Wams" das wohl größte Schimpfwort. Vor dem „Wams" hat man sich in acht zu nehmen. Der Verräter im Stile des Judas, dies ist auch im Matthäus-Evangelium zu lesen, wird zwar bezahlt und hat gewisse Vorteile, aber man verachtet ihn. Es heißt: Man liebt den Verrat, aber nicht den Verräter. Judas zerbricht daran und macht seinem Leben ein Ende.

Verrat gibt es auch und nicht selten in der Wissenschaft, nämlich dann, wenn Wissenschafter ihre großartigen Ergebnisse erfunden oder gefälscht haben. Es ist bemerkenswert, daß solche betrügerischen Agitationen, wie der Kulturphilosoph Fröhlich meint, grundsätzlich nicht durch „objektive" Experten der Wissenschaft aufgedeckt wurden und werden, sondern eher durch persönliche Denunziation betrogener Ehefrauen, enttäuschter Freundinnen und sich ausgebeutet sehender Mitarbeiter. Hier habe man es mit einer Form des Verrates durch Tratsch zu tun. Der Tratsch ist Teil des Alltags. Durch ihn werden nicht nur Geheimnisse weitergegeben, sondern er hat auch mit Intrigen zu tun, mit Lügengeweben, die hinterhältig gegen Menschen gesponnen werden, die man nicht will. Es gibt geradezu Künstler im Aufbau solcher Intrigen, von Geschichten, die bestimmten Zeitgenossen schaden sollen, wie zum Beispiel einem Pfarrer, über den getratscht wird, er habe sich an der Frau eines Kirchendieners vergangen. Überall dort, wo Menschen miteinander in engem Kontakt stehen und wo sich ihre Wege kreuzen, kommt es regelmäßig zu niederträchtigem Klatsch über Abwesende. Auf das Problem des Tratschens über denjenigen, der gerade die Runde verlassen hat, bezieht sich auch der berühmte Wiener Prediger Abraham a Sancta Clara (1644–1709), wenn er einmal meinte: „Postquam permittem ab iis, impugnabant me" (als ich sie verlassen hatte, schimpften sie über mich).

Grundsätzlich lebt der verräterische Tratsch in den Dörfern. Beim Einkaufen, im Wartezimmer des Arztes, beim Kirchgang, während des Wartens auf den Autobus und bei anderen Gelegenheiten kann man eine Menge über die Schlechtigkeiten anderer Menschen erfahren, über Ehebruch, über angebliche Betrügereien, über Hinterlistigkeiten des Bäckers, über das sexuelle Verhältnis der Lehrerin mit einem Ministranten und vieles mehr. Stets jedoch lebt der Tratsch von dem Verrat von Geschichten anderer und auch von der Schadenfreude, die sich mit dem Verrat verbindet. Freilich ist dem nicht so, wenn es um Tratsch über einen Trauerfall, ein äußerst beliebtes Thema, geht. Er mag aber sein, daß sich hier Schadenfreude einmischt.

Jedenfalls scheint es für die Tratschenden ein besonderer Reiz zu sein, Geheimnisse weiterzuerzählen. Es ist bemerkenswert, daß gerade die unter dem Siegel der Verschwiegenheit verbreiteten Nachrichten schnell weitergegeben werden, denn die niederträchtige Freude am Tratsch ist groß. Das Niederträchtige des Tratsches, bei dem über eine Person Belcidigendes erzählt wird, liegt darin, daß der Betreffende sich nicht wehren kann.

Auch gerade darum ist der Tratsch mit dem Verrat des Judas verwandt. Der Tratsch kann an die Seele gehen. Dies ist, wie ich bei meiner Studie über Wiens Sandler festgestellt habe, auch der Grund, daß Menschen, die einmal im Gefängnis waren oder sonstwie die Achtung anderer verloren haben, der dörflichen Gemeinschaft aus Angst vor dem Tratsch fliehen, um in der Anonymität der Städte unterzutauchen.

Hinterlistige Freunde

Die zweite Form des Verrates, wie er in der Schrift geschildert wird, ist der Verrat durch Freunde, die verleugnen, jemandes Freund zu sein, und ihn dadurch enttäuschen. In einem weiten Sinn gehören hierher alle die Verräter, die jemandem zunächst glauben machen, sie wären seine Freunde, ihn aber dann hereinlegen.

Über einen solchen Verräter, einen Kollegen aus der Wissenschaft, schrieb mir ein Freund: „Bei seiner Habilitationsfeier hat D. K. ein großes Büffet auffahren lassen. Als sich herausstellte, daß sehr viel davon übrigbleiben würde, hat er alle Gäste aufgefordert, Sachen vom Büffet, wie Obst, Käse und Wurst, mitzunehmen, denn es wäre doch schade, wenn davon etwas schlecht würde. Ich habe mich – glücklicherweise – dennoch nicht getraut, aber ein Kollege, dem der Gastgeber ohnehin nicht gewogen war, hat diese Aufforderung ernst genommen und eine Dauerwurst eingesteckt. Kaum war dieser zur Tür hinaus, haben sich einige der Anwesenden – darunter auch D. K. selbst – über die ‚Unverschämtheit‘ dieses Kollegen aufgeregt. Dieser hat dies irgendwo erfahren und die Wurst am nächsten Tag ganz offen in das Postfach des D. K. im Geschäftszimmer des Institutes gelegt. Mir kam das alles ganz schön hinterhältig vor." Hier liegt wahre Niedertracht im Stile des Verrates vor. Der Freund oder Kollege wird hereingelegt, indem ihm angedeutet wird, er hätte das Wohlwollen und könne zulangen. Er glaubt daran, jedoch dem Herrn Kollegen war es offensichtlich nicht ernst um sein Angebot. Das kränkte denjenigen, der sich die Dauerwurst aneignete, er fühlte sich verraten. Er erwiderte diese Niedertracht auf heitere Weise, indem der die Dauerwurst zurückgab.

Schüler – Zöglinge

Ein idealer Boden für Niedertracht ist die Schule, aber auch das Gefängnis. Beide ähneln sich, denn die Schule und das Gefängnis sind Institutionen, in denen von den Schutzbefohlenen Gehorsam verlangt wird und diese sich an vorgegebene Regeln zu halten haben. Schüler und Häftlinge sind im wesentlichen „Rechtlose". Gerade darum versucht wohl mancher von ihnen, in der jeweiligen Hierarchie der „Rechtlosen" obenauf zu sein. Dies gelingt aber nur, wenn Leute vorhanden sind, die man in niederträchtiger Weise unterdrükken kann. Als selbst durch Lehrer und Gefängnisaufseher Unterdrückter macht es wohl Freude, andere zu unterdrücken. Besonders arg ist dies, wie wir sehen werden, im Gefängnis, aber auch in den Internatsschulen, wie sie heute noch zum Teil in England zu finden sind und wie sie bei uns bis vor einiger Zeit noch bestanden haben, ehe man daranging, alte Formen der Disziplin abzuschaffen.

Bemerkenswert ist, daß die Internatsschüler als Zöglinge bezeichnet wurden, ein Begriff, der dem des Häftlings ähnlich ist.

Ich selbst habe als Klosterschüler – als Zögling – in den fünfziger Jahren noch die alte Form der Klosterschule mit ihrer alten Strenge, aber auch mit den Niederträchtigkeiten der Kameraden erlebt. Charakteristisch für die Internatsschule war, daß Schule und Unterbringungsort der Schüler, also das Internat, unmittelbar zusammengehörten. Man war also mit den Mitschülern in einem dauernden Kontakt. Möglichkeiten des Rückzuges gab es nur wenige, schließlich war es nur viermal im Jahr, also zu den Ferien, erlaubt, das Internat, welches im Kloster als Konvikt – das heißt eigentlich auch soviel wie Gefängnis – bezeichnet wurde, zu verlassen. In diesen Konvikten blühte die Niedertracht der „kleinen Leute", wie ich sie am eigenen Leib oft erfahren mußte. Gerade in den alten klassischen Schulen – und Konvikten – lernen die „Zöglinge" schon sehr früh Strategien der Niedertracht, die vielleicht helfen mögen, mit der eigenen unglücklichen Situation fertig zu werden.

Niederträchtiges Handeln wird gefördert, wenn der niederträchtige Schüler die zumindest stillschweigende Unterstützung durch andere Schüler besitzt. Ein beliebtes Ziel der Niedertracht sind daher Mitschüler, die in der Klassengemeinschaft kein besonderes Prestige genießen und die keine Sanktionen setzen können, sei es, daß sie die Spötter nicht zu verprügeln vermögen, oder sei es, daß sie keinen Schutz durch die Heroen der Klasse zu erwarten haben.

Die Strategien der Niedertracht in der Schule sind vielfältig. Sie reichen von Verspottungen wegen körperlicher Mängel bis hin zu Ritualen der Degradierung durch Schläge. Besonders arg waren, wie festgehalten, diese Formen der Niedertracht in den alten Klosterschulen. Jeder war in diesen der aufgezwungene Kamerad oder Freund des anderen.

In den Gefängnissen ist es wohl grundsätzlich ähnlich wie in den alten Internaten, den Konvikten. Dostojewski, der auf Gefängniserfahrung zurückblicken konnte, spricht in diesem Sinn von der „Tyrannei der Kameradschaft". Und diese Tyrannei kann furchtbar sein. Der einzelne Zögling ist, genauso wie der Häftling, ständig den anderen ausgeliefert. Es entwickeln sich daher Hierarchien, an deren oberem Ende sich die Klassenführer befinden und an deren unterem Ende jene, die als Widerspenstige, Abweichler, Dumme oder Schwächlinge – ohne deswegen wirklich solche zu sein – angesehen werden. Erstere leiten ihre Führerposition von ihrer körperlichen Stärke, von ihrer Wortgewalt oder auch von ihren schulischen Leistungen ab. Sie diktieren das Geschehen zwischen den Schülern.

Ihr Wort gilt etwas und ihre Meinung dominiert das Gespräch. Sie bestimmen geradezu die Linie des Klassenverhaltens. Die anderen haben keine Chance, ernst genommen zu werden, sie werden belächelt und sie sind es, an denen die Mitschüler unter dem oft gezwungenen Gelächter des „Mittelteils" Mut „beweisen" können. Dieser „Mittelteil" der Klasse besteht aus den Anpassern, die einfach überleben wollen und die daher den Stärkeren zujubeln. Aber auch bei ihnen zeigt sich die oben bereits besprochene sadistische Freude beim Quälen der Degradierten der Klasse. Große Spezialisten darin sind wohl jene, deren sprachliche, körperliche oder sonstige Überlegenheit den Underdogs der Klasse keine Chance gibt. Und sie wissen auch, daß der Mittelteil ihnen zuschaut, meist zustimmend.

Auch in den heutigen Schulen ist wohl noch etwas von dieser alten Tradition der Niedertracht enthalten.

Dirnen und Zuhälter

Auch die Prostitution ist in einer charakteristischen Randkultur beheimatet, in der Rituale, Symbole und spezifische Regeln die Bezie-
hungen zwischen Dirnen, Zuhältern und Kunden bestimmen. Man
spricht oft von der Prostitution als dem ältesten Gewerbe, jedoch zu
Unrecht, denn Prostitution ist typisch für Stadtkulturen, und Städte
sind frühestens um 1000 vor Christus errichtet worden. Somit ist die
gewerbsmäßige Herstellung von Steingeräten wohl älteren Datums.

Zugang

Vor vielen Jahren, am Beginn meines Studiums, lag ich nach einem
schweren Motorradunfall im Wiener Allgemeinen Krankenhaus, wo
ich einen freundlichen Herrn, der wegen eines Herzstiches eingelie-
fert worden war, näher kennengelernt habe. Er wurde zu meinem
Freund, nicht nur, weil er mir seinen Schutz gegenüber böswilligen
Krankenschwestern angedeihen ließ, sondern auch, weil er mich
später in seine Lokale mitnahm. Durch ihn bekam ich einen ersten
Einblick in die Welt der Prostitution. Die Bekanntschaft zu diesem
Herrn war es schließlich, die mich veranlaßt hat, mich näher mit
Dirnen und Zuhältern zu beschäftigen und darüber ein Buch zu
schreiben. Aus dem jungen Zuhälter ist inzwischen ein würdiger
Besitzer einer Reihe von Nachtlokalen geworden. Vor kurzem ist
ihm sogar ein mehr oder weniger wohlwollender Artikel in der angesehenen Zeitschrift „Öffentliche Sicherheit", herausgegeben vom
österreichischen Innenministerium, gewidmet worden. In diesem
wird er als der große Mann am Strich geschildert, dessen Geschäfte
von einem „Statthalter" geführt werden und der über Ländereien
verfügt. Vom „kleinen" Zuhälter war er also zum noblen vielfachen
Bordellbesitzer aufgestiegen, dem es schließlich gelang, den Wiener
Strich zu kontrollieren.

Da ich nie über ihn geschimpft und seinen vollständigen Namen nie verwendet habe, genoß ich auch nach Erscheinen meines Buches „Der Strich" weiterhin seine Freundschaft. Die sich schließlich darin äußerte, daß er auf meine Bitte hin mit mir und Freunden von mir regelmäßig Führungen über den Wiener Strich durchführte. Einmal wollte sogar ein angesehener Professor der Betriebswirtschaftslehre an der Wiener Universität aus rein wissenschaftlicher Lust ergründen, wie so ein Zuhälter und Bordellbesitzer seine „Betriebe" leite und dabei zu gutem Geld komme. Ich erzählte meinem Freund von dem bemerkenswerten Wunsch des Herrn Professors. Ihm gefiel dieser, und er lud uns ein, zu einem bestimmten Zeitpunkt, so um 21 Uhr, in einem seiner Animierlokale, dem eine Peepshow angeschlossen war, zu erscheinen. Er würde uns dort erwarten.

Der Herr Professor kam in Begleitung zweier Sekretärinnen und eines Assistenten, und ich erschien gemeinsam mit meiner gütigen Frau. Mein Freund empfing uns mit großer Höflichkeit. Wir wurden gebeten, Platz zu nehmen, und ließen uns gute Getränke servieren. Zunächst verwies er uns auf die Peepshow.

Der Herr Professor, der so eine Einrichtung noch nicht kannte, erhielt von meinem Freund einige Zehnschillingmünzen. Mit diesen verschwand er gemeinsam mit seiner Sekretärin in einer Kabine, von der er gegen Einwurf des Geldes die Nacktkünstlerinnen bewundern konnte. Schließlich führte uns der Herr des Strichs noch in weitere Nachtlokale, wovon eines den stolzen Namen „Senat" trägt. Diese Bezeichnung hatte mein Freund ausgewählt, weil er für das Leben der alten Römer schwärmt. In diesem „Senat" berät er sich ganz im Stile würdiger römischer Patrizier mit seinen Geschäftsführern. Bis fünf Uhr früh waren wir mit meinem Freund, dem Spezialisten im Errichten von Bordells, unterwegs.

Der Professor war angetan von ihm, begeistert von dem Abend und meinte, unser Gönner wäre ein Kavalier. Für ihn und seine Gefährtin ließ er ein paar Tage später einen großen Blumenstrauß schicken.

Ich hatte also weiter Kontakte in diese Szene, immerhin schimpfte man nicht über mein Buch „Der Strich". Ein gebildeter und geistig reger Zuhälter meinte sogar, es würde so ziemlich alles stimmen,
was ich geschrieben habe, vielleicht bis auf ein paar „Kleinigkei-
ten".

Ein größeres Lob gibt es wohl kaum für einen soziologischen
und kulturwissenschaftlichen Feldforscher.

Bei meinen Forschungen im Milieu der Dirnen war mir auch
der leider inzwischen bei einem Unfall ums Leben gekommene Pepi
Taschner behilflich.

Durch ihn lernte ich auch eine Wiener Dirne kennen, deren Le-
benslauf ich im Anhang meines Buches über ihn veröffentlicht und
interpretiert habe. Diese Frau arbeitet inzwischen nicht mehr am
Strich, sie lebt verarmt von einer kleinen Notstandsunterstützung.
Arbeiten will sie nicht, da sie große Alimentationsschulden wegen
ihres bei Pflegeeltern aufwachsenden Kindes hat. Denn würde sie
eine Arbeit annehmen, so müßte sie das Geld bis auf einen für ihre
Lebensführung notwendigen Betrag für die Pflege ihres Kindes abliefern. Die Dame, das ist das traurige Los nicht weniger Prostitu-
tierter, ist also verarmt. Alle paar Monate ruft sich mich an und
erzählt mir von ihren finanziellen Problemen. Meist helfe ich ihr
mit einem kleinen Betrag aus.

Auch dies ist vorab erwähnenswert: Einige Monate nach Erscheinen des Buches veranstaltete das Österreichische Fernsehen
aufgrund meiner Studie einen „Club 2", also eine Diskussionsver-
anstaltung, die angeblich die bisher höchste Einschaltquote erreicht
hat, die je ein solcher „Club 2" hatte. Anwesend waren bedeutsame
Leute: eine berühmte Hamburger Prostituierte, die mich während
der Diskussion einmal streichelte, ein intelligenter Zuhälter, eine
Wiener Bardame, ein angeblicher Kunde, der jedoch bald von mir
als Freund oder Zuhälter dieser Dame entlarvt worden war, ein ent-
setzter Theologiestudent und ich als Autor des Buches „Der Strich".
Es ging ziemlich wild bei diesem „Club 2" zu. Eine bayrische Zei-

tung jedenfalls war davon angetan und brachte einen heiter-besinn-
lichen Bericht, der mit diesen Worten begann: „Wie wird man(n)
Zuhälter? Ex-‚Strizzi‘ Peter Stolz betrieb im TV-‚Club 2‘ zum
Reizthema ‚Leben am Strich‘ Berufsberatung auf Wienerisch: ‚Scho
meine Mama is am Strich gangen, mit meinem ersten Mädel. Sie
war halt a aufgschlossene Frau.‘ Eines Tages habe sie ihn gefragt:
‚Gehst arbeitn, gehst stehln oder schickst aane am Strich?‘ Peter:
‚Was is mir da scho übriggeblieben?‘“ Und weiter hieß es: „Nach-
dem Ritter Roland [damit bin ich gemeint, d. Verf.] auch noch eine
Lanze für das älteste Gewerbe der Welt brach, drückte ihm Couch-
Nachbarin Domenica, die ihm vorher die kalte Schulter gezeigt hatte, dankbar die erfahrene Hand …“

Die Zahl der in Wien registrierten Dirnen schwankt. In Wien
waren es im Herbst 1995 rund 670, unter ihnen waren 48 Ausländer-
innen. Zu den Registrierten kommen noch an die 2000 Geheimprostituierte und eine Vielzahl von Animierdamen in den
„Barbetrieben“. Diese Animierdamen sind wohl auch als Geheimprostituierte anzusehen. Sie sind schwerer zu kontrollieren als die
offiziellen Prostituierten. Unter ihnen ist der Anteil der Ausländer-
innen angeblich zwischen 80 und 90 Prozent.

Zur Geschichte

Es ist eine spezielle Kultur, in der die Dirne als Frau lebt und sich als
Anbieterin wichtiger Dienste versteht. Typisch für diese Kultur der
Dirnen und Zuhälter ist ein eigener Lebensstil, eine eigene Sprache
und eine Vielzahl von Symbolen, die sich im historischen Prozeß
entwickelt haben. Die Dirnen sind also grundsätzlich keine Frauen,
die sozial oder psychisch abnorm sind, sondern Menschen, die auf
Traditionen zu verweisen haben (dies wird oft von eifrigen Soziolo-
gen und Psychologen übersehen). Es lohnt sich daher, zumindest
skizzenhaft, in die Geschichte der Prostitution zu blicken.

Die Prostitution ist als Kulturerscheinung relativ jung. Denn dieses „Gewerbe" ist, wie ein Blick in die Geschichte zeigt, an die Existenz der Städte gebunden. Denn erst die Städte bieten jene Anonymität an, unter deren Schutz Kunde und Dirne zueinanderfinden. In bäuerlichen Kulturen gibt es so etwas wie Prostitution nicht, wohl aber sexuelle Ausbeutung von Mägden oder Sklavinnen, was aber nicht identisch ist mit Prostitution, dem Geschäft mit der Sexualität. Sicherlich nähern sich Frauen, vor allem freundliche Ehefrauen, Prostituierten, wenn sie sich einem Mann hingeben, um dafür etwas zum Geschenk zu erhalten, wie einen teuren Ring, ein Auto, ein Haus oder irgendein Versprechen, wie das, in Ruhe gelassen zu werden. Hier habe ich es nicht mit echter Prostitution zu tun, hier fehlt nicht nur die Anonymität des Kunden, sondern auch die Geschäftsmäßigkeit, das heißt, die betreffende Frau bietet sich nicht generell der Männerwelt an, sondern nur für Einzelfälle.

Die Prostitution benötigt, wie jedes andere Geschäft auch, den Markt, wo Leute zusammenkommen und im Menschenwirbel untertauchen können. Es ist der Markt, auf dem seit frühester Zeit fahrendes Volk, Bettler, Vaganten, Betrüger, Taschendiebe, Kartenspieler, aber auch Dirnen ihren Interessen nachgehen.

Ein Denkmal wurde freundlichen Dirnen in der Bibel gesetzt. So zum Beispiel im Matthäus-Evangelium, wo Christus den Pharisäern zuruft:

„Die Zöllner und die Dirnen kommen vor euch in das Himmelreich Gottes."

Und es war eine Dirne, der Jesus nach seiner Auferstehung erschienen war. Die Dirne genoß durchaus die Achtung von Christus, wie in der Schrift zu lesen ist. Mit dieser Haltung gegenüber den Dirnen lehnte sich der Sohn Gottes gegen eine Welt der Engherzigkeit und Heuchelei auf.

Bemerkenswert ist jedenfalls, daß es die Sünderin Maria Magdalena war, die Christus weinend nach Golgotha folgte und die schluchzend an seinem Grabe saß. Sie war es, der er als erster Mensch nach seinem Tod erschien und die er damit über die Scheinheiligen und Heuchler erhob. Im Mittelalter wurde Maria Magdalena zur Schutzpatronin der Dirnen.

Ein fröhlicher Herr dürfte König Salomon gewesen sein. Er hatte siebenhundert Frauen und dreihundert Konkubinen. Er ließ sogar zu, daß man der Göttin Astarte und dem Gott Baal Tempel errichtete; beide Götter standen in dem Ruf der Unzucht. Sogar im Tempel des Salomon sollen Dirnen ihrem Geschäft nachgegangen sein.

Die Bibel kennt also beides: Verachtung und Bestrafung (Moses) der Dirne, aber auch deren Akzeptierung. Und auf Moses beriefen sich die Pharisäer, denen Jesus ihre Scheinheiligkeit vorwarf.

Für unsere europäische Geschichte sind nicht nur die Berichte der Bibel maßgebend, sondern auch die Schriften der alten Griechen, wie die Homers, Herodots und anderer.

Die alten Griechen kannten die Prostitution in ihrer bunten Vielfalt. Die Göttin der Liebe, Aphrodite, hatte ihre Tempel, in denen Dirnen ihrem Gewerbe nachgingen.

Es war übrigens der weise griechische Staatsmann Solon (640–541 v. Chr.), der in Athen das erste staatliche Bordell der Weltgeschichte eröffnet hat. Aus den Einkünften, die das Bordell abwarf, ließ er einen Tempel für Aphrodite erbauen. Und beim Tempel stand neben der Statue der Aphrodite – dies spricht für die Weisheit Solons – die Statue der Pitho, die Göttin der Überredungskunst.

Die Dirnen genossen zwar kein hohes Ansehen, aber immerhin waren sie eingegliedert in die Gemeinschaft der griechischen Stadt, der Polis. Einigen Dirnen soll es sogar gelungen sein, den ehrbaren Frauen gleichgestellt zu werden und bei großen öffentlichen Gelagen neben den „anständigen" Matronen zu sitzen. Für das Selbstverständnis der Dirne des Altertums und der der Neuzeit war wohl das Bewußtsein wichtig, eine für die Allgemeinheit nicht unwichtige Aufgabe zu erfüllen, wenn sie ihre Dienste anbietet. Daher waren die Bordelle der Griechen auch der Aphrodite Pandemos (der Aphrodite für das ganze Volk) geweiht.

Die moderne Hure steht somit in der besten Tradition der alten Griechen. Die Aphrodite Pandemos lebt am heutigen Strich weiter. Es gibt heute zwar keine Statuen, die an diese Göttin erinnern, aber Lichtreklameschilder wie Herzen oder nackte Frauen verweisen ebenso auf die Bedeutung der Dirnen, deren Aufgabe es ist, Glückseligkeit zu verkaufen.

Vielleicht ist dies auch der Grund, warum im alten Athen Dirnen und Göttinnen sich mit derselben safrangelben Haarfarbe zeigten und dargestellt wurden.

Von beiden erwartete man sich offensichtlich Glückseligkeit. In diesem Sinn schrieben wohl die alten Römer über ihre Bordelle: „Hic habitat felicitas". (Hier wohnt die Glückseligkeit.)

Wie ich es auch bei meinen Forschungen sehen konnte, gibt es nicht die Dirne schlechthin, sondern viele Dirnentypen. Ebenso war es im alten Athen, wo man von drei Hauptarten sprach: den Dicteriaden, den Auletriden und den Hetären. Die Dicteriaden waren die „Sklavinnen der Prostitution", die Auletriden ihre Helferinnen, und die Hetären schließlich standen über allen. Die Dicteriaden boten in den Bordellen Solons ihre freundlichen Dienste an, für die ein bestimmter Geldbetrag durch das Gesetz vorgeschrieben war.

Entrichtete jemand diesen Betrag, so durfte die Dicteriade sich gegen die Liebkosungen des Zahlenden nicht wehren.

Ein freieres Leben führten die Auletriden, die Flötenspielerinnen. Sie nahmen an Festgelagen teil und besuchten daher auch die Wohnungen ihrer Runden. Sie waren also an kein Bordell gebunden und sind mit den heutigen Callgirls vergleichbar.

Einen eleganten Handel mit ihren Liebesdiensten trieben die Hetären. Sie verkauften ihre Gunst jedoch nicht jedem, wie die Dicteriaden, sondern sie achteten genau darauf, wem sie ihre Liebesdienste, für die sie sich gut bezahlen ließen, anboten. Die Hetären waren gebildete Frauen mit gutem Geschmack, was die hervorragendsten Männer Griechenlands häufig bewog, sich ihnen huldvoll zu nähern.

Für die Geschichte der Prostitution – wir machen einen großen Schritt weiter – ist das Mittelalter von einem besonderen Reiz.
Auf uns gekommen sind die alten Lieder der Vaganten („Carmina
Burana"), in denen der Wein, die Liebe und auch die Dirnen eine
große Rolle spielen. Diese Lieder wurden zum großen Teil in Latein, der damaligen Weltsprache, gedichtet.

In einem dieser Lieder, in dem die Dirne zur „Privatdozentin"
wird, heißt es beispielsweise:

Si tu das denario	*Zahlst du nur das Honorar*
Monetae electae	*Ohne falsches Wesen*
Dabitur consilium	*Wird ein Privatissimum*
Salutis perfectae	*Gerne dir gelesen*

In diesen Zeilen wird also anschaulich vorgeführt, daß gegen gutes
Geld Dirnen bereit sind, Studenten eine schöne Abwechslung zu
bieten.

Zu den Vaganten zählte auch der 1431 in Paris geborene und 1452
an der Pariser Universität zum Magister graduierte François Villon.
Er führte ein wildes Leben mit Vaganten und Dirnen. Auch als Zuhälter machte er Karriere. Darüber berichtet er in seinen berühmt
gewordenen Liedern. In einem, in der „Ballade von Villon und seiner dicken Margot", erzählt er über seine Tätigkeit als Zuhälter, die
sich nur wenig von der seiner heutigen Nachfahren unterscheidet.
Es heißt in dieser Ballade auszugsweise:

„Da regen sich die Menschen auf, weil ich
mit einem Mädchen geh, das sich vom Strich
ernährt und meine Wenigkeit dazu.
Ich aber hab die Kleine doch so schrecklich gern,
ich bürste ihr die Kleider, putz auch die Schuh …
Ich bleibe immer vornehm und diskret
und warte, bis die Kundschaft wieder geht,

und zähle schnell die Taler nach,
und wenn es weniger sind,
als der Herr versprach,
dann gibt es leider etwas Wind
in dem Puff, in dem wir beide wohnen …
Dann hat mich die Margot so lieb wie nie
und schnurrt und putzt sich wie ein Katzenvieh …"

Die Funktion des Zuhälters und seine Beziehung zu seiner Dime ist heute ebenso. Es hat sich hierin kaum etwas geändert, gerade darum ist dieses Lied des akademisch gebildeten Vaganten François Villon von einigem Interesse.

Dirnen, Bettler und fahrendes Volk hatten in der mittelalterlichen Ordnung ihren Platz, sie waren zwar nicht sehr geachtet, aber genauso wie es einen „König von Gottes Gnaden" gab, so gab es auch den „Bettler" oder die „Dirne von Gottes Gnaden". Sie gehörten in die Welt des Mittelalters. Es gab sogar Bettler- und Dirnenzünfte, die die Belange dieser Leute regelten.

Neben den Geistlichen und Studenten waren es während des Mittelalters hauptsächlich die Soldaten, die Dirnen benötigten. Der Frauenbedarf der mittelalterlichen Heere übertraf noch den der Klerikerscharen. Dirnen gehörten zum Troß der Heere. Wie diese Frauen lebten, wird trefflich im „Simplicius Simplicissimus" des Freiherrn Christoph von Grimmelshausen geschildert. Das Leben dieser „Troßweiber" gehört zu unserer Kulturgeschichte. In seiner „Mutter Courage" hat Bert Brecht ihnen ein würdiges Denkmal gesetzt. Mit dem aufkommenden Calvinismus und der Vorstellung von der „gottgefälligen Arbeit" änderte sich dann jedoch die Situation für die Dirnen.

Im 17. Jahrhundert erging es daher den Dirnen in Wien schlecht, wenn man sie als solche erkannte oder bei der Ausübung ihres Gewerbes erwischte. Sie wurden oft grausam bestraft.

Diese tugendsame Tradition wird von Maria Theresia (1717–1780) weitergeführt, die daranging, die Dirnen aus Wien in den Banat zu verbannen. Aber dennoch gelang es nicht, die alte Kultur der Prostitution zu vernichten, weder in Wien noch sonstwo.

Die Geschichte der Prostitution ist, vor allem in Wien, eine Geschichte der Verlagerung der Stadtmauer. Die ältesten Berichte von Wiener Dirnen beziehen sich auf die Naglergasse, die einstens identisch mit dem Verlauf der Stadtmauer war. Heute ist es der Wiener Gürtel und die Gegend des Praters, wo Dirnen ihrem Geschäft nachgehen. Im wesentlichen, dies behaupte ich aus gutem Grund, hat sich in der Kultur der Dirnen und ihrer Freunde bis heute nicht viel geändert.

Strategien der Dirne und des Zuhälters – die Kultur der Prostitution

Es ist festzuhalten, daß jenen Theorien, die meinen, zur Dirne müsse man „geboren" werden oder irgendwelche psychischen Faktoren würden die Prostitution bedingen, grundsätzlich zu widersprechen ist. Vielmehr ist es ein spezifisches Milieu, das die Prostitution möglich macht.

Somit erscheint die Prostitution als ein in einer bestimmten Randkultur attraktiver Weg, zu Geld zu kommen.

Nach dem § 5 des österreichischen Prostitutionsgesetzes von 1984 (in Deutschland ist es ähnlich) ist die Ausübung der Prostitution durch minderjährige Personen, also Personen unter 18 Jahren, verboten. Um als Prostituierte erlaubterweise tätig zu sein, ist ein Antrag beim Sicherheitsbüro (Referat GM) zur Ausstellung einer sogenannten Kontrollkarte (des „Deckels") einzubringen. Nach einer gynäkologischen Untersuchung und einer erkennungsdienstlichen Behandlung wird sie ausgestellt. Als Geheimprostituierte gilt somit eine Dirne, die keine Kontrollkarte besitzt, wie etwa die Mädchen am Babystrich. Der Zugang in diese Welt geschieht für Mädchen entweder durch Freundinnen oder durch Freunde, ihre potentiellen Zuhälter.

Besonders interessant für Zuhälter sind jene Mädchen, die aus den Heimen kommen, denn diese sind für die Zuneigung eines Mannes immer dankbar. Ein Zuhälter erzählte dazu: „Günstig ist es, wenn die sozialen Verhältnisse schlecht sind … es darf ihr niemand als ich ins Ohr reden. Sie darf nur auf mich hören, es müssen möglichst wenig Stimmen in ihrem Ohr sein … Du darfst ihr nicht sagen: du gehst nun ewig in die Hackn, das wäre ein Blödsinn. Du mußt ihr sagen: mir ist es sehr unangenehm, aber ich bin da in Problemen. Wenn du ein oder zwei Jahre in die Hackn (Strich) gehst, können wir uns allerhand ersparen. Mit dem Geld kaufen wir uns dann ein Häuschen am Land und leben in ewigem Frieden …"

Der Zuhälter versucht also, ein psychisches und sexuelles Nahverhältnis aufzubauen, um das Mädchen dazu zu bringen, für ihn auf den Strich zu gehen. Drogen u. a. Mittel mögen den Entschluß der künftigen Dirne, dies zu tun, erleichtern. Jedenfalls erscheint für die Dirne der Strich als eine wichtige Chance, für sich und ihren Freund – der auch als Verwalter des Geldes auftritt – zu Geld zu kommen und halbwegs anständig zu leben.

Allerdings bedeutet der Zuhälter für die junge Dirne auch einige Belastung. Ein solches Mädchen, das mit ihrem Zuhälter in einem Hotel wohnt, meinte: „Die Miete für das Zimmer ist nächste Woche fällig. Mein Alter (Zuhälter) hat schon gedroht, wenn ich heute nichts mache, sitzen wir auf der Straße und kriege ich eine in die Goschen. Ich muß etwas verdienen, sonst bekomme ich Wickel."

Es gibt aber auch Frauen am Strich, die durch Freundinnen dazu verleitet werden, sich zu prostituieren. Hier ist es das Geld, das vorrangig lockt. Allerdings muß sie damit rechnen, von einem Zuhälter überredet zu werden, für ihn zu „arbeiten".

Die „große Aufgabe" des Zuhälters liegt nun darin, der Dirne das zu verschaffen, was sie sonst vermißt: nämlich Zärtlichkeit und Zuneigung. Dazu meinte eine Prostituierte:

„Für den Kunden ist man nur eine Matratze. Kommt man jetzt heim in die vier Wände und wartet dort niemand auf einen, so fangen viele zum Saufen an. Das habe ich getan. Wenn ich einen Alten habe, dann habe ich das gehabt, was ich haben wollte. Ob das das Bett war oder etwas anderes … Auch wenn der Depperte nur die Hände aufhält. Für jedes Busserl zahlst du. Wenn er dich pudert, so zahlst du …" Der Zuhälter wird somit zur „Hur der Hur", der sich also dafür zahlen läßt, daß er der Dirne seine Zuneigung schenkt.

Der Kunde ist für die Dirne als Sexualpartner uninteressant, zu ihm versucht sie eine soziale Distanz aufzubauen. Sie will nicht als jemand gesehen werden, der sich wie ein Stück Fleisch verkauft. Die Dirne definiert sich also als jemand, der Sexualität verkauft, aber auch als eine Art Seelentrösterin, denn nicht wenige Kunden (vor allem Stammkunden) suchen den freundlichen Zuspruch, für den sie auch gerne zahlen. Keineswegs wird der Kunde als Lustobjekt begriffen. Dies stellt auch eine Dirne klar: „Wenn man eine richtige Hure ist, so muß das Geld stimmen. Der Kunde ist das Objekt, von dem ich etwas will, nämlich Geld. Was der Kunde sexuell macht, nimmt man nicht ernst. Hauptsache, man hat das Geld. „Die Dirne sieht sich daher nicht als Gegenstand, der verkauft wird. Die Distanz zum Kunden drückt sich symbolisch darin aus, daß sie sich nicht auf den Mund küssen läßt. Sprachlich deutet die Bezeichnung für Kunde im Kreis der Wiener Dirnen und Zuhälter – nämlich „Gogl" – darauf hin, daß man sich über den Kunden belustigt; dies entspricht dem Selbstverständnis der Dirne.

Im Kreis des braven Bürgers ist es die Frau, die den Mann durch Schmuck, Nichtstun usw. präsentiert. In der Welt der Prostitution jedoch ist es der Zuhälter, der zum Präsentationsobjekt der Dirne wird. Er ist es, der Schmuck trägt und durch eine teure sowie feine Kleidung dokumentiert, daß seine Dirne finanziell potent ist. Dies ist ganz im Sinn der Dirne. Eine Frau erzählte: „Wenn mein Alter wie ein Speckknödel daherkommt, so glaubt man am Gürtel gleich, ich verdiene nichts." Für das Selbstverständnis der Dirne ist schließlich das Bewußtsein wichtig, eine für die Allgemeinheit nicht unwichtige Aufgabe zu erfüllen, wenn sie ihre Dienste anbietet.

Sie steht damit in der Tradition der alten Griechen, die ihre Bordelle der Aphrodite Pandemos (s. o.) geweiht haben. Diese Göttin war keineswegs friedfertig und geduldig. Viel eher war sie ein Heißsporn und eine Aufrührerin. Vor dem berühmten Tempel der Pandemos in Elis stand deshalb eine vom Bildhauer Skopas geschaffene Statue, die einen Ziegenbock mit goldenen Hörnern, auf dem die Aphrodite triumphierend sitzt, zeigte: die Göttin der Liebe als Siegerin über sexuelle Begierde.

Die Aphrodite Pandemos verweist so auf die Bedeutung der Dirnen, die ihre Ware, nämlich Sexualität, verkaufen.

Die erfahrene Hure kennt die Männer mit ihren Problemen besser als andere Leute, in gewisser Weise ist sie jedem Psychiater überlegen. Die Kunst der gescheiten Dirne ist es demnach, im Kunden das Gefühl zu erzeugen, daß sie nicht bloß gegen Geld Sexualität liefert, sondern auch Sympathie und Zuspruch. Dies machte die Stärke der klassischen Hure aus, der Hetäre.

So erzählte mir eine Dirne: „Ich habe einen gehabt, der ist mit mir zwei Stunden im Auto spazierengefahren und hat mir 2000 Schilling gezahlt und mir seine Probleme erzählt. Der ist jede zweite Woche gekommen. Ich habe ihm aufmerksam zugehört. Der ist froh, wenn er sich ausreden kann.“ Und eine andere Dirne führte aus: „Einer trifft ein Madl und lebt mit ihr zusammen. Dann kommt er darauf, daß sie überhaupt nicht zusammenpassen. Und dann kommen die Folgen. So leben viele. Der heutige Mann kennt sich mit der Frau nicht mehr aus ... Und dann sind es die Frauen, die bestimmen, was zu geschehen hat ... Die totale Frustration ist das für manche ... Nach außen führen sie eine gute Ehe ... Für mich ist es wesentlich, daß die Männer bei mir eine Freude haben und sich entspannen ... Wenn bei den Männern etwas nicht hinhaut, zum Beispiel im Sexuellen, dann sind sie unausgeglichen, dann gehen sie zu einer guten Hur'. Ich kann mir vorstellen, daß die Frau sich ärgert, wenn er bereits beim Gummihinaufgeben spritzt.“

Diese Dirne kennt ihren Wert als Frau, von der der Kunde,

überhaupt der sogenannte „Stammkunde", sich eine freudvolle Behandlung erhofft. Dazu erzählte eine Dirne: „Die Stammkunden kommen immer wieder. Sie sind auf mich erpicht. Sie suchen mich schon, wenn ich einmal nicht auf meinem Platz steh' ... Einer sagte sogar zu mir: ,Ich träume schon von dir!'"

Es ist also nicht bloß Sexualität, welche hier erkauft wird, aber stets ist es das Geld, durch welches die Dirne symbolisch die Distanz zu ihrem Kunden ausdrückt. Sie verkauft nicht sich, sie will ihre Würde behalten, und deutet dies dem Kunden auch an. Dies gehört zu ihrem Geschäft, sie läßt sich vom Kunden bezahlen und weiß, daß er sie braucht.

Und eben weil die Dirne bereit ist, Männern beizustehen, auch wenn es ihr Überwindung kostet, erscheint sie für achtenswert. Typisch für diese Randkultur ist eine spezifische Sprache, die eng mit dem Rotwelsch, der alten Gaunersprache, verbunden ist. Die Wörter dieser Sprache, von denen hier einige zu nennen sind, deuten darauf hin, daß eine alte Kultur mit Dirnen und ihren Zuhältern verbunden ist:

Anschlagen: Nennen des Preises durch die Dirne

Blåsban: fellationierende Dirne

Burenhäutlstrizzi: mieser Zuhälter

Deckel, Büchl, Fleppe: Gesundheitskarte der Dirne

Geheime: Geheimprostituierte

Gogl: abfällige Bezeichnung für den Kunden der Dirne

Goustierkatz: Dirne, die auf der Suche nach einem Freund (Zuhälter) ist.

Herrn, Gast: noble Bezeichnung des Kunden, z. B. bei der Polizei

Hacknbock: hochhackige Schuhe der Dirne

Koberer: Wirt

Koberin: Puffmutter

Scheißban: Schimpfwort für Dirne

Strizzi: Zuhälter

Virginia: Klitoris

Das Öffnen der Grenzen

Das Öffnen der Grenzen im Jahre 1989 bewirkte am Strich in Wien, ähnlich wie in Berlin und in anderen Städten, einen Wandel, den ich hier in wesentlichen Zügen schildern will.

Junge Mädchen aus Tschechien, der Slowakei, Ungarn, Polen, Rußland, der Ukraine und anderen Ostländern strömten nach Wien. Sie waren bereit, für weniger Geld als ihre österreichischen Kolleginnen ihrem Geschäft nachzugehen, und wurden daher zum Problem bezüglich der Preisgestaltung.

Manche dieser Frauen richteten es sehr geschickt so ein, daß sie von einem grenznahen Ort, wie Preßburg, bloß über Nacht nach Wien fuhren, um sich als sogenannte Bardamen zu verdingen. Österreichischen Bordellbesitzern kamen diese Aktivitäten sehr entgegen, da die aus Preßburg oder Ödenburg angereisten Damen mit relativ wenig Geld für Wiener Verhältnisse zufrieden waren. Aber für die Verhältnisse im Osten war das in einer Nacht verdiente Honorar ungemein hoch, so hoch, daß damit eine ganze Familie bequem zwei Wochen leben konnte. Es hatte sich in den Ländern des Ostens herumgesprochen, daß Mädchen im Westen auf leichte Weise zu gutem Geld kommen können. Sie kamen aus allen Schichten, sogar Gymnasiastinnen aus Tschechien, ehemalige Klosterschülerinnen aus Polen und Studentinnen aus der Ukraine – mit solchen sprach ich – fanden Wege auf den Strich in Wien und in die Bars am Wiener Gürtel. Allerdings mögen diese Wege nicht immer im Sinne der Mädchen gewesen sein, die vielleicht gerechnet hatten, als Fotomodelle oder Tänzerinnen in Wien eingestellt zu werden. Nach Polizeiberichten, wie sie mir zukamen, sollen Mädchen aus dem Osten von mafiosen Gruppen, in denen wohl auch Österreicher mitmischten, unter falschen Vorspiegelungen nach Wien gebracht worden sein. So hieß es in der vom Bundesministerium für Inneres herausgegebenen Zeitschrift „Öffentliche Sicherheit": „Svetlana, ein 19jähriges Mädchen aus Lvov in der Ukraine, wurde im Dezember 1992 von einem Mann angeworben. Sie könne in Österreich als Tänzerin oder Fotomodell arbeiten. Dafür würde sie rund 2000 US-Dollar monatlich bekommen. Mit dem Zug fuhr sie nach Sofia. Dort traf sie einen Bulgaren, der ihr einen gefälschten Reisepaß besorgte. Svetlana erklärte dem Mann, daß sie kein Geld habe. Das sei kein Problem, wurde ihr erklärt, die Reisekosten würde schon jemand für sie begleichen. Der Mann fuhr mit ihr nach Bukarest, von dort ging die Reise nach Bratislava. Am Bahnhof der slowakischen Hauptstadt wartete bereits ‚Binjo‘, ein in Österreich lebender Bulgare, der Svetlana mit dem Auto nach Wien brachte. In einer Wohnung im 16. Bezirk traf Svetlana auf zwei weitere Mädchen aus der Ukraine. ‚Binjo‘ teilte ihr mit, daß sie als Animiermädchen in einer Bar am Gürtel arbeiten müsse. Als Svetlana entrüstet ablehnte, erwiderte ‚Binjo‘ ihr, er habe sie ‚gekauft‘, und sie müsse wegen der ‚Transportkosten‘ mindestens drei Monate für ihn auf den Strich gehen.

Svetlana und ihre Landsmänninnen wurden in eine Bar am Neubaugürtel gebracht, wo sie im Séparée mit Männern schlafen mußten. Den Verdienst mußten sie zur Gänze an einen ‚Cherry‘ oder an einen ‚Sahib‘ abliefern, die das Geld an ‚Binjo‘ weitergaben. ‚Binjo‘ und sein Kumpane, ein Türke mit dem Spitznamen ‚der Geier‘, verhielten sich besonders brutal. Fast täglich wurden die Ukrainerinnen grundlos geschlagen. Sie erhielten nur so viel Geld, wie sie für den Kauf von Nahrungsmitteln benötigten …“ (Öffentliche Sicherheit, Oktober 1995, S. 4).

Kriminalbeamte der Fremdenpolizei kamen dem Mädchenhändlerring auf die Spur. Die vier Männer wurden vorläufig festgenommen, und die Mädchen mußten, nachdem sie ausgesagt hatten, Österreich wieder verlassen. Bei den Einvernahmen erfuhren die Beamten von einer bulgarischen Verbrecherorganisation, mit der die vier Wiener zusammengearbeitet haben. Mehrere hundert Mädchen sollen so nach Österreich geschleppt worden sein. Kopf dieser Mädchenhändlerbande war ein gewisser „Boreza“ (der

Ringer). Über diese Organisation kamen Mädchen aus dem Osten nach Wien. Und ein anderer Mädchenhändlerring schleppte junge Kroatinnen und Bosnierinnen nach Österreich. Die Öffnung der Grenzen brachte also den Strich in Wien auf eine sehr unangenehme Weise, die die Polizei bedauert, in Bewegung. Alte Strategien und alte Strukturen wurden in Frage gestellt. Zu früheren Zeiten bestand ein durchaus guter Kontakt zwischen Polizei und den Menschen am Strich, ein Kontakt, an dem beide Seiten interessiert waren.

Die Polizei war zufrieden, wenn die Zuhälter ihre Angelegenheiten und die Platzfrage alleine und in Ruhe regelten und ab und zu Informationen aus der Verbrecherszene weitergaben. Die Zuhälter waren zufrieden, wenn die Polizei sich nicht einmischte.

Die Situation ist jetzt jedoch eine andere geworden. In der Zusammensetzung der am Strich Agierenden hat sich einiges geändert. Mafiosi aus dem Süden und Osten Europas versuchen, auf den Strichen in Österreich und Deutschland Fuß zu fassen, und Mädchen aus den Ländern hinter dem ehemaligen Eisernen Vorhang landen auf der Suche nach dem Glück in den Séparées und in den Bordellen des Westens.

Die Ehre der Dirne

Für die Dirne, die ihre Würde behalten will, ist es typisch, daß sie eine Distanz zum Kunden demonstriert, sie es also nicht zuläßt, daß sie bloß als Ware gesehen wird. Für eine „richtige Hur'" ist der Kunde kein Objekt der Sexualität. Von ihm erhält sie Geld, und damit wird der Sexualakt zu einem Geschäft. „Privat und Geschäft" muß voneinander getrennt werden. Hierin liegt die Ehre der Dirne. Dies ist wohl auch im Sinne des Zuhälters. Sie baut also eine innere Distanz zum Kunden auf. Die „echte" Dirne zeigt Souveränität gegenüber dem Kunden. Das ist ihre Ehre.

Ergebnis

1. Die Randkultur der Prostitution baut auf alten Traditionen auf, wie es unter anderem die Dirnen- und Zuhältersprache andeutet. Der Zugang in diese Kultur erfolgt durch meist persönliche Kontakte der Beteiligten in diese Welt. Aufenthalte in Gefängnissen oder Heimkarrieren fördern das Interesse, auf dem „Strich" zu gutem Geld zu kommen. Es sind also Menschen aus spezifischen sozialen Schichten, die eng mit der klassischen Ganovenkultur verknüpft sind, die im Geschäft mit der Prostitution eine wichtige Einnahmequelle sehen.

2. Um ein einigermaßen zufriedenes Selbstverständnis zu erwerben, ist es für die Dirne wichtig, eine noble Distanz zum Kunden herzustellen. Sie will nicht zu einem bloßen Objekt der Sexualität werden. Symbolisch drückt sich dies unter anderem dadurch aus, daß sie es grundsätzlich nicht zuläßt, daß der Kunde sie auf den Mund küßt. Diese Form von Intimität hilft ihr, sich selbst ernst zu nehmen. In diesem Sinn ist es auch zu verstehen, daß der Kunde im Gespräch unter Dirnen als „Gogl" bezeichnet wird. Dieser degradierende Ausdruck verhilft ebenso dazu, eine Distanz zum Kunden herzustellen.

3. Die Randkultur der Prostitution ist voll von Symbolen, zu denen auch eine charakteristische Kleidung gehört, und Ritualen, wie die Distanzierung zum Kunden, die es möglich machen, daß die Menschen in diesem gesellschaftlich verpönten „Gewerbe" einigermaßen anständig überleben können. Der Zuhälter wird hier zum Aushängeschild der Dirne, er repräsentiert ihre Tüchtigkeit auf dem Strich.

Das Wort „Rotwelsch" –
Sein Geheimnis und sein Zauber

Wie schon mehrmals angedeutet, ist das Wort „Rotwelsch" die Bezeichnung für die Gaunersprache schlechthin. Der älteste Beleg für dieses Wort findet sich in einem Passional, einem liturgischen heiligen Buch aus dem Jahre 1250, in welchem unter „Rotwelsch" ganz allgemein geheime arglistige Wörter verstanden werden. Die Verwendung dieses Wortes dürfte jedoch um vieles älter sein .

Das Wort „rot" hat eine interessante Geschichte. Im Wörterbuch der Brüder Grimm ist zu lesen, daß „rot" ein gemeingermanisches Wort ist. Als Farbe wohnt dem Rot eine tiefe Symbolik inne, so ist Rot die Farbe des Blutes und es wurde auch zu einer der Farben der Revolutionen, etwa der von 1848.

Rot hat etwas mit Umstürzlertum, aber auch mit Geheimnis zu tun. Im Mittelalter sah man in roten Haaren und im roten Bart Zeichen der Falschheit. Daher ist „rot" auch im Sinne von „betrügerisch" zu verstehen. Verwandt ist „rot" wahrscheinlich mit dem Wort „Rotte", womit – wieder nach Grimm – eine Gruppe bzw. Bande von wilden, aber auch von armen, „bösgesinnten" und „verbrecherischen" Leuten verstanden werden kann, die als Landstreicher, Zigeuner oder Räuber herumziehen (Grimm, Bd. 14, S. 1318).

Interessant ist auch, daß im sogenannten „Liber Vagatorum", dem aus der Zeit des 16. Jahrhunderts stammenden Buch der Vaganten, auf das noch einzugehen sein wird, das Wort „Rotboß" für Bettlerherberge genannt wird. Demnach wird „rot" mit Bettlern, also mit fahrendem Volk, gleichgesetzt. Für Bettler findet sich im „Liber Vagatorum" von 1510 das Wort „rottun". Ähnlich gehören wahrscheinlich auch die Wörter „rottig" für dreckig und „rotzeck" – wörtlich „dreckiger Sack" – für „Arschloch" und „Scheißkerl", wie sie im alten Niederländischen und speziell im Flämischen vorkamen, hierher. Mit derartigen Worten beschimpften die Flamen die Wallonen. Das Wort „rot" stammt demnach möglicherweise aus dem Niederländischen, von wo es, wie es Rosemarie Lühr behauptet, nach Oberdeutschland – vielleicht durch Bettler und Landstreicher selbst – gelangt sein mag. Im Wort „Rotwelsch" gesellt sich der Terminus „rot" zum Wort „welsch", das soviel wie „anders reden" bedeutet.

„Rotwelsch" läßt sich also als „betrügerische Sprache" oder als „Sprache des fahrenden Volkes", zu dem Bettler genauso gehörten wie Dirnen, Handwerksburschen und Ganoven, übersetzen.

Übrigens ist mit dem Wort „Rotwelsch" der Begriff „Kauderwelsch" verwandt, der sich allerdings auf die für die Niederländer unverständliche italienische Händlersprache bezog.

Das Wort „Rotwelsch" hat also vielschichtige Wurzeln vorzuweisen, die in das Mittelhochdeusche und das alte Niederländische zurückreichen und auf eine alte Kultur der Bettler und Vagabunden hinweisen, die im „rotboß", der Bettlerherberge, auf andere „rottuns" trafen, die allesamt wohl vom guten Bürger als „rottig" – schmutzig – gesehen wurden. Es gibt noch eine andere Erklärung für „Rot", die von Salcia Landmann stammt. Sie meint, „Rot" beziehe sich auf die Sitte der Bettler, sich mit blutähnlicher Farbe zu beschmieren, um Aussatzwunden vorzutäuschen. Diese Erklärung erscheint mir allerdings als wenig einleuchtend.

Typisch für das Rotwelsch im deutschen Sprachraum ist, daß es sich von der Sprache der „guten Bürger" deutlich abhebt. Es besteht, wie schon angezeigt, neben jiddischen aus mittelhochdeutschen Wörtern, aus Wörtern der Sprache der Zigeuner, die ab dem 15. Jahrhundert durch Europa zogen, aus Wörtern der Nachbarsprachen, wie dem Französischen, Italienischen und Slawischen, und aus zahlreichen Wörtern der Umgangssprachen, also der verschiedenen deutschen Dialekte.

Dazu kommen noch Wortbildungen, mit denen bestimmte Dinge oder ein bestimmtes Tun in witziger und oft auch poetischer Weise umschrieben werden, wie zum Beispiel „Schmuck" oder

„Achter" für Handschellen oder „Trittling" für Schuhe. Dieser typische Sprachwitz soll wohl über die zahlreichen Alltagsprobleme hinweghelfen.

In diesem Sinn bezeichnen Wiener Sandler das Abbruchhaus, in dem sie nächtigen, als „Hotel Abbruch", wodurch sie sich geradezu heiter über ihre oft jammervolle Situation hinwegsetzen. In derselben Weise begegnen sie den Erniedrigungen, denen sie täglich ausgesetzt sind.

Die französischen Wörter im Rotwelsch stammen wahrscheinlich aus der Zeit der Napoleonischen Kriege, als Franzosenheere Deutschland und Österreich durchstreiften. Ein solches aus dem Französischen herleitbares Wort ist das in der Wiener Gaunersprache heute noch vorkommende „Masen" für Wohnung oder Haus. Das französische „maison" ist hier erkennbar. Auch Wörter aus der Studenten- und Soldatensprache sind wohl in Zeiten, als die Landstraßen in Europa sich mit Vaganten aller Art füllten, in das Rotwelsch übergegangen. Zu diesen Vaganten zählten arbeitslose Magistri, verbummelte Studenten, entflohene Soldaten – vor allem in der Zeit des Dreißigjährigen Krieges –, Spielleute und Gaukler. Sie alle trugen das Ihre zum Rotwelsch der Gauner und Räuberbanden bei.

Das Rotwelsch ist demnach eine bunte, lebendige und auch sehr heitere Sprache. Und weil es sich um eine lebende Sprache handelt, die nicht wie das Hochdeutsche schriftlich fixiert ist und keine besonderen starren Regeln kennt, ist sie beständig im Fluß.

Typen der Bettler und Ganoven – ihre Tricks

Um zu überleben, entwickelten die Fahrenden spezielle Tricks der Bettelei, die teilweise bis in die Antike zurückzugehen scheinen. Gewisse Tricks werden bis in unsere Tage weitergetragen. Heute sind es vor allem Leute aus den früheren Oststaaten, die sich nach dem Aufbrechen der Grenzen von 1989 in den Ländern des Wohlstandes oft sehr intensiv der Bettelei widmen.

In den alten Büchern über Gauner und Bettler finden sich nicht nur Vokabulare des Rotwelsch, sondern auch Typologien des Bettelns und der Bettler, darunter auch in dem berühmten „Liber Vagatorum". Dieses Buch der Vaganten gibt einen guten Einblick in die Schlauheit der Bettler und in die Vielzahl ihrer Tricks, die sogar dem ernsthaftesten Wissenschafter ein Lächeln abringen. Es besteht aus drei Teilen:

Der erste Teil des „Liber Vagatorum" erzählt von den „Nahrungen", der Art des Broterwerbs der Bettler und Ganoven, und kommt auf 28; der zweite Teil bezieht sich auf allerlei betrügerische Vorkommnisse, und im dritten Teil finden wir schließlich ein Vokabular der Gaunersprache. Für uns ist in diesem Zusammenhang vor allem der erste Teil wichtig. In meinen folgenden Ausführungen orientiere ich mich an der neuhochdeutschen Übersetzung des in Mittelhochdeutsch verfaßten „Liber Vagatorum", wie sie in dem Buch von Boehnke und Johannsmeier (Das Buch der Vaganten, 1987) wiedergegeben ist.

Als erster Bettlertyp werden die *„Bregern"* angeführt. Hier handelt es sich um die klassischen Bettler, die bescheiden auftreten und für Gottes Lohn um ein Almosen bitten. Ihnen ist das Betteln unangenehm, und sie zeigen sich sogar bereit zu arbeiten. Nach dem „Liber Vagatorum" könne man diesen Bettlern beruhigt etwas geben. Im zweiten Kapitel kommen die *„Stabüler"* dran, das sind jene Bettler, die mit Frau und Kind über Land ziehen. Ihr Mantel, der „Windfang", ist „gefetzt", aus vielen Stücken gearbeitet. Sie betteln bei den Bauern, den „Hutzen", die ihnen „Lehem dippen", Brot geben. Sie führen Löffel, Flaschen und allerlei Hausrat mit sich. Seit Kindheit betteln sie. Der Bettelstab ist ihnen in ihren „Grifflingen", den Händen, warm geworden. Sie mögen und können nicht arbeiten. Aus ihren Kindern werden „Glyden" und „Glydesfetzer", Huren und Zuhälter, „Zwickmann" und „Kaveller", Henker und Schinder. Wo sie hinkommen, betteln sie um Gottes, St. Veits oder St. Kyrius willen. Wenn man will, soll man ihnen etwas geben, sie sind halb böse und halb gut; nicht alle sind böse, aber der größte Teil.

Irgendwie erinnern diese Bettler an heutige Sandler oder Pennbrüder, die bei Klöstern um die Klostersuppe betteln und zu diesem Behufe Teller und Löffel mit sich führen. Ich kannte einen Sandler, der sogar Gewürze bei sich trug, um der Klostersuppe einen besonderen Geschmack zu geben.

Das dritte Kapitel behandelt die *„Loßner"*. Sie sind Bettler, die erzählen, sie seien viele Jahre in Ketten gewesen; manche tragen sogar die Ketten mit sich, in denen sie gefangen waren. Sie erzählen, sie seien auf Galeeren oder in einem Turm unschuldig angeschmiedet gewesen. Und im Henkershaus, dem „Dellingerboß", hätten sie bei einem Heiligen geschworen und ihm ein Pfund Wachs, ein silbernes Kreuz und ein Meßgewand versprochen. Dieses Gelübde habe ihnen geholfen, die Ketten seien aufgegangen, und sie seien unversehrt von dannen gegangen. Wahrscheinlich haben sie sich die Ketten besorgt oder „fetzen" anfertigen lassen. Oder sie vielleicht „gejenft", geklaut, in „Diftel", in einer Kirche von St. Leonhardt. Diesen Bettlern soll nichts gegeben werden, denn sie gehen mit „Foppen", Lügen, und „Färben", Betrügen, umher, und unter tausend sagt nicht einer die Wahrheit. Ähnlich versuchen heute Bettler auf öffentlichen Plätzen durch Tafeln Mitleid zu erregen, auf denen zu lesen ist, sie seien eben aus der Haft entlassen worden oder ähnliches.

Das vierte Kapitel widmet sich den *„Klenckern"*. Hier handelt es sich um Bettler, die an kirchlichen Festtagen, wie zum Beispiel am

Tag der Kirchweihe, vor den Kirchen sitzen. Ihr Aussehen ist erbarmungswürdig. Ihre Schenkel sind „zerbrochen", oder ihnen fehlen überhaupt die Füße oder gar die Hände. Manche haben Ketten bei sich liegen und erzählen, sie seien unschuldig gefangen gewesen. Für gewöhnlich haben sie eine Figur eines Heiligen bei sich stehen, in dessen Namen sie mit klagender Stimme betteln. Jedes dritte Wort ist „gefoppt", gelogen. Dadurch werden die Menschen „besefelt", beschissen. Manche erzählen, ihre Hand sei im Krieg wegen des Spiels um der „Metzen", der Huren, willen abgehauen worden. Andere verbinden einen Schenkel oder einen Arm und gehen auf Krücken. Dabei haben sie kein Gebrechen. An dieser Stelle wird auch eine Geschichte von einem Pfarrherrn eingeflochten, zu dem ein solcher „Klencker" mit Krücken kam. Die Muhme des Pfarrers brachte ihm bloß ein Stück Brot, mit dem der Bettler jedoch nicht zufrieden war, er wollte mehr. Die Frau antwortete ihm: „Ich habe nichts anderes!" Darauf begann der Bettler zu schimpfen: „Du Pfaffenhure, willst du den Pfaffen reich machen?" Dann stieß er noch ein paar Verwünschungen aus. Sie weinte, ging zum Pfarrer in die Stube und erzählte ihm von den Beschimpfungen des Bettlers. Der Pfarrer lief aus dem Haus zu dem Bettler, der ließ nun seine Krücken liegen und lief derart schnell weg, daß ihn der Pfarrer nicht einholen konnte. Solche Bettler sind die „allergrößten Gotteslästerer, die man finden kann", sie haben auch die allerschönsten „Glyden", Huren, bei sich. Man soll ihnen möglichst wenig geben, sie sind nur „Besefler der Hutzen", die Bescheißer der Bauern und aller anderen Menschen.

Das fünfte Kapitel ist den „*Debissern*" oder „*Dopfern*" gewidmet. Hier handelt es sich um Bettler, die von Haus zu Haus gehen und die „Hutzen" und die „Hützin" „bestreichen", den Bauern und die Bäuerin „reinlegen". Sie erzählen, sie kämen von einer Kapelle Unserer lieben Frau, wo sie Brüder seien; da die Kapelle arm ist, bitten sie um Flachsgarn für ein Altartuch – tatsächlich verwenden sie es für ein neues Kleid ihrer Hure – oder um Bruchsilber zu ei-

nem Kelch – tatsächlich „verschochern" und „verjonen", versaufen
und verspielen, sie dieses – oder um Handtücher, mit denen sich
die Priester die Hände trocknen können – tatsächlich verkaufen sie
diese. Auch gibt es „Debisser", die mit Brief und Siegel bei einer
verfallenen Kirche betteln oder vorgeben, an einer neuen Kirche zu
bauen. Für das Gotteshaus würden sie Geld sammeln. All diesen
„Debissern" sollte man nichts geben, denn diese belügen und betrügen. Es gibt aber auch fromme Leute, die von einer Kirche in
der Nähe kommen und betteln. Diesen ist nach Bedarf zu geben,
„was man will und mag". Diese „Debisser" erinnern an jene heutigen Spezialisten, die Bettelbriefe verschicken, um angeblich für eine
gute Sache, oft auch für die Renovierung oder Erbauung einer Kirche, Geld zu erschwindeln.

Die nächsten sind die *„Kammesierer";* das sind Bettler, die als
junge Scholaren und junge Studenten ihren Eltern oder ihrem Meister davongelaufen sind. Sie kamen in schlechte Gesellschaft, die „in
der Wanderschaft gelehrt ist". Diese hilft ihnen, das Ihre zu „verjonen, versencken, verkimmern und verschochern" – zu verspielen,
versetzen, verkaufen und versaufen. Und wenn diese Studenten
und Scholaren nichts mehr haben, dann lernen sie das Betteln oder
„Kammesieren", nämlich das gelehrte Betteln. Sie lernen, die „Hutzen besefeln", die Bauern „bescheißen". Sie erzählen, sie kämen aus
Rom und wollten Priester werden. Tatsächlich kommen sie jedoch
aus dem „Sonnenboß", dem Hurenhaus, und werden am „Doll-
mann", am Galgen, enden. Der eine nennt sich Acolitus, der andere
Epistier, der dritte Evangeliar und der vierte einen „Galch", einen
Pfaffen. Man sei in großen Nöten und bitte die frommen Leute um
ein Almosen. Einige schneiden sich, um glaubwürdig zu erscheinen,
sogar Tonsuren und geben sich als Priester aus, obwohl sie es gar
nicht sind. Diesen Kammesierern solle man nichts geben, je weniger
man ihnen gibt, um so besser, denn dann lassen sie vom Betteln ab.

Im siebenten Kapitel sind die *„Vagierer"* an der Reihe. Das sind
Bettler oder Abenteurer, die „gelbes Garn" tragen und aus „Frau

Venus' Berg kommen" und die die „Schwarze Kunst verstehen". Sie werden „Fahrend Schüler" genannt. Wenn dieselben in ein Haus kommen, behaupten sie folgendes: Hier kommt ein „Fahrend Schüler" der Sieben Freien Künste, ein Meister – die „Hutzen" zu „besefeln" (die Bauern zu „bescheißen") –, einer, der die Teufel beschwört bei Hagel, Gewitter und anderen Ungeheuern. Danach sagt er etliche „Charaktere", Zaubersprüche, auf, macht zwei oder drei Kreuze und spricht: „Wo diese Worte werden gesprochen / da wird niemand mehr erstochen / es geht auch niemand im Unglück zuschand / nicht hier und nicht im ganzen Land."

Die Bauern sind froh, daß der Mann gekommen ist, weil sie noch nie einen „Fahrend Schüler" gesehen haben, sie erzählen von ihren Schwierigkeiten und fragen, ob er ihnen helfen könne. Sie würden ihm dafür ein oder zwei Gulden geben. Er, der „Fahrend Schüler", sagt ja und „beseifelt", „bescheißt" so den „Hutzen" ums „Meß", den Bauern ums Geld. Die Bauern glauben, diese Vagierer können den Teufel beschwören. „Vor diesen Vagierern hüte dich, denn womit sie auch umgehen, es ist alles erlogen."

Irgendwie erinnern diese Leute an gewitzte Versicherungsvertreter, die ebenso vorgeben, die Menschen vor Unheil bewahren zu können.

Im achten Kapitel werden die „*Grantner*" beschrieben. Diese erzählen im „Hutzen Boß", Bauernhaus, den Bauern, sie wären mit den „fallenden Siechtagen", der Fallsucht von Sankt Valentin, belegt und schwören, sie hätten, um gesund zu werden, sechs Pfund Wachs, ein Altartuch und einen Silberling als Opfer versprochen. Dafür würden sie bei frommen Leuten sammeln. Sie bitten um Flachs oder Garn für das Altartuch. Gott und der liebe Heilige behüte für die Gabe den Bauern vor Plagen und Siechtagen.

Es gibt auch welche, die sich vor den Kirchen zu Boden werfen. Diese nehmen ein Stück Seife in den Mund, so daß der Schaum faustdick herauskommt. Andere stechen sich einen Halm in die Nasenlöcher, so daß sie bluten und es den Eindruck mache, als ob sie die Siechtage hätten. Dazu erzählt der Bettler, er habe St. Veltlin drei Pfund Wachs und eine gesungene Messe versprochen, und daher müsse er um Unterstützung bei frommen Leuten bitten. Das Erbettelte wird dann „verjont" und „verschochert", verspielt und versoffen, und „verbölts", verhurt. Manche haben sogar „Bsaffot", (gefälschten) Brief und Siegel, dabei, um zu zeigen, daß alles wahr ist.

Wer von den Grantnern schlicht und einfach um Gottes willen bettelt, dem sollst du geben, denn mancher Mensch ist „wirklich beschwert mit den schweren Siechtagen der Heiligen". Aber jene Grantner, die viele Worte gebrauchen und von großen Wunderzeichen sprechen, treiben diese Bettelei schon lange. Ihre Geschichten sind falsch, vor ihnen hüte dich und gib ihnen nichts.

Im neunten Kapitel werden die *„Dützner"* beschrieben. Sie sind Bettler, die erzählen, sie seien lange krank gewesen und hätten darum einem Heiligen eine schwere Pilgerfahrt versprochen. Für diese brauchten sie jeden Tag drei Almosen. Daher müßten sie von Haus zu Haus gehen, um fromme Menschen zu finden, die ihnen „drei ganze Almosen" geben. Ein „ganzer Almosen" ist ein „Blaphart", ein Groschen, von diesem brauche der Dützner, so sagt er, drei, damit seine Pilgerfahrt auch etwas nütze. Besonders die Frauen geben eher zwei „Blaphart", um nicht als unfromm zu gelten. Auf diese Weise kommen die Dützner auf bis zu hundert Groschen. Was sie erzählen, ist alles „gefoppt", erlogen. Man sagt auch „dützen", wenn ein Bettler vorgibt, für seine vielen kleinen Kinder einen Löffel Butter zu brauchen, um eine Suppe für sie zubereiten zu können, oder ähnliches. Jenen Dütznern soll nichts gegeben werden, die behaupten, sie hätten gelobt, am Tag nicht mehr als drei ganze Almosen zu sammeln. Die anderen sind halb „hund", halb „lötsch", halb gut, halb böse. Der größere Teil ist aber böse.

Das zehnte Kapitel behandelt die *„Schlepper"*. Sie sind Kammesierer, die sich für Priester ausgeben. Sie gehen in Begleitung von einem Schüler, der einen Sack nachträgt, in die Häuser und erzählen, sie wären aus dem oder dem Ort und würden von einem bekannten Geschlecht abstammen. Sie wären geweiht und würden in einem bestimmten Ort ihre erste Messe lesen.

Aber dies könnten sie ohne entsprechende Hilfe nicht vollbringen. Und jeder, der sich mit einem Opfer für die Frühmesse im Advent empfiehlt, aus dessen Geschlecht wird manche Seele erlöst. Sie schreiben auch Bauern und Bäuerinnen in eine Bruderschaft ein, von der sie meinen, der Bischof hätte sie zugelassen. Dafür bekommen sie Garn, Flachs, Hanf, ein Tischtuch, Handtücher oder Bruchsilber. Solche Schlepper sind im ganzen Schwarzwald, im Allgäu bis ins Schweizerland unterwegs, überall dort, wo es wenig Priester gibt und die Höfe weit auseinander liegen. Diesen Schleppern soll nichts gegeben werden, denn sie sind üble Leute. So soll ein Schlepper Bauern zu seiner ersten Messe in Sankt Gallen eingeladen haben. Diese sind auch tatsächlich dorthin gekommen, aber von ihm und einer Messe war nichts zu sehen. Sie suchten ihn und fanden ihn schließlich im „Sonnenboß", im Hurenhaus. Er entkam ihnen aber.

Die Nachkommen solcher Schlepper scheinen jene Leute zu sein, die Gutgläubige zwar nicht in eine Bruderschaft einschreiben wollen, ihnen aber klarzumachen versuchen, sie würden gegen gutes Geld in ein eminent wichtiges Buch, wie etwa das „Who is who" heute, aufgenommen werden.

Die *„Zickissen"* sind Gegenstand des elften Kapitels. Es handelt sich hier um Blinde, von denen man drei Kategorien unterscheidet: Die einen sind „von Gottes Gewalt blind". Sie gehen auf Wallfahrt, und wenn sie in eine Stadt kommen, verstecken sie ihre „Gugelhüte", ihre Kapuzen – die Zeichen der Blinden – und erzählen den Leuten, sie seien ihnen gestohlen worden oder sie hätten sie verloren. Auf diese Weise sammeln sie bis zu zehn Kapuzen, die sie dann verkaufen. Andere Blinde, die wegen ihrer Missetaten geblendet wurden, gehen im Land umher, tragen gemalte Täfelchen mit sich, ziehen so vor die Kirchen und tun so, als ob sie in Rom, zu St. Jakob oder sonstwo in der Ferne auf Pilgerfahrt gewesen seien. Dabei erzählen sie von großen Zeichen und Wundern, die geschehen seien. Doch dies ist alles Betrug.

Andere Blinde, die vor zehn oder mehr Jahren geblendet worden sind, binden sich ein blutiges Tüchlein über die Augen und erzählen, sie seien Kaufleute oder Krämer gewesen, die in einem Wald von bösen Leuten überfallen und geblendet worden wären. Man hätte sie an einen Baum gebunden. Zufällig vorbeikommende Leute hätten sie gerettet. Diese Blinden „wandeln mit dem Bruche", sie gehen mit ihrem Gebrechen hausieren. Jeder soll selbst erkennen, ob man ihnen etwas geben will oder nicht. „Mein Rat: Nur den Bekannten."

Im zwölften Kapitel erfährt man einiges über die *„Schwanfeldder"* oder *„Blickschlager"*. Diese Bettler lassen, wenn sie in die Stadt kommen, ihre Kleider in der Herberge; fast nackt und zitternd setzen sie sich dann vor eine Kirche und erzählen den Leuten, sie wären von bösen Leuten beraubt worden. Andere wieder erzählen, sie wären krank gelegen und hätten ihre Kleider versetzen müssen oder man habe ihnen die Kleider gestohlen. Sie sagen dies, damit ihnen die Leute Kleider schenken. Diese „verkimmern", „verbölens" und „verjonens", verkaufen, versaufen und verspielen sie.

»Hüte dich vor diesen Bettlern, denn es sind Bubenstücke, und gib ihnen nichts, sei es Frau oder Mann – außer du kennst sie gut."

Im dreizehnten Kapitel werden die *„Fopper"* und *„Fopperinnen"* behandelt.

Diese Bettler, meistens Frauen, lassen sich in Ketten führen, so als ob sie wahnsinnig wären. Sie zerren sich die Schleier und Kleider vom Leib, um so die Leute zu betrügen. Oft erzählt der Begleiter, die oder der Wahnsinnige sei vom Teufel besessen. Um erlöst zu werden, habe er einem Heiligen zwölf Pfund Wachs oder andere Dinge versprochen. Solche Bettler heißen „Fopper, die da dützen". Es gibt auch „Fopperinnen", die so tun, als ob sie Beschwerden an den Brüsten hätten. Sie nehmen eine Milz, schälen sie, kehren sie um und legen sie über die Brust, so daß man glauben soll, dies sei die kranke Brust.

Die „*Dallinger*" werden als nächste besprochen. Sie stehen vor den Kirchen und erzählen, sie seien früher Henker gewesen. Daher wollen sie büßen und schlagen sich mit Ruten. Wegen ihrer Sünden wollen sie eine Wallfahrt machen. Sie erbetteln viel Gut damit. Haben sie dies eine Zeit getrieben, werden sie wieder Henker wie zuvor. Gib ihnen, wenn du willst, es sind und bleiben Buben, die solches tun.

Im fünfzehnten Kapitel sind die „*Dützbetterinnen*" an der Reihe. Diese Bettlerinnen ziehen umher, legen sich vor die Kirchen, breiten ein Leinentuch über sich und setzen Wachs und Eier vor sich hin. Sie tun dies, damit man glaube, sie wären Kindbetterinnen, Wöchnerinnen. Sie erzählen, vor vierzehn Tagen wäre ihnen das Kind gestorben. Ihnen solle man nichts geben. So wird von einer Frau berichtet, die 1509 nach Pforzheim gekommen war und dort erzählte, sie habe vor kurzem eine lebendige Kröte geboren. Diese Kröte habe sie zu Unserer lieben Frau zu Einsiedeln getragen, dort sei sie noch lebendig, und man müßte ihr täglich ein Pfund Fleisch geben. Das sei ein Wunder. Nun sei sie auf dem Weg nach Aachen zu Unserer lieben Frau. Mit dem, was sie so erbettelte, ernährte sie einen starken Jungen, der in der Vorstadt in einem Wirtshaus auf sie wartete.

Von den „*Sündfegern*" handelt das sechzehnte Kapitel. Sie sind starke Kerle, die mit langen Messern durch das Land ziehen und erzählen, sie hätten einen in Notwehr „leiblos" getan, umgebracht. Sie brauchten eine Summe Geldes, sonst würde ihnen das Haupt abgeschlagen.

Die „*Sündfegerinnen*" sind Gegenstand des siebzehnten Kapitels. Sie sind die „Krönerinnen", die Frauen der vorgenannten Kerle, oder „Glyden", Huren. Sie laufen über Land und erzählen, sie hätten ein loses Leben geführt. Jetzt wollten sie sich bekehren. Daher betteln sie um Almosen um Sankt Maria Magdalena willen – und betrügen damit die Leute.

Die nächsten Bettlerinnen sind die *„Billträgerinnen"*. Sie binden sich Wamse, Flicken oder Kissen unter den Kleidern über den Bauch, damit es den Anschein habe, sie seien mit einem Kind schwanger. Sie erzählen, in den letzten zwanzig Jahren oder mehr hätten sie keines gemacht. Das heißt: „mit der Bille gehen".

Das neunzehnte Kapitel widmet sich den *„Jungfrauen"*. Hier handelt es sich um Bettler, die Klappen tragen, so, als ob sie aussätzig wären, obwohl sie es nicht sind. Das heißt: „mit der Jungfrau gehen".

Das zwanzigste Kapitel gilt den *„Mumsen"*, Bettlern, die in Kutten gehen und erzählen, sie seien freiwillig Arme. An heimlichen Orten jedoch haben sie ihre Weiber sitzen.

Die *„Über Söntzen Geher"* sind Landfahrer oder Bettler, die erzählen, sie seien wegen des Krieges, des Feuers oder des Gefängnisses vertrieben und beraubt worden. Sie kleiden sich sehr reinlich, so als ob sie edel (adelig) wären. Sie haben „loe bsaffot", gefälschte Papiere, bei sich.

Sauber gekleidet sind auch die *„Kandierer"*. Sie geben vor, Kaufleute in Übersee gewesen zu sein. Sie haben einen Brief – einen gefälschten – vom Bischof und erzählen, sie seien beraubt worden. Es heißt: die gehen „übern Klant".

Die *„Veranerinnen"* sind Frauen, die erzählen, sie seien getaufte Jüdinnen und nun Christinnen geworden. Sie könnten den Leuten sagen, ob ihr Vater oder ihre Mutter in der Hölle sei oder nicht. Dabei „geilen", bettln, sie den Leuten Röcke, Kleider und andere Dinge ab.

Die *„Christianer"* und *„Calmierer"*, denen das vierundzwanzigste Kapitel gewidmet ist, sind Bettler, die an den Hüten Zeichen tragen, besonders römische Veronika und Muscheln. Diese Zeichen kaufen sie von anderen Bettlern. Sie sollen vorgeben, daß man schon an diesen betrenenden Stätten gewesen sei, obwohl sie tatsächlich niemals dort waren.

Die *„Seffer"* sind Bettler, die sich mit einer Salbe einschmieren und so vor die Kirche legen. Sie tun so, als ob sie lange krank gewesen wären. Und wenn sie drei Tage später in das Bad gehen, so geht alles wieder ab.

Die „*Schweiger*" sind Bettler, die Pferdemist mit Wasser mischen und sich damit Hände und Arme bestreichen. So erscheinen sie als Kranke, die Gelbsucht oder eine andere schwere Krankheit haben. Auf diese Weise betrügen sie die Leute.

Die „*Burckhart*" sind Bettler, die ihre Hand in einen Handschuh stecken und sie so in eine Schlinge um den Hals legen. Sie sagen, sie hätten Sankt Antoniens Buße oder verbüßten die Strafe eines anderen Heiligen. Dieser Betrug heißt: „mit dem Burckhart gehen".

Im letzten Kapitel, dem achtundzwanzigsten, wird von den „*Platschierern*" berichtet. Das sind Blinde, die vor den Kirchen auf Stühlen stehen und die Laute schlagen. Dazu singen sie Lieder von fernen Ländern, in denen sie nie waren. Wenn sie aufgehört haben mit dem Singen, fangen sie zu „foppen" und zu „ferben" an, zu lügen und zu betrügen, wie sie blind geworden sind. Auch die Henker „platschieren" vor den „Difteln", den Kirchen. Sie ziehen sich nackt aus und schlagen sich selbst mit Ruten und Geißeln wegen ihrer Sünden. Auch sie benutzen die „Fopperei", „denn der Mensch will betrogen sein, wie du in den vorhergehenden Kapiteln wohl gehört hast, und das heißt Platschierer. Auch die auf den Stühlen stehen und sich mit Steinen und anderen Dingen schlagen und von den Heiligen erzählen, werden gewöhnlich Henker und Schinder."

Soweit der erste Teil des „Liber Vagatorum". Er gibt ein buntes Bild menschlicher Erfindungskraft hinsichtlich des Bettelns.

Bemerkenswert ist aber auch der zweite Teil dieses Vagantenbuches. Dieser bietet Anmerkungen zu den vorgenannten „Nahrungen", den Arten des Broterwerbes. Hier wird nun erzählt, daß von den vorgenannten Bettlern etliche nicht vor dem Haus bettelten, sondern hineingingen. Einige Bettler gehen in der Kirche auf und ab, tragen ein Schüsselchen in der Hand und tun so, als ob sie schwer krank wären. Sie fragen die Leute, ob sie ihnen etwas geben würden. Man nennt diese „*Pflüger*". Andere entleihen am Allerseelentag oder einem anderen heiligen Tag Kinder und setzen sich mit diesen vor die Kirche. Sie geben so vor, viele Kinder zu haben, und behaupten, diese Kinder wären ohne Mutter oder Vater. Um des „Adone", Gottes, willen solle man ihnen Almosen geben.

Nun wird ein „Exemplum" gebracht: In einem Schweizer Dorf gibt es eine Verordnung, nach der jedem Bettler fünf Heller zu geben sind; dafür darf er innerhalb eines Vierteljahres nicht wiederkommen. Eine Frau nahm einmal diese fünf Heller entgegen. Bald darauf schnitt sie sich jedoch ihr Haar ab und bettelte weiter. Sie kam dabei neuerlich in dieses Schweizer Dorf, wo sie sich mit einem kleinen, in eine Decke gewickelten Kind vor die Kirche setzte. Als man das Kind aufdeckte, sah man, daß es ein Hund war. Die Frau mußte fliehen. Es gibt Bettler, die ziehen sich gute Kleider an und betteln auf den Gassen. Sie treten an die Leute heran und erzählen ihnen, sie seien lange krank gelegen. Und sie seien Handwerksburschen, die alles, was sie besaßen, verbraucht hätten. Sie schämten sich aber zu betteln, man möge ihnen doch etwas beisteuern, damit sie weiterkämen. Diese Bettler nennt man *„Gänsescherer"*.

Andere Landstreicher geben sich als Spezialisten aus, die nach Schätzen graben und solche finden könnten. Haben sie jemanden gefunden, der an einem solchen Schatz interessiert ist, so sagen sie ihm, sie könnten den Schatz erst finden, wenn sie dazu Gold und Silber hätten und viele Messen dafür gelesen würden.

So betrügen sie den Adel und die Geistlichkeit, denn es ist noch nie gehört worden, daß sie auch wirklich etwas gefunden hätten. Man nennt diese Betrüger *„Sefelgräber"*.

Es gibt Bettler, die halten ihre Kinder so, daß diese lahm werden. So können sie die Leute noch besser „bescheißen".

Andere haben „Fingerli von Konterfei", falschen Schmuck, gemacht. Sie beschmieren ein Schmuckstück mit Kot und erzählen, sie hätten es gefunden, ob es nicht einer kaufen wolle. Das gleiche geschieht mit Rosenkränzen und anderen Zeichen, die sie unter dem Mantel tragen. Man nennt diese Betrüger *„Wiltiner"*.

Während eines Forschungsaufenthaltes in Siebenbürgen besuchte ich einen Viehmarkt in einem Dorf. Es herrschte ein buntes Treiben. Ich schlenderte über den Platz. Da bückte sich ein Mann vor mir zu Boden, hob etwas auf und drehte sich zu mir um. Ich war neugierig geworden und schaute ihn fragend an. Darauf zeigte er mir einen „goldenen" Ring und deutete an, er habe ihn soeben gefunden. Um 20 DM würde er ihn mir verkaufen. Ich begann zu handeln, und schließlich erwarb ich den Ring um 10 DM. Ich trage den Ring als Erinnerung an meinem Schlüsselbund. Bis heute weiß ich nicht, ob er echt oder nur ein billiges Stück ist. Jedenfalls erinnert die Strategie dieses Mannes an den obigen Trick mit dem falschen Schmuckstück.

Es treiben sich auch etliche „*Quästionierer*", Bettelmönche, umher, die das Gut, das ihnen anvertraut ist, wie Flachs, Schleier oder Bruchsilber, übel anlegen. Dort heißt es weiter: „Hüte dich vor den Krämern, die dich zu Hause besuchen, denn du kaufst nichts Gutes, sei es Silberkram, Gewürze oder andere Art. Hüte dich desgleichen vor den Ärzten, die durch die Lande ziehen und Thyriak und Wurzeln feilbieten."

Zu hüten habe man sich auch vor den „*Jonern*", Gaunern, die als Falschspieler „auf dem Brieff", mit den Karten, die Leute betrügen. Sie ziehen mit „gefetzten Brieffs", mit gefälschten Karten, umher, aber auch mit „Regern", Würfeln. Über solche „Joner" ist weiter zu lesen: „Und dieselben Knaben kehren bei den Wirten ein, die ‚Zum Wanderstab' heißen – das bedeutet, daß sie keinem Wirt bezahlen, was sie ihm schuldig sind, und beim Abschied lassen sie gewöhnlich etwas mitgehen."

Ein Gewerbe gibt es noch unter den Landfahrern, das sind die „*Mengen*" oder „*Spengler*", die Kesselflicker. Sie ziehen über Land und lassen ihre Weiber vorauslaufen, die „breien" und „lyren", bitten und anmachen. Einige, aber nicht alle, werden dabei mutwillig und unverschämt. Wenn man diesen nichts gibt, so kann es sein, daß sie mit einem Stock oder Messer ein Loch in einen Kessel stoßen, damit der nachkommende Kesselflicker etwas zu tun hat.

Und am Ende dieses zweiten Teiles des „Liber Vagatorum" heißt
es zum Teil in Rotwelsch: „Dieselben, ‚die mengen die Beschuden,
die Horchen girig um die Wengel, so sie kommen in des Oster-
manns Gisch, daß sie den Garle mögen girig schwachen, als uwer
ans gelaufen mag' – dieselben betrügen die Edelleute und die Bauern dermaßen, daß sie in den Österreich-Krug kommen, wo sie
den Wein girig in sich hineinschütten, wie Euereins sich vorstellen
kann."

Die im „Liber Vagatorum" geschilderten Bettlertricks bauen auf
einer Tradition der Vaganten auf, sind aber auch heute noch gegenwärtig. Versicherungsvertreter, Bettler in den Fußgängerzonen,
Werbefachleute und anderes Volk arbeiten mit ähnlichen Strategien, wenn es gilt, Leute gegen gutes Geld etwas einzureden oder sie
reinzulegen. Die Tricks scheinen sich auf andere Ebenen verlagert
zu haben, in die Büros und noblen Hotels. Aber dennoch existiert
diese Kultur der Straße und der kleinen Ganoven noch.

Zu den historischen Tricks und Strategien gehören, wie der „Liber Vagatorum" und auch Avé-Lallemant berichten, die diversen
Verrenkungen oder das Darstellen von körperlichen Gebrechen
durch Beinprothesen oder Krücken, um zu einem fromme Almosen
zu gelangen.

Manche Frauen verstehen es heute noch sehr geschickt, sich als
mit Kindern gesegnete, schwangere und in bitterer Armut lebende
Menschen zu präsentieren. Dem Almosengeber wird damit das Gefühl vermittelt, er habe ein frommes Werk an einem vom Schicksal
schwer getroffenen Menschen vollbracht. In diesem Sinn ist auch
folgende, von einem Wiener Polizisten berichtete Geschichte zu in-
terpretieren: „Eine Bettlerin pflegte sich mit einem schönen Kruzi-
fix vor Pfandleihanstalten aufzustellen. Sie betrachtete es lange mit
frommer Inbrunst und wischte sich dabei die mit Tränen gefüllten
Augen. Befragte man sie mitleidig um den Grund ihres Kummers,
so antwortete sie traurig: ‚Das Letzte, was ich habe! Es war mein
Glück, es war mein Talisman! Jetzt muß ich es versetzen, wenn mein

armer, kranker Mann nicht verhungern soll!' Man bot ihr natürlich gleich Unterstützung an, die sie mit dankbaren Handküssen einstrich. Dann entfernte sie sich – zum nächsten Versatzamt.“

Die Tricks der Bettler und Bettlerinnen sind also vielfältig und einfallsreich. Bis heute.

Vom Leben auf dem Lande

Der alte Landarzt als Universalmediziner

Die alten Landärzte waren Universalmediziner. Sie mußten auf vielerlei Gebieten der Medizin einigermaßen bewandert sein und benötigten ein gutes Gespür für das Auffinden von Krankheiten; bis in die sechziger Jahre war es nämlich nicht üblich, jeden Patienten sofort ins Krankenhaus oder zu einem Spezialisten in der Stadt zu schicken.

„Früher hat ein Landarzt alles können müssen. War eine Wunde zum Zusammenflicken, so mußte er dies tun. Oder kam es zu einer Geburt, so war der Arzt und die Ärztin zur Stelle", schilderte mir ein alter Patient aus seiner Erinnerung.

Die früheren Landärzte wurden mit den unterschiedlichsten Situationen konfrontiert, die es zu meistern galt – ganz im Gegensatz zu ihren heutigen Nachfolgern, die immerhin auf die Unterstützung einsatzbereiter Rettungsautos zählen können.

Sogar Notoperationen führten die alten Landärzte durch. Auf eine besonders heikle, bei der es um das Entfernen der Mandeln der Frau des Gemeindevorstehers ging, werde ich im Kapitel über Operationen eingehen.

Die Ärzte mußten schnell auf schwierige medizinische Situationen reagieren. In diesem Sinn erinnert sich auch ein früherer Briefträger an meine Eltern: „Der heutige Arzt ist sehr gut, da gibt es eh nichts. Aber die alten Ärzte mußten sich mehr annehmen um die Leute. Meine Schwiegermutter hat auch gesagt: ‚Kein Vergleich sind die alten Ärzte zu den heutigen. Von allem Anfang an haben sie sich um ihre Patienten bemüht.'" Der Arzt mußte früher also noch selbst Operationen durchführen und sich in völlig anderer Weise als seine heutigen Kollegen um die kranken Patienten kümmern. Heute überweist man den Patienten ins nächste Krankenhaus, im Gegensatz zu früher, als der Arzt noch am Krankenbett saß und hoffte. Dazu erzählt mir die Frau eines Oberförsters: „Der Bernhard war 16 Monate alt, das war 1958. Zwei Tage hatte er Angina gehabt.

Die Frau Doktor hat ihn behandelt. Am dritten Tag am Nachmittag ist das Kind plötzlich blau geworden im Gesicht und hat nach Luft geschnappt. Ich habe den Buben genommen und bin mit ihm vor das Haus gelaufen und habe gerufen: ,Helft mir! Der Bub bekommt keine Luft!' Mein Mann war gerade im Revier. Ein Nachbar hat schnell beim Doktor angerufen. Ich habe den Buben gebeutelt, nun hat er wieder Atem geholt. Der Herr Doktor ist gekommen, er hat ihn abgehorcht und gesagt, es war ein Kreislaufzusammenbruch. Er hat weiter gemeint, man muß auf das Kind schauen und es nicht aus den Augen lassen. Ich hatte Angst, ich mußte mich ja noch um meine kleine Tochter kümmern. Als er wieder blau wurde, ist die Frau Doktor gekommen und hat gesagt: ,Frau K., da können wir nicht spaßen. Ich bleibe jetzt selbst da!' Der Frau Doktor war es nicht zu blöd, beim Buben zu bleiben. Sie hat dem Buben, der hohes Fieber hatte, etwas gespritzt. ,Ich bleibe jetzt bei Ihnen', sagte sie, ,wir müssen jetzt schauen, daß mit allen Mitteln das Fieber heruntergeht.' Fast 40 Grad Fieber hatte der Bub. Ich war mit den Nerven fertig. Ich habe geweint, weil ich glaubte, der Bub stirbt nun. Die Frau Doktor machte ihm nun kalte Wickel an den Händen und Füßen. Bevor das Fieber nicht auf 38 Grad herunten war, ist die Frau Doktor nicht weggegangen. Heute muß man lange suchen, bis man jemanden findet, der so etwas tut wie die Frau Doktor. Das war die Frau Doktor! Bevor sie ging, hat die Frau Doktor noch gesagt: ,Frau K., rufen Sie mich bitte in einer Stunde an, und dann in der Nacht um 12 Uhr ungefähr rufen Sie wieder an. Ich habe das Telefon gleich beim Bett. Ich kann ohnehin nicht gut schlafen, weil ich immer an Ihren Kleinen denken muß. Und ich kann ihn nur daheim bei Ihnen lassen, weil ich weiß, daß Sie eine hundertprozentige Mutter sind. Sie müssen eine Sitzwache halten. Das Kind darf nicht alleine sein.' In der Nacht bin ich also beim Kind gesessen, auch mein Mann einmal. Sogar die Nachbarin ist gekommen und hat gesagt: ,Frau K., legen Sie sich nieder. Um sechs Uhr in der Früh hat die Frau Doktor angerufen und gefragt, wie es dem Buben geht. Ich habe gesagt: ‚Das Fieber ist herunten! Er hat keine 38 Grad mehr!' – ‚Dann haben wir ihn über den Berg', hat die Frau Doktor gesagt, ‚bleiben Sie aber bei dem Kind!' Der Herr Doktor wollte das Kind in das Spital schicken, aber die Frau Doktor meinte, bei der Frau K. können wir es wagen, das Kind hier zu behandeln. Ich wollte nicht, daß das Kind in das Krankenhaus kommt, ich habe deswegen so geweint.

Und die Frau Doktor hat mir recht gegeben, denn im Krankenhaus wäre das Kind vielleicht gestorben, denn wer sitzt schon die ganze Nacht bei dem Kind. Eine Krankenschwester kann es leicht übersehen, wenn der Bub wieder blau wird. Der Bernhard weiß es heute, er ist selbst Arzt geworden, die Frau Doktor G. hat ihm das Leben gerettet. Ich glaube, daß heutige Ärzte anders handeln würden als die Frau Doktor. Heute würde man ein Kind wegen einer solchen Krankheit sofort in das Krankenhaus einliefern. So haben sie keine Verantwortung mehr."

Diese kleine Geschichte dokumentiert anschaulich, daß die früheren Landärzte, auf sich alleine gestellt, sich in einer ganz anderen Weise um den kranken Menschen gekümmert haben, als moderne Ärzte es tun (oder tun können).

Es hat sich einiges in der Beziehung zwischen Arzt und Patient geändert. Heute werden wir durch das soziale Netz mit seiner staatlich geregelten und geförderten Krankenfürsorge bereits beinahe lückenlos erfaßt, der enge Kontakt zum Arzt scheint aber nicht mehr gegeben zu sein. Darauf wird in den nächsten Kapiteln noch näher eingegangen.

Hausmittel, Hausapotheke, Heiler und Magie

Die alten Landärzte standen in der echten Tradition der Bader von
ehedem. Insofern waren sie auch ständig mit altem Wissen, die
Heilkunst betreffend, konfrontiert, vor allem was die sogenannten Heilkräuter anbelangt. Dabei konnten sie vielleicht sogar von
einschlägig erfahrenen alten Bauern und Bäuerinnen noch einiges
lernen. Und sie waren bereit zu lernen. Es war ihnen daher wichtig,
auch alte Rezepte von Hausmitteln festzuhalten.

In alten Heilkräuterbüchern, wie sie in manchen Bauernhäusern
aufbewahrt wurden, wird ein solches Wissen dokumentiert und
weitergegeben. Ein derartiges Kräuterbuch befindet sich heute noch
im Besitz von Frau Stefanie Leitner, einer früheren Bäuerin. Es wurde im Jahre 1601 gedruckt und gibt sehr genaue Hinweise über das
Pflücken von Pflanzen. Bestimmte Rituale sind dabei einzuhalten,
soll die Pflanze wirksam sein, und es ist darauf zu achten, daß nur
zu bestimmten Zeiten, wie z. B. bei Vollmond, die Pflanze als Medikament verwendet wird.

Dieses „Heilkräuter-Arzneibuch", welches Frau Leitner mir und
meiner Mutter zeigte, hat an die 480 Seiten, und es versteht sich
als ein wichtiges Handbuch, welches den Menschen von „Kopf bis
Fuß" heilen könne. Auf der ersten Seite heißt es daher: „VADE ME-
CUM das ist ein künstlich NEW ARTZNEYBUCH[1] / So man stets bey
sich haben und führen kan / In fürfallender NOTH sich HÜLFE daraus
zu erholen / wider anhand KRANCKHEIT des MENSCHLICHEN LEIBES
/ vom Haupt an biß auf die FUSSSOLEN! … Auch zum Anfang ein
Unterricht gesatzt / wie man durchs gantze Jahr gute Gesundheit
erhalten möge. Sampt eines vornehmen erfahrenen Mönchs EXPERI-
MENTLEIN … Allen HAUSSVÄTERN / HOHEN und NIEDEREN STANDES
PERSONEN gantz nützlich …"

---

1   Johannes Witdchium, NEW ARTZNEY BUCH und register Aller particularischen
     Krankheiten und Leibes Beschwerden, Leipzig 1601

Man hielt sich an Heilkräuter und hatte Erfolg damit. Es liegt nahe, daß Leute mit einem solchen Wissen, ebenso wie jene, die Knochen „einrichten" konnten, ein hohes Prestige genossen haben. Dies heißt aber auch, daß Landarzt und Landärztin hinsichtlich der Behandlung ihrer Kranken nicht bloß auf neuere medizinische Präparate zurückgriffen, wie sie von der Pharmaindustrie zur Verfügung gestellt werden.

Der alte Arzt genoß schließlich das Privileg, eine Hausapotheke zu führen, da es im Dorf keine offizielle Apotheke gab. Die Einrichtung dieses Apothekentyps war gesetzlich geregelt und an die Einwohnerzahl eines Dorfes gebunden. In sogenannten „Bauernnestern", wie man kleine Dörfer zu bezeichnen pflegte, hatte der Arzt auch seine Hausapotheke, die ihm einen kleinen Nebenverdienst verschaffte. Die Hausapotheke beruht in unserem Dorf allerdings auf einer alten Tradition, denn ungefähr ab dem Jahr 1760 bis zu Beginn des 19. Jahrhunderts, als das Stift aufgelöst wurde, befand sich im Stift selbst eine Apotheke, eine sogenannte „Hofapotheke", in der ein „Stiftschirurg" für die richtige Zubereitung wohltuender Rezepte sorgte.[2] Anhand einer Jahresrechnung, die der Stiftschirurgus einer offensichtlich wohlhabenden Spitaler Familie 1789 ausgestellt hat, wird erkennbar, welche Medikamente im ausgehenden 18. Jahrhundert bevorzugt eingesetzt wurden. Unter anderem wurden verschrieben und verrechnet: gereinigter Salpeter, Brusttee, eine galldämpfende Tinktur, auf Leinwand gestrichene Pflaster, Eibischtee, ein Glas asthmatische Tinktur, eine kleine Schachtel besonders auflösendes Pulver.[3] Rezepte dieser Art, vor allem Tees, haben sich bis in die jüngste Zeit gehalten.

Auf die Bedeutung der alten Hausmittel verweist auch die Ärztin: „Die Bauern waren eigentlich sehr dankbare Patienten. Nur

---

2   Stiftsarchiv Spital am Pyhrn, Bd. 15/26.

3   Auf dieses Rezept machte mich in der gewohnt liebenswürdigen Weise Herr Werner Kiesenhofer aufmerksam.

haben sie immer wieder gesagt: ‚Die Hausmittel helfen auch.‘ Ich habe mir gedacht, es bringt nichts, wenn ich gegen die Hausmittel bin, doch gegen alles haben sie auch nicht geholfen. Ich habe dann meist geantwortet: ‚Ja, das sind gute Hausmittel, aber ihr müßt das Medikament auch noch nehmen.‘ Ich glaube auch an die gute Wirkung von Hausmitteln. Ich habe sie ja selbst verordnet. Gut sind zum Beispiel Heublumendünste bei Halsschmerzen und Verkühlung. Alle Hausmittel haben einen guten Kern.“

Weiter erzählt die Frau Doktor über die Hausmittel, die Tees und die Medikamente, die sie selbst herstellte: „Als wir 1947 mit unserer Praxis als Ärzte begonnen haben, gab es kaum Medikamente. Von einer Medikamentenfirma in Wels haben wir Schmerztabletten bekommen. Ich habe dort gelernt, wie man Pulversackerln formt, in die das abgewogene Pulver kommt. Für das Abwägen des Pulvers hatte ich eine kleine Waage. Das Pulver habe ich selbst gemischt, hauptsächlich handelte es sich um Schmerz- und Kreislaufmittel, die ich da hergestellt habe. Auch Baldriantinktur und Digitalistinktur habe ich fabriziert. Je nachdem, wie es um das Herz des Patienten stand, habe ich diese Tinkturen gemischt. Die einen haben zum Beispiel mehr Baldrian gebraucht, damit ihr Herz langsamer schlägt. Auch Tees habe ich selbst gemischt, zum Beispiel einen Magentee. In solche Tees kamen Kamille, Melisse, Pfefferminz und so weiter. Für mich war es schön, wenn noch nach vielen Jahren Leute gekommen sind und gesagt haben: ‚Bitt’ schön, ich möchte den Magentee, den sie mir vor 30 Jahren gegeben haben, der hat mir damals so gutgetan. Könnten Sie mir den wieder mischen!?‘ Und den habe ich auch wieder gemischt. Auch Käsepappel habe ich verwendet. Den reinen Käsepappeltee haben wir zur Wundreinigung verordnet. Damals gab es nämlich noch keine Cortisonsalbe, die kam erst in den fünfziger Jahren auf.“

Die Ärztin verstand also, alte Hausmittel vor allem in Form von Tees mit wirksamen Medikamenten zu verbinden. Die Medikamente lieferte die „Hausapotheke“.

Ein besonders beliebtes „Hausmittel“, das mein Vater aus der

Hausapotheke verschrieb, waren die sogenannten „Montana-Magentropfen", die geradezu Wunder gewirkt haben. So erzählte mir ein Wiener „Sommerfrischler", der bei einem Bauern in Oberweng bereits als Bub in den fünfziger Jahren mit seinen Eltern die Sommermonate verbrachte, er habe an einem Freitag arges „Bauchweh" bekommen. Darauf sei der Knecht zum Arzt geschickt worden, er solle zu einem Krankenbesuch kommen. Der Arzt kam auch. Der Sommerfrischler erinnerte sich, daß der Arzt in einem Motorradmantel und mit Motorradhaube vor ihm, dem kranken Buben, gestanden sei. Er habe ihm den Bauch abgetastet und daraufhin Montana-Magentropfen gegeben. Diese hätten ihm sofort geholfen. Bis heute würden ihm diese bitteren Tropfen ein beliebtes Hausmittel sein. Nicht nur für diesen Hinweis auf diese köstlichen Tropfen ist er dem alten Arzt dankbar, sondern auch für seine Art, in der er mit ihm sprach.

Bei fieberhaften Erkrankungen, wie etwa Grippe, griff meine Mutter gerne auf klassische Hausmittel zurück.

Darüber erzählte mir eine alte Bäuerin: „Früher ist man nicht wegen jeder Kleinigkeit zum Doktor gegangen. Man ist gegangen, wenn das Fieber schon hoch war. Zuerst hat man selbst versucht, das Fieber wegzubekommen, und erst wenn es ein paar Tage nicht gesunken ist, hat man den Doktor geholt. Die Frau Doktor hat gesagt, wenn man Fieber hat, soll man keine süßen Sachen essen. ‚Das Fieber muß weg', hat sie gesagt. Und empfohlen hat sie Essigsokkerln, aber auch Erdäpfelpüree und Einbrennsuppe."

Die Anknüpfung an alte Heilpraktiken wird auch in der folgenden Begebenheit deutlich, über die mir der Sohn eines Bahnwärters erzählte: „In den fünfziger Jahren hatten wir im Bahnwärterhäusl am Fuß des Pyhrnpasses noch kein Telefon. Damals fiel mein Bruder in ein Wespennest. In ganz kurzer Zeit wurde er von vielen Wespen gestochen, es bestand Lebensgefahr für ihn. Sofort bin ich mit dem Fahrrad zum Herrn Doktor gefahren und habe ihm aufgeregt gesagt, er soll schnell zu uns kommen, meinem Bruder geht es schlecht. Der Herr Doktor ist sofort, obwohl Ordination war, mit seinem Auto zu uns heraufgefahren. Wie er den Buben gesehen hat, hat er angeordnet, daß wir ihn mit feuchter Erde zudecken sollen. Wir haben das getan, und es hat wirklich geholfen."

Mit dieser Methode gelang es dem Arzt, die durch die Wespenstiche hervorgerufene Schwellung abklingen zu lassen. Ob er ihm zusätzlich noch ein Medikament verabreicht hat, darüber wußte mir mein Gesprächspartner nichts zu erzählen.

Auf ähnliche Heilmethoden geht auch ein Bauer ein, der noch heute hoch oben am Berg neben einer Fremdenpension Viehwirtschaft betreibt. Er war in einer kleinen Bauernhütte, neben der er später die Fremdenpension errichtete, mit mehreren Geschwistern aufgewachsen. Für sie alle war der Weg zur Schule und zum Arzt ein höchst beschwerlicher. Er erzählt: „Wegen einer Grippe sind wir nicht gleich zum Doktor. Zuerst haben wir es mit Lindenblütentee, den wir mit Kandiszucker gesüßt haben, versucht, damit wir ordentlich schwitzen. Dazu machten wir uns einen heißen Wickel. Wichtig war, daß durch das Schwitzen das Fieber herunterging. Auch Hollerblütentee, den wir manchmal in die Milch gaben, war gut für das Schwitzen, genauso wie das Essen von Topfen. Ebenso haben wir Kren, geschnitten oder gerieben, dazu verwendet. Der Kren wurde den Kindern auf die Füße und die Hände gelegt. Zusätzlich erhielten sie Essigsockerln, damals gab es noch Mostessig. Honig wäre auch gut gewesen bei Halsweh, aber den Honig konnten wir uns nicht leisten, wir waren ja arm. Bei Halsweh gurgelten wir mit Salbeitee und tranken Kamillentee. Der Salbei wuchs bei uns im Garten, ebenso die Kamille. Zum Desinfizieren von Wunden haben wir Arnika in Schnaps angesetzt. Diesen Arnikaschnaps konnte man auch trinken, aber besser war er für äußerliche Sachen. Solche Hausmittel haben wir ganz selbstverständlich genommen. Man hat gesagt, wenn jemand krank war: ‚Von dem oder dem Mittel nimmst du etwas, dann ist es wieder gut.' Man ist damals mit einem ganz anderen Selbstbewußtsein an die Dinge herangegangen.

Man hat sich gesagt: das und das hilft. Und wenn es nicht von heute auf morgen geholfen hat, dann eben später."

In diesem Sinn verstand sich auch der Satz, den man gerne bei fieberhaften Erkrankungen, wie Grippe, Schnupfen oder Heiserkeit, anwandte: „Wenn man nichts dagegen einnimmt, dauert es eine Woche, bis man gesund ist, wenn man aber etwas einnimmt, dann dauert es acht Tage."

Als Sohn des Arztes wurde ich mit den verschiedenen Hausmitteln vertraut und lernte allmählich, wie und bei welchen Gelegenheiten sie eingesetzt werden können. Zumindest in einem Fall hat jemand von meinem bescheidenen Wissen profitiert. An einem Abend, als meine Eltern auf Krankenbesuch waren, erschien die Frau Nachbarin, eine ältere Bäuerin, zu deren Hof auch die Schmiede gehörte, bei uns. Ich teilte ihr mit, meine Eltern seien nicht hier, worauf sie sich sehr unglücklich zeigte und auf ihre Hand verwies, die durch einen Bienenstich dick angeschwollen war. Außerdem habe sie Schmerzen und wisse nicht, was sie dagegen tun solle. Ich riet ihr nun, wenn ich mich recht erinnere, die Hand mit einem in essigsaure Tonerde getauchten Tuch zu umwickeln. Offensichtlich hat sie meinen Ratschlag befolgt; jedenfalls verschwanden ihre Beschwerden bald. Als meine Eltern von meiner medizinischen Beratung hörten, waren sie nicht unzufrieden mit mir. Ich hatte von ihnen gelernt.

Die alten Hausmittel hatten – übrigens ähnlich wie die heutigen Medikamente – viel mit Magie zu tun. Das Hausmittel wirkte nicht bloß durch die Verabreichung, sondern auch durch die Rituale, die mit seiner Herstellung oder Einnahme verbunden waren. Diese magische Komponente zeigt sich heute übrigens darin, daß die verschriebenen Pillen oder Tropfen nicht willkürlich zugeführt werden, sondern daß man genau darauf achtet, wann und wie sie eingenommen werden. Wohl mag ein therapeutischer Zweck mit solchen Regeln verbunden sein, aber für den Patienten und seinen Genesungsprozeß ist es offensichtlich wichtig, daß er das Gefühl hat, bei genauer, also ritueller Einhaltung der mit der Einnahme verbundenen Vorschriften schreite seine Heilung wesentlich besser voran, als wenn er sich nicht exakt daran hielte. Als Beispiel sei nur angeführt, daß gewisse Tropfen eine Stunde vor dem Zubettgehen in lauwarmem Wasser aufgelöst und getrunken werden sollen. Bei den alten Hausmitteln wird dieses magische Handeln, mit dem die Heilung durch übernatürliche Kräfte erreicht werden soll, besonders deutlich. So erzählte mir eine Patientin: „Wir haben uns viel mit Hausmitteln geholfen. Bei Fieber haben wir uns oder den Kindern Krenketten umgehängt. Für diese Ketten schneidet man den Kren in Scheiben. Beim Schneiden hat man zurückgezählt, wobei mit einer ungeraden Zahl begonnen wurde, zum Beispiel mit elf, dann zählte man weiter: zehn, neun und so weiter. Dann wurden die Scheiben aufgefädelt und dem Kind umgehängt. Wenn der Herr Doktor gekommen ist und das gesehen hat, hat er genickt und gesagt: ‚Deine Mutter richtet dich aber schön her.‘ Ich habe darauf gesagt: ‚Herr Doktor, das hilft!‘ Und es hat auch geholfen."

Und eine alte Bäuerin ergänzte: „Buttermilch haben wir bei Fieber in großer Menge getrunken, auch das hat geholfen. Die alten Ärzte haben noch ein Hausmittel eingesetzt, die heutigen haben dieses Wissen nicht mehr, sie spritzen das Fieber gleich mit Penicillin weg."

Für die Bändigung des Fiebers gab es noch andere Hausmittel. Ein über neunzig Jahre alter Bauer weiß dies: „Wir haben bei Fieber zuerst einmal einen Hollertee getrunken. Die Hollerblüten für den Tee haben wir im Frühjahr gebrockt. Sie wurden getrocknet. Für den Tee haben wir sie mit heißer Milch abgebrannt. Mit einem solchen heißen Hollertee hat man ordentlich schwitzen können. Und am nächsten Tag war das Fieber weg. Das war freilich ein Radikalmittel. Holler war uns heilig als Hausmittel. Ein alter Spruch sagt: ‚Wenn man an einer Hollerstaude vorbeigeht, soll man den Hut abnehmen.‘ Eine solche Achtung sollte man vor dem Holler haben. Daß der Holler, der auch sonst gut zum Essen war, gegen

Fieber hilft, das habe ich von meinen Großeltern erfahren. Als ich noch ein Kind war, kannte ich keinen Doktor, denn damals waren wir noch nicht krankenversichert und mußten daher mit den alten Mitteln, mit dem Holler und dem Arnikaschnaps gegen Wunden, auskommen.“

Die Beineinrichter

Wie ich schon festgehalten habe, suchten die Bauern, sicherlich auch weil es früher für sie keine Krankenversicherung gab, Spezialisten auf, die traditionell in der alten bäuerlichen Kultur beheimatet sind. Dazu gehören jene Leute, die alte Rezepte und Heilkräuter kannten, mit denen sie Krankheiten von Mensch und Tier linderten, aber auch jene, die gebrochene Knochen „einzurichten“ wußten. Oft waren sie beides in einer Person.

Ein gewisser Emmerich Grillmayr, ein ehemaliger Wildschütz und Poet, weist in seinen „Heimatbildern“ auf die Bedeutung dieser Heiler hin (um 1910). Auch sein Ziehvater, ein Kleinbauer in Spital am Pyhrn, war ein solcher, bekannt unter dem Namen „der alte Hias“. Von Beruf war er Hausmaurer im Sensenwerk der Weinmeister, und in jungen Jahren hatte er als Ulane in Ungarn gedient. Nach Grillmayrs Erzählungen sollen von weit und breit die Kranken zu seinem Vater gekommen sein.[4] Als sich zu dieser Zeit der berühmte Dr. Vogelgesang in Spital am Pyhrn als Gemeindearzt niederließ, äußerten sich die Spitaler vorsichtig über ihn, wie Grillmayr schreibt: „A Doktor is a Fleischhacker.“ Dem alten Heiler, der auch Gebete und diverse Rituale einsetzte, vertraute man mehr als dem Professionalisten. Vor allem als „Beineinrichter“, die geschickt gebrochene Knochen „einzurichten“ verstanden, hatten solche Heiler bisweilen einen guten Ruf. Bis in die jüngste Zeit waren

---

4   Emmerich Grillmayr, Heimatbilder, unveröffentlicht, ohne Jahr.

sie echte Konkurrenten der Bader und Ärzte. Es dürfte hier ein alter
Gegensatz bestehen, der wohl oft Anlaß zum Streit gewesen sein mag.
Darauf deutet ein Dokument, eine „Nota" aus der Zeit um 1780,
hin, in dem eindeutig der „Beineinrichter" dem Bader vorgezogen
wird. Letzterem wird vorgeworfen, daß er, wenn er Knochenbrüche
heile, die betreffenden Patienten fürchtbar verunstalte. Darüber zeigten sich die Beschwerdeführer in der „Nota" verärgert. Sie meinen
schließlich, daß der Beineinrichter, ein gewisser Johann Georg Mayr
aus Vorderstoder, seine Kunst viel besser beherrsche, obwohl er diese
nur an den Tieren und nicht an den Menschen ausüben dürfe. Und
das würden sie nicht verstehen. Es heißt daher in der „Nota" gegen
den Bader Johann Koller unter anderem: „Wie und was der Bader zu
Windischgarsten mit den Leuten verfahret, wie viele er schon verun-
glücket und von ihm … zu dem Johann Georg Mayr … gegangen
[sind], … zeigen die Attestata. Die umliegenden Sensenschmiede-
meister sind mit ihren Holzknechten und Fuhrleuten besonders diesen Unglückfällen unterworfen … und weil weit und breit kein anderer Bader als J. Koller zu Windischgarsten sich befindet, dieser aber
im Beinbruchheilen sehr unglücklich ist, so ist man gezwungen zu
dem Mayr sich zu wenden, der noch keinen verschandelt [!] hat …"⁵
   Dem Bader wird also ein denkbar schlechtes Zeugnis ausgestellt.
Die von ihm Behandelten mußten wohl, folgt man der Beschwerde, gewaltige körperliche Schäden durch seine „Heilkunst" erlitten
haben. Weiter heißt es in der Beschwerde, daß man das kranke Vieh
von jedem Menschen, auch wenn er nicht dazu befugt ist, behandeln lassen könne. Und warum, so wird logisch gefragt, kann nicht
auch ein kranker Mensch sich von jemandem kurieren lassen, den
er selbst für geeignet hält. Der Schreiber meint daher schließlich,
man könne einen Menschen nicht schlechter als ein Vieh behandeln. Daran knüpft sich die Frage: „… ob ich mich durch einen sol-

---

5   Die Kopie dieser „Nota" besitzt Herr Werner Kiesenhofer. Er hat mich auf
    diese aufmerksam gemacht. Dafür sei ihm gedankt

chen [Bader] eben zu einem Krimpling [= Krüppel] machen lassen muß …", weil kein anderer Bader in der Umgebung existiert und der Mayr, „der … dürfte einem nicht helfen …"

Es ist historisch bemerkenswert, daß nach dem Gesetz bei Krankheiten also der professionelle Bader aufgesucht oder gerufen werden mußte und nicht der „Kurpfuscher" oder der „Beineinrichter", auch wenn er der bessere Heiler gewesen wäre.

Einen guten Ruf als Beinbruchheiler und überhaupt als Heiler hatte in Windischgarsten um 1890 ein gewisser Johann Brandegger, der sogenannte Moarpichler. In weiten Teilen des südlichen Oberösterreichs und der Obersteiermark war er bekannt. 1894 wurde er allerdings wegen „Kurpfuscherei" angeklagt. Er saß einige Zeit im Gefängnis und starb innerlich gebrochen im Februar 1895. Bei seinem Begräbnis kamen von nah und fern viele Menschen, was seine Beliebtheit beweist.[6] Seine Tochter, die Moarpichlerin, führte seine Kunst weiter. Mit ihren Rezepten machte sie den Ärzten echte Konkurrenz. Die Zusammensetzungen der von ihr angewendeten Rezepturen behielt sie jedoch für sich. Sie blieben ihr Geheimnis. Und sie war eine exzellente „Beineinrichterin", wie eine Bäuerin aus der Vorkriegszeit schilderte: „Die Ärzte im Krankenhaus Kirchdorf haben sich gewundert, wenn die Moarpichlerin jemandem einen komplizierten Knochenbruch geheilt hat. Das Heilen und die Rezepte hat sie von ihrem Vater erlernt. Von weit sind die Leute zu ihr gekommen. Sie hat Pflaster, die sogenannten Moarpichlerpflaster, gemacht, indem sie eine bestimmte Salbe auf einem Leinen ganz fest verstrichen hat. Die Salbe ist dann eingetrocknet … Wenn man das Pflaster verwenden wollte, hat man es zuerst ein bisserl auf den Ofen gelegt … Diese Pflaster waren gut gegen Gelenksentzündungen. Außer dem Pflaster stellte sie noch eine Einreibung für die Gelenke aus Olivenöl und Johannisblüten her … Wie ein Wunder haben ihre Mittel auch gewirkt … Wenn man sie gefragt hat, was

6 *Kremstalerbote* 15/10.

man zahlen solle, sagte sie bloß: ‚Was Sie gerne geben.' Hatte jemand sich den Fuß gebrochen, so hat sie den Fuß eingerichtet und ihm Pflaster und Einreibung gegeben …"

In einer Geschichte, die mir ein 1926 geborener Mann erzählte, wird diese Bedeutung der Beineinrichterin herausgestrichen. Im Vergleich zum damaligen Gemeindearzt Dr. Seidl umgab sie damals, in den dreißiger Jahren, ein bemerkenswerter Nimbus, wie der Mann schildert: „Damals war noch der Dr. Seidl Arzt. Ich hatte vom Schifahren als Bub einen flotten Beinbruch … Der Franzi setzte mich auf die Rodl und brachte mich zum Doktor … ‚Ha, ha', sagte der Doktor, ‚schon wieder ein Opfer des Sports!' Ich hatte meine erste richtige Schihose an … Diese Hose wollte mir der Doktor an der Naht aufschneiden. ‚Nein', sage ich, ‚die Hose darf nicht beleidigt werden.' Dann ist das Bein eingerichtet worden, das hat wohl ein wenig weh getan. Nachher brachten mich die Buben wieder heim. Meine Ziehmutter hat geschimpft und gesagt: ‚Zum Doktor bringt ihr ihn auch noch.' Meine Mutter hätte mich zur Moarpichlerin bringen wollen …"

Nach drei Wochen wurde der Bub von seinen Freunden zu einer Schlittenfahrt eingeladen. Bei dieser Fahrt fuhr er gegen eine Hütte, und das verletzte Bein geriet wieder in „Unordnung". Niemandem erzählte er davon. Seine Ziehmutter brachte ihn wegen der Schmerzen nun doch zur Moarpichlerin, der sie mehr als dem Arzt vertraute. Als die Moarpichlerin meinte, sie müsse das Bein noch einmal brechen und „frisch einrichten", protestierte der Bub. Also lieferte man ihn schließlich in das Krankenhaus in Kirchdorf ein.[7]

Aus dieser Erzählung ersieht man, daß die Beineinrichterin noch knapp vor dem letzten Krieg ein hohes Ansehen genoß und dem Arzt erhebliche Konkurrenz machte. Alte Vorstellungen von der Wundertätigkeit solcher Beineinrichter und Anbraucher mögen wohl noch lange gerade für den in Armut lebenden bäuerlichen Menschen be-

---

7 Siehe: R. Girtler, Aschenlauge, Linz 1987, S. 260 ff.

stimmend gewesen sein. Es dauerte noch beträchtliche Zeit, bis der Arzt allein das Vertrauen des kranken Menschen gewann.

Solche Heiler oder „Anbraucher" hatten bis um die Zeit des Zweiten Weltkrieges eine wichtige Funktion für das bäuerliche Leben, denn sie halfen den Bauern und ihren Dienstboten oft schnell, wieder arbeitsfähig zu werden. In diesem Sinn meinte eine frühere Magd zu mir: „Je nachdem, wie einer krank war, wurde er behandelt . . . Mit verschiedenen Tees, Einreibungen und Pflastern. Solche Pflaster hat die Moarpichlerin machen können ..."

Ein alter Holzknecht, der sich um 1950 beim Holzführen am Bein verletzt hat, unterstreicht das Ansehen der alten Heiler. Er verweist darauf, daß sogar der Arzt gewisse Sympathien für die alte Kunst dieser echten Spezialisten hatte: „Damals bin ich zur Moarpichlerin gegangen. Die hat mir ihr Moarpichlerpflaster gegeben. Dieses habe ich mir auf den Fuß gelegt, und so bin ich zu Hause im Bett gelegen. Da ist der Doktor Girtler nachschauen gekommen. Er wollte sehen, wie es mir geht. Ich habe ihm gleich gesagt: ‚Herr Doktor, ich war bei der Moarpichlerin.‘ – ‚Ah, ja‘, hat er gesagt, ‚das macht nichts, tun Sie nur so weiter moarpichlern!'" Lächelnd fügte der alte Holzknecht hinzu: „Das war gut so vom Herrn Doktor. Er war freilich ein guter Arzt. Ich war später oft bei ihm wegen meiner Füße und wegen meines Kreuzes."

Der alte Arzt wurde also auch deswegen akzeptiert, weil er in gewisser Weise altes Heilwissen zu respektieren und zu nützen wußte. Dem Doktor war bewußt, daß hinter den Pflastern und Ölen der Beineinrichterin und Anbraucherin altes Wissen und alte Erfahrungen steckten, die dem Heilungsprozeß förderlich sein konnten.

Die Kunst der alten Ärzte bestand wohl auch darin, alte Praktiken durch überlieferte Hausmittel und das Aufsuchen von Beineinrichtern in einem gewissen Rahmen zu akzeptieren.

Symbole der Entwicklung –
Agrarfabriken und Massentierhaltung

Eine große Sünde gegenüber dem Tier wird in der fabriksmäßigen Massentierhaltung deutlich. Die Achtung vor dem Tier ist in einer globalen Welt, in der der Markt den Bauern den Preis diktiert, verlorengegangen. Die Massentierhaltung und die Hühnerbatterien sind ein Symbol dieser Entwicklung. Es geht um das Geschäft, bei dem die Erniedrigung des Tieres in Kauf genommen wird. Das Tier als ein Geschöpf der Natur – oder Gottes – wird nicht mehr als ein solches gesehen, es wird zu einem bloßen Gegenstand eines gnadenlosen Wirtschaftens. Dazu gehört die Massentierhaltung ebenso wie der Transport lebender Schweine und Rinder durch Länder und über Kontinente hinweg.

Auch fiel mir auf, daß Krisen, wie die BSE-Krise oder die der Maul- und Klauenseuche (in den Jahren 2000 und 2001 wurden massenweise Tiere verbrannt), den deutschen Bauern Siebenbürgens nichts anzuhaben vermochten. Die sogenannte Globalisierung hat sie noch nicht erreicht.

Agrarfabriken entstehen. Geradezu prädestiniert für diese sind die Nachfolgebetriebe der alten DDR-Kollektive, sie haben von der Größe her gegenüber den Betrieben im Westen gewisse Vorteile. Ein Hof im Westen verfügt durchschnittlich über 41 Hektar, einer im Osten über 127. Es sind daher 33 neue Agrarfabriken für 320.000 Mastschweine geplant, die vor allem zwischen Elbe und Oder errichtet werden. Auch die Geflügelwirtschaft unterliegt dem Trend zum Gigantismus. So will man in Neubukow eine Legehennenbatterie für 800.000 Plätze bauen. Zwar hat das Bundesverfassungsgericht im Sommer 1999 geurteilt, ein Lebensraum von nur 450 Quadratzentimeter – kleiner als ein DIN-A4-Blatt – pro Huhn sei Tierquälerei, aber dennoch scheint sich auf diesem Gebiet nicht viel zu ändern. Die Eierfabrikanten beklagten sich sofort über die Entscheidung des Gerichtes und meinten, ein Mindestplatz von 690

Quadratzentimeter rentiere sich nicht. Daher suchten einige dieser Spezialisten nach einem Ausweg und fanden ihn darin, dass sie in einem tschechischen Dorf jenseits der bayerischen Grenze eine Riesenfarm für 1,8 Millionen Hühner bauen wollen.

Vor 40 Jahren hielt ein deutscher Schweinemäster durchschnittlich zehn Tiere, heute füttert er mehr als neunmal soviel. Und die Zahl der Zuchtsäue hat sich in diesem Zeitraum verzehnfacht. Oft vegetieren Tausende von Schweinen in einem dunklen feuchten Stall, je 20 in einer Box mit Spaltenboden, unter dem der Kot schwimmt. Die Luft ist voller Ammoniak. Der Gestank ist grauenhaft. Die Zuchtsäue werden während der Deck- und Wurfzeit in körperenge Stahlboxen, sogenannte „Kastenstände", gezwängt, die ihnen keinen Bewegungsraum lassen. Schlecht geht es auch den Milchkühen, die in „Anbindehaltung" 365 Tage im Jahr an einer Stelle stehen. Auf den verschmierten Rosten rutschen sie leicht aus, Klauen und Gelenke leiden. Schmerzlindernde Mittel wie Cortison sollen zucht- und haltungsbedingte Krankheiten eindämmen. Durch das abnorme Wachstum entzünden sich die überlasteten Knochen und Gelenke.

Auch die Pute, von der Agrarwirtschaft als kalorienarme Gesundkost vermarktet, ist „nur noch ein elendes Wesen, dem immer mehr Fleischleistung abverlangt wird", wie der Präsident des Bundesverbandes Tierschutz Heinz-Wilhelm Selzer beklagt. In Deutschland werden die weltweit schwersten Puten überhaupt gemästet. Erreichte ein Masttruthahn vor 25 Jahren noch elf Kilogramm, so erlangt er heute fast das Doppelte. Skelett, Beine und Sehnen brechen oder reißen unter der Fleischeslast. Die mit Kraftfutter und Medikamenten aufgemästete, überschwere Brust bringt die Tiere aus der Balance und läßt sie ständig in die stinkende Einstreu kippen. Und schließlich hat der Bund für Umwelt und Naturschutz in Deutschland herausgefunden, daß sich rund 90 Prozent des deutschen Rind- und Schweinefleisches nicht von der Fleischtheke zum Tier zurückverfolgen lassen. Spätestens in den Zerlegebetrieben werden

Teile aus verschiedenen Schlachthöfen vermischt, so dass niemand mehr sagen kann, woher ein bestimmtes Stück Fleisch stammt (*Der Spiegel,* 2000/11, S. 75).

Es geht also um das große Geschäft, ein Denken, das dem echten Bauern vollkommen fremd war. Tiere werden gedemütigt und zum Gegenstand der Produktion. Im Sinne einer solchen Einstellung befindet sich auch die kühne Idee niederländischer Agrarvisionäre, im Hafen von Rotterdam ein Hochhaus für Schweine, Hühner und Champignons zu bauen. Ein Projekt, das sogar für ökologisch vorbildhaft angesehen wird. Es soll eine Agrarfabrik errichtet werden, die alles Bestehende überragt. Mindestens sechs Stockwerke hoch, 400 Meter breit und einen Kilometer lang will man diesen sogenannten „Deltapark" bauen. Er ist als weitgehend automatisierte Fertigungsanlage für Grundnahrungsmittel geplant, die sich grundsätzlich nicht von einer Autofabrik unterscheidet. Lediglich verlassen statt Autos Fleisch, Fisch, Eier, Gemüse und Obst das Produktionsgebäude.

Dieser agrarische, seelenlose Deltapark kommt ohne Acker und ohne Bauern aus. Die Massentierhaltung erlangt hier immense Ausmaße. 300.000 Schweine, 250.000 Legehennen und eine Million Masthähnchen sollen, verteilt auf einige Stockwerke, herangezogen werden. Im Keller werden Lachse und Barsche schwimmen. In Zwischengeschossen sollen Heuschrecken, verschiedene Insekten und bestimmte Maden angesiedelt werden, um hochwertige Proteine zu liefern und zum Fleischersatz zu werden. Champignons und Chicorée werden in einem eigenen Geschoß bei völliger Dunkelheit gedeihen. Dazu kommen Gewächshäuser mit Salaten, Tomaten, Paprika und Gurken. Auch Schlächtereien und Verpackungsunternehmen sind in dieser Bio-Fabrik geplant. Deshalb verläßt kein Hähnchen und kein Ferkel lebend die Fabrik, sondern säuberlich in supermarktgerechte Stücke zerschnitten, tiefgefroren oder in Plastikfolie verschweißt. Es soll demnach ein Agrarautomat von über 200 Hektar mitten im naturlosen Industriegebiet des Hafens von

Rotterdam entstehen. Wohl wird gegen dieses Projekt protest
doch die Spezialisten im niederländischen Landwirtschaftsn.....
sterium lassen sich nicht beirren. Um den Menschen das schlechte
Gewissen zu nehmen, haben sich die Schöpfer dieser Idee Balkone
für die Hochhausschweine, die sich dann frei zwischen Drinnen
und Draußen bewegen können, ausgedacht. Und schließlich sollen
mit diesem Hochhaus die riesigen Umweltprobleme der modernen
Landwirtschaft derart gelöst werden, daß Kreisläufe im Produkti-
onsprozeß vernetzt werden. Große Viehtransporte würden zum
Beispiel dadurch unnötig werden.

Gearbeitet wird nicht nach alten Bauernregeln, sondern nach
den Regeln der „industriellen Ökologie" und dem Gebot der Nachhaltigkeit – ein Zauberwort. In diesem Sinn soll unter anderem die
kohlendioxidreiche Luft aus den Schweineunterkünften gesäubert
und dann in die Gewächsstockwerke geleitet werden, um die Hei-
zungskosten zu sparen. Schweinegülle und Hühnermist werden
zum Beispiel zu dem Biogas Methan oder zu Pflanzendünger vergo-
ren (*Der Spiegel*, 2000/43, S. 238 ff.).

Dieses gigantische agrarische Unternehmen braucht keine Bauern mehr. Es ist meilenweit von dem entfernt, was die echte Bauern-
schaft ausmacht. Man ist auch nicht interessiert, dass es überhaupt
noch Bauern gibt. In diese Richtung sind auch die Feststellungen
des niederländischen Gewächshausexperten Olaf van Kooten, Professor an der Landwirtschafts-Universität Wageningen, zu deuten.
Er erzählte in einem Interview dies: „Wir experimentieren mit einem Roboter zur Gurkenernte. Er muß zwischen den Pflanzen her-
umfahren, die Gurke erkennen, feststellen, ob sie reif ist, und sie
abschneiden, ohne den Rest der Pflanze zu beschädigen. So weit
ist er noch nicht. Aber Roboter werden in Kürze in alle Teile der
Landwirtschaft einziehen, auch in den biologischen Anbau, denn
die menschliche Arbeitskraft ist einfach zu teuer." Van Kooten verspricht sich überhaupt von der neuen Form der Landwirtschaft zum
Beispiel bessere Tomaten mit verschiedenen Geschmacksrichtun-

gen, die besonders gesund sein werden. Daher wolle man Tomaten mit einem besonders hohen Anteil von Flavonoiden entwickeln, die den Alterungsprozeß der Haut aufhalten können. Für Sportler wird es Tomaten mit erhöhtem Anteil an Vitamin E geben und wiederum andere spezielle Tomaten für Babys. Man will also dem Wunsch der Kunden in dieser Industrie der Landwirtschaft, welche die Natur vollkommen zu beherrschen sucht und die unser Leben fortan bestimmen wird, entgegenkommen.

Jahrtausende hat der echte Bauer überlebt, doch nun erinnert nichts mehr an ihn und an die alten bäuerlichen Formen in ihrer Härte, aber auch in ihrer Buntheit.

Erbe und Ehre der echten Bauern

Die Würde der Natur

Es ist eine bunte Welt, die zu den echten Bauern gehört. Diese habe ich versucht in ihrer Härte, aber auch Schönheit darzustellen, in der Hoffnung, daß die freundliche Leserin und der freundliche Leser sich Gedanken über diese vergangene Welt machen, aber auch über die Probleme nachdenken, die heute über die Landwirtschaft – und damit über unsere Gesundheit – hereingebrochen sind.

Der echte Bauer kann von dem, was Hof und Feld hergeben, leben. Aber noch etwas anderes ist wichtig für den echten Bauern: Ihm geht es nicht um Gewinnmaximierung, wie sie dem eitlen kapitalistischen Denken entspricht, sondern um ein Leben mit der Natur. Hierin liegt seine Ehre. Durch die Jahrhunderte hat er Techniken des Bodenbebauens und des Umgangs mit dem Tier entwickelt. Eine gewisse Harmonie entstand. Nun ist der Bauer in die Fänge eines eigenartigen Wachstumsdenkens geraten, die sein Untergang sind. Man meint offensichtlich, die Wirtschaft kann ins Unendliche wachsen. Im Sinne dieses Denkens ist auch die verheerende Massentierhaltung zu sehen, bei der das Tier gedemütigt, geschunden und in übelster Weise erniedrigt wird. Bewährte Formen der Tierhaltung werden durch die Massentierhaltung verdrängt. Einige wenige machen hier das große Geschäft, und viele kleinere Betriebe gehen zugrunde.

Dass gerade auf dem Gebiet der Tierhaltung und des Getreideanbaus, bei dem den Bauern Getreidesorten aufgezwungen werden, die nichts mehr mit den alten Sorten zu tun haben, gegen unsere Ethik verstoßen wird, verdrängen wir erfolgreich. Es zählt das Geschäft. Aus Ländern, in denen billig erzeugt wird, führen wir günstig Getreide und Fleisch ein. So ruinieren wir unsere eigene Wirtschaft und unsere Bauern und verletzen dabei unsere Ethik. Ich denke an die Tiertransporte über die Länder und Kontinente hinweg. Um des Gewinnes willen muß viel und schnell produziert und transportiert werden, ohne Rücksicht darauf, daß die Tiere jämmerlich gehalten werden. Dazu schrieb Günther Nenning, der große österreichische Kolumnist unter dem Titel „Liebe Schweine" unter anderem: „Liebe Schweine, ich schreibe direkt an euch, um meine Solidarität zu bezeugen. Der EU-Agrarministerrat beschloß das Verbot von Kastenständen – so genannte eiserne Jungfrauen, in denen ihr euch nicht rühren könnt, nicht einmal umdrehen! –, aber erst ab dem Jahre 2013, aber mit vielen grausamen Ausnahmen. Weitere 12 Jahre Folter. Ein Kastenstand ist gerade so groß wie eine trächtige Muttersau, die darin gehalten wird. Ein qualvolles Leben bis zum qualvollen Tod. Sechs Millionen Schweine werden in der EU auf diese Weise gequält. Das Schwein ist ein hochintelligentes und bewegungslustiges Tier. In den Kastenständen hat es nicht die geringste Möglichkeit, auch nur für ein winziges Stück seines natürlichen Lebens. Es gibt eine Tierwürde! Und in gerechtem Zorn beleidige ich jetzt gleich die Menschenwürde des EU-Agrarministerrates. Ich fordere, daß alle Agrarminister eine Woche lang in Kastenständen für Muttersauen gehalten werden ...".

Und in einer anderen Kolumne schrieb derselbe mir sehr sympathische Autor an die Rinder: „Liebe Rindviecher! Ihr seid den Menschen an Klugheit überlegen, kommt mir vor. Oder zumindest den zweihaxigen Rindviechern, die in der EU am Werk sind. Der Intelligenzquotient des Brüsseler Wasserkopfes liegt durchschnittlich unter eurem. Lebewesen wollen leben. Aber das ist für die EU-Agrarbürokratie nicht einsichtig. Sie wollen euch töten, um den Markt zu retten. Wer Leben für weniger wichtig hält als den Markt, ist ein gefährlicher Idiot. Töten heißt im EU-Ton ‚vom Markt nehmen‘. Feig sind sie auch noch. Sie getrauen sich nicht zu sagen: ‚Wir töten‘ ... Wie kam es zur Überfüllung des Marktes? Genau nach der Logik der Idiotie. Erst war der Markt gut, die verfressenen EU-Bürger fraßen immer mehr Fleisch. Also wurdet ihr gezüchtet auf Teufel komm raus, und dies auch noch subventioniert. Die EU-Agrarpolitik ist eine Mischung aus Marktwirtschaft des Westens plus Planwirtschaft des verstorbenen Ostens. Die Hinaufsubventionierung der blühenden Rinderzucht kostete jährlich 82,6 Milliarden Schilling. Zufolge der BSE-Todesangst fiel der Markt ins Nichts. Jetzt wird, nachdem eure Aufzucht subventioniert wurde, eure Tötung subventioniert, mit 13,76 Milliarden Schilling ... Also bitte, wer sind jetzt die Rindviecher, ihr oder die EU. Unser Franz Fischler sprach weise, wie folgt: ‚Aber die Rinder wären doch sowieso geschlachtet worden.‘ In der Tat ist der Trost für euch gering, liebe Rindviecher ... Wollt ihr ewig leben, ihr Rindviecher! Friedrich der Große, der gewaltige Feld- und Schlachtherr, soll seine Soldaten ins Feuer geführt haben mit dem Zuruf: ‚Hunde, wollt ihr ewig leben?‘ Na also, liebe Rindviecher, seid tapfer! Was ist denn der Unterschied zwischen Friedrich dem Großen und Franz Fischler? Ihr seht keinen.“

Nenning beendete seine gescheite Kolumne mit diesem Satz: „Eine weise Mutterkuh, der man gerade ihr Kalb weggenommen hatte, um es statt mit Muttermilch mit billigem Milchaustauscher zu füttern, sah mich im Traum mit ihren großen Muhkuli-Augen an und muhte: ‚Ihr Idioten!‘“ (*Kronen-Zeitung*, 26. 2. 2001).

Die Menschen werden sich durch Leute wie den streitbaren Günther Nenning bewußt, wie wichtig eine Landwirtschaft ist, die von der Natur nicht abgehoben ist und die das Tier achtet. In diesem Sinn hat Günther Nenning als Reaktion auf die Massentierverbrennungen der EU gemeinsam mit Gerhard Heilingbrunner und Hans Dichand im Mai 2001 das sogenannte „Bauernmanifest“ verfaßt, in dem es unter anderem heißt: „Die Verhöhnung von Gottes Schöpfung hat sich schrecklich gerächt. Ungehemmte Brutalität, falsche Globalisierung, Vernichtung des Bauernstandes – dazu sagen wir leidenschaftlich nein. Wir müssen neu beginnen. Gesundes Essen kommt vom Bauern. Eine Gesellschaft, die die Bauern dem Zwang zur Massentierhaltung, zu Mißbrauch von Chemie und Arzneimitteln überläßt, löscht sich letztlich selber aus. Es geht um die Aufwertung des Bauern. Es muß ihm ermöglicht werden, anständig zu wirtschaften. Wir müssen ihm helfen, seinen Stolz und seine Würde zurückzuerobern."

Das Schlagwort von der Nachhaltigkeit

Man sieht heute sehr wohl die Probleme der Landwirtschaft und die Vergewaltigung der Natur. Daher wurde, offensichtlich aus einem schlechten Gewissen heraus, 1992 bei der Umweltkonferenz in Rio de Janeiro in der Agenda 21 das Schlagwort der „Nachhaltigkeit", ein alter Begriff der Forstwirtschaft, erfunden – als ein umweltpolitisches Leitbild.

Mit der Nachhaltigkeit soll wohl ausgedrückt werden, daß wir unseren künftigen Generationen einen natürlichen, gesunden Raum bieten müssen, in dem zu leben es Freude macht. Tatsächlich scheint der Hinweis auf die Nachhaltigkeit eine Verschleierungstaktik zu sein, denn das Wirtschaftswachstum und gewisse Risiko-Technologien, wie die Atom- und Gentechnik, werden geradezu als unantastbar erklärt. Es entsteht der Eindruck, daß die Agenda 21, die bisherige Weltwirtschaftsordnung, anstatt sie zu verbessern, sie grundsätzlich beibehält. Leitendes Motiv wäre somit nicht der Abbau von Naturzerstörung, sondern der Erhalt des bisherigen Produktions- und Konsumsystems. Schöne Worte gibt es zur Nachhaltigkeit zu lesen. So in einem Heft der österreichischen Bundesregierung, auf dessen Umschlag eine grüne Wiese, ein grüner Baum und fröhliche gesunde Menschen zu sehen sind. Dieses Heft vom April 2002 trägt den Titel: „Die österreichische Strategie zur nachhaltigen Entwicklung". Einleitend heißt es da, daß sich die österreichische Nachhaltigkeitsstrategie an alle Menschen in Österreich wende.

Im ersten Kapitel wird programmatisch unter der Überschrift „Unsere gemeinsame Zukunft sichern" festgehalten: „Nachhaltige

Entwicklung ist eine Antwort auf Tendenzen, die unsere Zukunft belasten." Im folgenden wird auf den bedrohlichen Klimawandel, die Zersiedelung der Grünflächen, die Garantie von Sicherheit und sozialem Frieden, die Problematik der Gifte in der Nahrung, die Gleichstellung der Menschen, die Wichtigkeit der Lebensqualität, die durch Konsumgewohnheiten gefährdet wird, die gesundheitliche Gefährdung durch den Verkehr und ähnliches hingewiesen. Dementsprechend sind die Grundprinzipien definiert. Danach sei Verantwortung unter anderem für den Schutz der natürlichen Ressourcen, die soziale Gerechtigkeit und die Bewahrung der eigenen Kultur zu übernehmen.

Es ist ein großes Gebiet, welches mit dem Prinzip der Nachhaltigkeit verknüpft wird. Es spannt sich von der Lebensqualität bis hin zur Bildung und den Religionen. Man will den künftigen Generationen eine Welt hinterlassen, die lebenswert ist. In diesem Sinn hat man zum Beispiel das Projekt „Käse-Straße/Bregenzerwald" geschaffen, um die Bereiche „Landwirtschaft, Tourismus und Wirtschaft" zu fördern. Man will den Lebensraum Bregenzerwald bewahren und den Besuchern die Entstehung des Käses unter dem Motto „Von der Heugabel bis zur Besteckgabel" präsentieren. Es wurde ein „Käsegipfel" einberufen und die „Transparenz der Sennereien, Alpen und bäuerlichen Käsemacher durch Feste, Märkte, Prämierungen etc. in der Öffentlichkeit verstärkt".

Die Ideen, die dahinterstecken, sind wunderbar. Sie versprechen ein angenehmes Leben für alle, aber mit echtem bäuerlichem Leben hat dies nichts zu tun. Die sogenannte Nachhaltigkeit erscheint vor diesem Hintergrund als eine geschickte Strategie, den Menschen Gesundes zukommen zu lassen.

Die Sache ist auch gut so, aber dafür ist der magische Begriff der Nachhaltigkeit nicht unbedingt notwendig. Sondern hier geht es um die Verantwortung gegenüber sich und der Natur. Vielleicht wäre es weise, sich der alten bäuerlichen Kultur zu erinnern, von der man einiges lernen kann.

Man kann lernen von den alten Bauern – Ehrfurcht und Bescheidenheit

Von den alten Bauern kann man, wie wir gesehen haben, einiges lernen. So die Kenntnisse um den alten Garten, die Behandlung des Viehs, dem noch natürliches, auf den Wiesen gewachsenes Futter verabreicht wird, die Muße des Fußmarsches und die Freude an der Nachbarschaft, also das Wissen, nicht alleine zu sein. Und für die alten Bauern war es, wie ich es selbst erleben konnte, selbstverständlich, die Gäste mit Brot, Speck, Schnaps oder ähnlichem zu bewirten, und jedem Bettler, der zum Hoftor kam, etwas zu essen zu geben.

Der heutige Bauer hat mit dem alten Bauern kaum noch etwas gemein. Er ist zum Manager geworden, ihm geht es um das Geschäft auf Kosten der Tiere und er ist an das Auto gebunden, so scheint er das Gehen verlernt zu haben.

Ich sprach mit meinem Freund Erwin, einem früheren Knecht und Bauern, über den Begriff der Nachhaltigkeit. Auch er meinte, dieser Begriff käme zwar aus der Landwirtschaft, aber er behage ihm trotzdem nicht. Viel besser würde ihm das Wort „Ehrfurcht" gefallen, denn diese sei den modernen Bauern zum großen Teil abhanden gekommen. Die Ehrfurcht vor der Natur bewirkt den Schutz des Bodens, der Luft, des Tieres und des Menschen.

Zur Ehrfurcht gehört die Bescheidenheit, die ich oben als eines der Prinzipien bäuerlichen Lebens bezeichnet habe. Ehrfurcht und Bescheidenheit können wir von den alten Bauern lernen. Bescheidenheit bezüglich des Konsums ist heute dringlich. Zwar widerspricht Bescheidenheit dem Grundsatz des wirtschaftlichen Wachstums und damit der Gewinnmaximierung, aber Bescheidenheit scheint notwendig in einer Welt, in der drauflosgekauft, konsumiert und weggeworfen wird. Müllberge sind das Symbol dieser Welt.

In der echten bäuerlichen Kultur achtet man darauf, daß nicht wahllos alles weggeworfen wird. So auch noch bei den Landlern.

Socken, die ein Loch haben, werden von der Bäuerin noch kunstvoll gestopft, und ähnlich ist es mit kaputten Hosen und Hemden. Bei uns wandern ramponierte Sachen in den Müllcontainer. Man ist unbescheiden geworden, weil man alles kaufen kann und muß.

Ich habe versucht herauszufinden, was den echten Bauern eigentlich ausmacht. Arbeit, Bescheidenheit und Disziplin bestimmen den Alltag, aber auch Übermut, zu dem der heitere Umgang mit den Mädchen gehört, sowie fröhliches Feiern und Feste. Der echte Bauer ist kein Spezialist zum Beispiel für Schweinezucht und ebenso kein Manager im modernen Sinn. Er verfügt über ein weites Wissen von Vieh und Getreideanbau und weiß bestmöglich mit der Natur zu leben. Eine tausendjährige Lebensweise ist mit der bäuerlichen Kultur verbunden.

Die Schönheit des Landes mit Wäldern, Weiden und Äckern wurde von den Bauern geschaffen. Ganz Europa und die ganze Welt könnte voll blühenden Lebens sein, wenn man die Bauern in Ruhe gelassen hätte. Ich weiß von meinen Forschungen in Indien, dass englische Kolonialherren das bäuerliche und dörfliche System Indiens zugrunde gerichtet haben. Mitten hinein in bäuerliche Gebiete baute man Sarifabriken, in denen den Bäuerinnen auf Kosten ihrer Bauernhöfe Arbeit geboten wurde. In Afrika und Südamerika ist es ähnlich. Monokulturen vernichteten die bäuerlichen Kulturen und machten die Bauern abhängig.

Auch bei uns ist man dabei, den freien Bauern auszurotten. Dies ist zum Nachteil von Landschaft und Tier. Agrarfabriken ersetzen nun den echten Bauern.

Die alte bäuerliche Welt hatte für mich einen besonderen Zauber, sie ist voll der Geheimnisse des Werdens und Vergehens. Voll Ehrfurcht staunten und dankten Bauer und Bäuerin für das Getreide und das Vieh, das sie als ihre Kumpanen sahen. Der Bio-Bauer scheint die echte Nachfolge der alten Bauern anzutreten. Es ist sehr löblich, was die Bio-Bauern wollen, aber auch sie sind Spezialisten und auf den Markt hin orientiert. Mit dem echten Bauern, wie ich ihn verstehe, haben sie nur wenig gemein. Die Bio-Bauern oder Öko-Bauern genießen dennoch hohen Respekt, sie nehmen an Zahl auch zu.

Mein Freund Erwin, der alte echte Bauer, meinte allerdings über Bio-Bauern, daß es unter ihnen sicher auch große Gauner gebe. Er selbst habe einmal beobachtet, wie eine sogenannte Bio-Bäuerin ihren Stand auf einem Bauernmarkt kurz verließ, da ihr das Bio-Geselchte ausgegangen war, in einer nahen Fleischhauerei verschwand und dort Geselchtes kaufte, um es dann am Stand als Bio-Ware zu verkaufen. Außerdem, so Erwin, seien von den Bio-Bauern angebotene Waren höchst problematisch und kaum echt. So ist das von Gebirgsbäuerinnen gebackene Brot von einem Getreide, das aus dem Flachland stammt und eingekauft werden muß. Denn im Gebirge wird kein Getreide mehr angebaut und Mühlen gibt es auch keine mehr. Ähnlich verhält es sich mit den Erdäpfeln und dem Futter, das den Schweinen gefüttert wird. Nur noch selten gibt es den echten Sautrank, er ist dem Futter gewichen, das im Lagerhaus einkauft wird.

Ein nobler Herr, der selbst aus bäuerlicher Kultur stammt und sich für ein an der Natur ausrichtendes Bauerntum einsetzt, ist Herr Dr. Gerhard Heilingbrunner, der mit Günther Nenning das erwähnte „Bauernmanifest" erarbeitet hat, um die Bauern, die noch Ehrfurcht und Bescheidenheit gegenüber Tier und Boden kennen, zu retten. Herr Heilingbrunner, der auch ein Verehrer des Waldes und der Bäume ist, hat, dies möchte ich hier einfügen, „Am Himmel" bei Wien einen herrlichen Platz mit „Baumkreis", Gasthaus – dem so genannten Oktogon – und Weingarten, in dem er selbst arbeitet, geschaffen. An dieser Stelle danke ich diesem freundlichen Herrn für ein Bierdeputat, das er mir für einen von mir in einer österreichischen Tageszeitung geschriebenen Artikel über echtes Bauerntum auf Lebenszeit zugesichert hat. Allerdings tausche ich, da ich – im Gegensatz zu diversen „Umweltschützern", die mit dem Auto dorthin fahren – mit dem Fahrrad auftauche, regelmäßig das mir zugestandene Seidel Bier gegen eine Tasse Tee ein, die mir von der liebenswürdigen Frau Johanna, von dem gütigen Herrn Werner oder dem noblen Herrn Franz gleich bei meinem Erscheinen serviert wird. Dafür sei auch ihnen gedankt. Mich freut, daß Herr Gerhard Heilingbrunner angetan ist von meiner Absicht, das alte Bauerntum zu würdigen – deswegen erhalte ich ja mein Bier oder meinen Tee.

Die alten Bauern kannten noch ein Treueverhältnis zwischen sich und dem Schöpfer. Ihnen war noch vieles heilig, was heute mißachtet wird. Sie kannten das Gleichgewicht der Natur. Dieses Gleichgewicht ist heute gestört durch Chemisierung der Luft und die Erniedrigung des Tieres, denn heilig ist den Spezialisten der Agrarkonzerne nichts mehr.

An die alten Formen der Landwirtschaft ist anzuknüpfen und im Sinne der heutigen Zeit zu verbessern. Altes Wissen und die Lilien am Feld, von denen der heilige Matthäus meint, daß nicht einmal König Salomon in seiner Pracht so geschmückt sei wie sie, müssen geachtet werden. Bescheidenheit und Ehrfurcht tun not. Wir haben beides weitgehend verloren, aber in alten Bauernkulturen, wie bei den Landlern in Siebenbürgen, gibt es sie noch. Auch in Indien, wo der Reis gleichgesetzt wird mit „Prana", was soviel wie „Lebensatem" bedeutet, war sie, bevor Monokulturen echtes bäuerliches Leben verschwinden ließen, zu finden.

Um sich aus dem Dilemma, in dem wir uns heute befinden, zu befreien, bemühen sich viele hochanständige Leute um weise Lösungen. Dabei greift man auch auf die Ideen von Rudolf Steiner zurück, der meinte: „Der Blick des arbeitenden Menschen im Landbau sei auf das Innere der Natur gerichtet … Gerade in der Landwirtschaft kann man lernen, daß Geldverdienen und Arbeit an der Natur Dinge sind, die nichts miteinander zu tun haben." (Siehe Manfred Klett, 1996.) Der wesentliche Unterschied gegenüber den industriellen Produzenten von Fleisch und Getreide liegt demnach darin, daß der echte Bauer weiß, seine „Waren", die sich aus sich selbst erneuern, mit Erfurcht zu betrachten. So gibt die Kuh Milch, um sich im Kalb selbst wieder hervorzubringen. Und das geerntete Weizenkorn ist Saat und Brotgetreide zugleich.

„Kleine Leute"

Kleinbauern

Von dem Drang nach Autarkie, nach Selbsterhaltung, war nicht nur das Leben der größeren Bauern bestimmt. Beinahe jeder Mensch im Dorf trachtete danach, sich möglichst weitgehend selbst zu versorgen. Durch eine kleine Landwirtschaft hoffte man, einigermaßen überleben zu können. Bevor ich mich mit dem Getreideanbau und anderen Themen, wie sie zum Leben der Bauern gehörten, beschäftige, möchte ich zeigen, wie der kleine Bauer, der sich kaum Dienstboten leisten konnte, wirtschaftete. Sein kleines bäuerliches Haus nannte man Keusche und ihn selbst Keuschler.

Die früheren Kleinbauern waren eigentlich so etwas wie Nebenerwerbsbauern, denn zumeist hatten sie ein kleines Einkommen als Holzknechte, als Arbeiter im Sensenwerk, als Handwerker oder als kleine Gewerbetreibende wie Schuster oder Bäcker. Man hielt sich ein paar Hühner, manchmal ein Schwein, meist eine Kuh, vielleicht ein paar Ziegen oder Schafe.

Die kleine Landwirtschaft war vor allem dazu da, die eigene Familie, zwar karg, aber doch zu ernähren. Der Sohn eines um 1955 geborenen Kleinbauern erzählte mir, wie sein Vater zu der Wirtschaft kam und wie sie in dem kleinen Bauernhaus lebten: „1949 hat mein Vater die Großhütte da hoch oben, die wahrscheinlich damals, weil sie so abgelegen war, niemand wollte, von einem gewissen Spannring, einem Jäger der Bundesforste, gepachtet. Und 1951 hat er sie von ihm gekauft. Vorher hat der Jäger aber alles schlagbare Holz fällen lassen und verkauft. Wir waren eine neunköpfige Familie. Mein Vater hatte es schwer, denn er mußte die Sachen, die wir so brauchten aus den Geschäften, herauftragen. Daher ging er immer so gebückt. Wir hatten vier Kühe im Stall, aber diese brachten nicht die Leistung, die heute vier Kühe bringen. Heute bringen schon zwei Kühe die Leistung von fünf Kühen. Wir hatten damals wenig Futter. Die Milch haben wir selbst verwertet. Wir haben nichts verkauft. Wir machten uns die Butter selber und Topfenkäse. Das haben wir selbst verbraucht. Auch die Schweine, die wir fütterten, haben wir nur für uns gebraucht. Angebaut haben wir etwas Roggen, und zwar einen Sommerroggen, keinen Winterroggen, denn hier bei uns ist der Winter zu lange. Auch Kartoffeln haben wir angebaut, auch Hafer. Es konnte passieren, daß er acht Tage unter dem Schnee war, wenn es im Herbst geschneit hat, bevor der Hafer zeitig geworden ist."

Der oben am Berg in einer Keusche mit Stall hausende Kleinbauer und seine große Familie versuchten das Beste aus dem Boden und den Tieren herauszuholen. Es war ein Leben in Kargheit, das sie da in großer Höhe führten, aber es reichte zum Überleben.

Charakteristisch für die kleinbäuerlichen Familien war, daß sie sich bemühten, das Nötigste zur Versorgung selbst herzustellen, weshalb sie auch Getreide anbauten. Die Keuschen, in denen sie lebten, waren ebenerdige Häuser mit zwei oder drei Kammern neben der Küche und einem kleinen Dachboden. Auf engem Raum drängten sich mehrere Leute.

Manche dieser Kleinbauern hatten mit dem Haus auch gewisse Nutzungsrechte übertragen bekommen, die auch eine Art Entlohnung für die in den Keuschen lebenden, gewisse Dienstbarkeiten verrichtenden Leute waren. Darüber erzählt ein 1959 geborener, früherer Bauernknecht: „Wir hatten eine kleine Landwirtschaft mit einer Keusche. Im Stall hatten wir zwei Kühe, ein paar Geißen und ein paar Schafe stehen. Wir hatten also Milch und von ungefähr zehn Hühnern Eier. Zu einem großen Teil konnten wir davon leben. Bei unserem Haus war ein Servitut dabei, nämlich das Recht auf ein paar Festmeter Holz. Auch das Brunnrecht hatten wir. Angebaut haben wir Kukuruz und Hafer, aber als Futter." Ähnliches erfuhr ich von einer Frau, deren Vater Holzknecht war und in dieser Funktion eine kleine Landwirtschaft von der Forstverwaltung in

Pacht bekam: „Wir hatten zwei Kühe und ein paar Schweine. Wir haben auch noch Getreide angebaut."

Es war aber möglich, daß in einem größeren Haus mit einem dazugehörenden Stall zwei oder drei Familien von den Bundesforsten einquartiert wurden. Die Männer gingen ins Holz, und die Frauen kümmerten sich gemeinsam um die Landwirtschaft.

Auch Wegmachern, also Männern, die sich abseits der Dörfer um den Erhalt der Straßen zu kümmern hatten, teilte man mit ihren Familien solche Keuschen zu. Zu der geringen Entlohnung gesellte sich also eine kleine Landwirtschaft, von der man Milch, Topfen, Eier und manchmal auch Getreide zum Brotbacken erwarten durfte. Mittellose Familien suchten nach solchen Keuschen und waren froh, sie gegen einen billigen Pachtzins zu bekommen.

Eine Keusche hatte auch ein Taglöhner bis in die Mitte der fünfziger Jahre. Diese Hütte war im Eigentum eines angesehenen Gastwirtes und lag versteckt außerhalb des Dorfes, etwa eine Gehstunde entfernt, an einer Lichtung. Zu der Keusche gehörte auch ein Stall. Das Leben in dieser Keusche schildert mir der 1958 geborene Sohn: „Wir hatten nur ein paar Goaß (Geißen), eine Sau und ein paar Hühner. Um die Tiere mußte sich meine Mutter kümmern. Das Fleisch haben wir geselcht. Mein Vater hatte dazu aus runden Holzprügeln eine Selch gebaut. Die Feuerung dazu war aus Steinen gemacht. Das Wasser – einen Brunnen hatten wir nicht – mußten wir Kinder – wir waren fünf Kinder – täglich von der Klamm herauftragen. Unsere Hauptnahrung war Goaßmilch und Brot. Die Kuhmilch mußten wir uns von einem Bauern holen. Zum Essen gab es noch die Sachen, die mein Vater ab und zu von seiner Arbeit bei den Bauern mitgebracht hat."

Die Keuschen boten Möglichkeiten des kargen Überlebens. Dazu bedurfte es auch einigen Einfallsreichtums, um mit den Schwierigkeiten fertig zu werden. Ein in einer solchen Keusche in der Nähe des Hengstpasses aufgewachsener Mann schilderte mir dazu die Armut seiner Mutter, deren erster Mann tödlich im Holz verunglückt war: „Meine Mutter ist mit ein paar Kindern dagestanden. Eine Bekannte gab ihr Körndln zum Ansäen für Troat (Getreide). Und ein Bauer, der in der Nähe auf der Alm im Sommer sein Vieh hatte, redete ihr zu, anzubauen. Und er versprach ihr, im Herbst das Getreide zu dreschen und zu mahlen, damit sie Mehl hat."

Derselbe Mann, dessen Vater als Holzknecht arbeitete, weiß auch über den Einsatz der Kinder für die kleinbäuerliche Landwirtschaft zu erzählen: „Das Leben war in Oberlaussa beschwerlich. Für das Vieh haben wir Streu gebraucht. Das haben wir Ende August gemäht, bevor die Schule angefangen hat. Wenn es schön war, ist es ein paar Tage liegengeblieben. Dann haben wir es zusammengegeben, und mein Vater hat es später mit dem Schlitten heruntergezogen. Auch Buchenlaub haben wir gebraucht. Das haben wir mit einem langen Ziehgarn (Karren zum Ziehen) von der Buglalm heruntergeholt. In Tüchern haben wir das Laub gebündelt. Eine Kuh wurde eingespannt, und so brachten wir es ins Tal. Und im Winter haben wir unser Brennholz mit einem Schlitten heruntergeführt. Auch der Mist wurde mit einem Schlitten auf das Feld geführt. Das geschah meist in der Nacht bei Mondschein im März, wenn der Schnee hart war."

Abschließend will ich noch eine Frau sprechen lassen, die Tochter eines Kleinbauern, die auch die Romantik dieser alten Kultur der Kleinbauern andeutet: „Früher haben die Leute von so kleinen Landwirtschaften gelebt, denn Geld hatte man nicht viel. Meine Mutter hat noch lange die Kuh und die Hühner, obwohl sie es nicht mehr nötig hatte, aus Leidenschaft (!) weiter gehalten. So lange, bis sie es nicht mehr wegen ihrer wehen Hände tun konnte. Heute ist sie 90 Jahre alt. Sie will noch unbedingt ein paar Hühner haben, aber sie wohnt jetzt bei meinem Bruder. Bis 1988 hat sie alleine gewohnt. Jetzt webt sie im Winter Teppiche, den Webstuhl hat ihr vor vielen Jahren der Vater gemacht. Die Teppiche gibt sie den Nachbarn."

Kleine bäuerliche Wirtschaften, die etwa um 1960 endgültig verschwanden, gehörten zum Leben im Dorf. Sie verschafften den

Menschen eine uralte, an Grund und Boden gebundene Chance des Überlebens. Und zwar nicht durch Abhängigkeit von anderen, sondern durch Autarkie. Über Geld verfügte man nur in geringem Maß, man brauchte es lediglich für wenige Dinge, wie Salz, Kleidung, Geschirr und diverse Geräte. Dazu diente der oft karge Lohn des Familienvaters, aber man war bemüht, möglichst viel selbst herzustellen.

Die Kleinbauern mühten sich redlich, mit dem wenigen, was ihnen zur Verfügung stand, in einer für sie immer schwieriger werdenden Zeit zu bestehen. Dazu gehörte auch, daß die Kinder, wie wir gesehen haben, zur Arbeit eingesetzt wurden. Sie wuchsen also mit Arbeit auf. Mitunter schickte man Kinder – noch vor Abschluß der Schule – zu den Bauern, damit sie etwas Geld heimbrachten. Dies alles gehörte zur alten bäuerlichen Welt, die es nicht mehr gibt.

Das Leben auf der Alm

Für die Bauern im Gebirge war die Alm, eine hoch gelegene Weidefläche für das Vieh abseits der Gehöfte, von großer Bedeutung. Dort hinauf, wo außer starkem Gras, Latschen, Gebirgssträuchern und vielleicht noch Fichten nur wenige Pflanzen gedeihen und wo an Getreideanbau nicht zu denken ist, trieb man während der Sommermonate das Rindvieh. Meist war es eine Sennerin, die sich in dieser Zeit um das Vieh kümmerte und die Kühe molk, während unten in tieferen Regionen die Bauersleute mit ihren Mägden und Knechten das Getreide und das Heu ernteten, das in der restlichen Zeit des Jahres, wenn die Kühe nicht gerade auf einer Weide waren, der Fütterung diente.

Die alte Alm mit Kühen und der Sennerin gibt es nicht mehr. Der Beruf der Sennerin im klassischen Sinn gehört der Vergangenheit an, und es ist höchstens das Jungvieh, das der zum spezialisierten Fleischproduzenten gewordene Bauer auf die Alm schickt, damit er im Herbst gute Gewinne mit kräftigen Jungstieren machen kann. Für die Sennerin war das Leben auf der Alm hart, hatte aber auch seinen Reiz, denn schließlich war man abseits der Kontrolle des Bauern und genoß so etwas wie Freiheit. Dazu erzählte mir eine Sennerin, die bis 1967 auf der Alm war: „Ich war gerne Sennerin. Auf der Alm bin ich aufgeblüht, denn da konnte ich tun und lassen, was ich wollte. Das war mein Traum. Vom Juni bis September war das Vieh auf der Alm und ich auch. Bei den Bauern am Hof hat es mich nie gefreut. Dort mußte ich in den Stall gehen und mich um alles mögliche kümmern und wurde oft beschimpft. Daher habe ich auch oft den Bauern gewechselt. Auf der Alm hatte ich meine Ruhe. Das erste Mal war ich 1940 auf der Alm. Es war nicht leicht oben auf der Alm, aber mir hat es gefallen. Bei der Almhütte hat es nicht einmal Wasser gegeben. Um Wasser zu haben, marschierte ich gleich in der Früh zu einer Höhle, in der Eis war. Von diesem Eis habe ich etwas abgehackt und in einem Korb zur Hütte getragen.

Diese Arbeit mußte gleich in der Früh geschehen, denn später war es schon zu warm. Das Eis kam in ein Schaffel, an dem eine Pipe dran war. Daraus haben wir das Wasser von dem geschmolzenen Eis getrunken. Von diesem Wasser habe ich mir auch den Kaffee gemacht. Zum Wäschewaschen haben wir das Regenwasser genommen. Das Vieh hat sich das Wasser selbst irgendwo gesucht. Es hat gewußt, wo eines ist. In der Almhütte war noch ein offener Herd. Die Verpflegung mußte ich mir jeweils selbst aus dem Tal im Bukkelkorb herauftragen. Die schweren Sachen haben wir den Kühen aufgesattelt, wenn wir sie im Juni hinaufgetrieben haben."

Gerade nach dem Krieg, als allmählich die Dienstboten weniger wurden, wurden auch die Mädchen des Bauern als Sennerinnen eingesetzt, so auch eine gewisse Liesi N., die mir über die Schwierigkeiten der Einsamkeit auf der Alm folgendes erzählte: „Als ich 14 Jahre alt war, bin ich mit meiner Schwester, die war damals 15 Jahre alt, auf die Arlingalm als Sennerin. Wir waren ja eigentlich noch Kinder. Von der Alm aus haben wir unseren Hof im Tal gesehen. Wir hatten Heimweh. Und gefürchtet haben wir uns beim Gewitter. Einmal ist während eines Gewitters vom Herrgottswinkel in der Almhütte etwas heruntergefallen. Wir haben da geglaubt, es geistert. Gegenüber von der Arlingalm liegt die Hiaslalm. Die Schwoagrin (Sennerin) dort war etwas älter als wir beide. Sie war sehr lieb zu uns und hat gesagt: ‚Wenn ihr euch einmal fürchtet, dann macht einen lauten Juchaza, dann komme ich zu euch hinüber.' Wir haben auch wirklich hinübergejuchezt, wenn ein Stück Vieh abgegangen ist, ein Gewitter im Kommen war oder ein Fremder uns aufgesucht hat. Dann ist sie gekommen, überhaupt, wenn wir ein Stück Vieh gesucht haben, das im Nebel in die Latschen gekommen ist und nicht weiterkonnte. Es war nicht immer leicht auf der Alm. Zu dieser Zeit nach dem Krieg waren viele Grenzgänger unterwegs, Leute, die in die amerikanische Zone wollten, Flüchtlinge. Wir fühlten uns nicht sicher, aber sie haben uns nichts getan. Wir haben ihnen etwas zu essen gegeben, wenn sie etwas wollten. Unsere Arbeit war hauptsächlich, die Kühe zu melken, mit der Hand. Heute gibt es keine Kühe mehr auf dieser Alm, heute ist Jungvieh oben. Wir haben die Milch in einer Milchschleuder, einer Zentrifuge, weiterverarbeitet. Oben leerten wir die Milch hinein. Auf der einen Seite ist die Schleudermilch herausgeronnen und auf der anderen der Rahm. Die Milch, die wir nicht für uns, für das Buttermachen oder die paar Fremden verwendet haben, ist jede Woche ins Tal gebracht worden, oben konnte sie kühl im Keller gehalten werden." Es war ein einsames Leben für die Sennerin auf der Alm. Daher erfreute es die Sennerin, wenn ab und zu Besuch kam, wie eine langjährige Sennerin weiß: „Während des Krieges sind oft Soldaten gekommen. Der Bauer, dem die Alm gehört hat, hat immer gesagt: ‚Dirndl, wenn jemand heraufkommt und eine Jause haben will, dann gib sie auch, auch wenn es das letzte Stück Brot ist.' Das habe ich auch immer getan. Ich habe mich nicht gefürchtet vor den Leuten, die zu mir auf die Alm kamen. Viele aus Spital am Pyhrn sind zu mir herübergekommen, über die Wurzeralm, vorbei am Eisernen Bergl. Oft kam zu mir der Dukowitsch-Franzl, den habe ich recht gern gehabt. Mit ihm sind meist auch der Radlingmayer und Schüttmayer gekommen."

Gastfreundschaft war der Sennerin auf der Alm heilig. Unter denen, die sie aufsuchten, waren mitunter Wilderer, aber auch Jäger, die die Sennerin verdächtigten, entweder einen Wilderer zu verstecken oder selbst zu wildern. So erzählte die Sennerin: „Die Jager haben mich immer verdächtigt, daß ich wildern tue. Einmal hat mich der Franzl gefragt, ob ich ein Wildfleisch will. Ich habe gesagt, das brauche ich notwendig. Darauf hat er mir ein Hirschgulasch in einem Glasl gebracht. Dieses Fleisch hatte er vom Jagdherrn. Nun kam ein Jager, der immer gern bei mir vorbeigekommen ist. Zu ihm habe ich gesagt: ‚Möchtest du eine Suppe?' – ‚Ja', hat er gesagt. Ich habe ihm die Suppe gegeben und habe ihn gefragt: ‚Ich habe auch ein Gulasch, möchtest du auch etwas davon?' – ‚Du Luderdirndl', hat er gesagt, ‚das ist ein Wild!' – ‚Sicher', habe ich gesagt. Sagt er: ‚Wo hast du das versteckt?‘ Sage ich: ‚Das sage ich dir nicht.‘ Jetzt ging der Jager zum Bauern und hat gesagt: ‚Ich meine, deine Schwoagrin tut wildern.‘ – ‚Na‘, sagt der Bauer, ‚wenn ich alles glaub’, das glaub’ ich nicht.‘ Wir haben eine Gaudi gehabt.“

Zu den Vergnügungen der Sennerin gehörten nicht nur Almgeher aller Art und die Späße mit ihnen, sondern auch ab und zu Almfeste: „Und einmal war ein Hüttenfest in der Niederalm. Ich hatte damals auch eine junge Schwoagrin bei mir zur Hilfe. Mit ihr ging ich zu diesem Fest. Ich habe ihr gesagt: ‚Wir gehen nacheinander hin, aber heimgehen tun wir miteinander. Wenn du einen Rausch hast, nehme ich dich. Und wenn ich einen Rausch habe, mußt du mich nehmen. Ich habe auch gleich einen Rausch gehabt, denn die haben mir in mein Getränk Schnaps gegeben. Darauf haben sie mich in den Stall gelegt. Die junge Schwoagrin ist heimgegangen. Es war ein schönes Mondlicht. Um drei Uhr früh bin ich munter geworden und schau auf die Uhr: mein Gott, drei Uhr ist es. So schnell war ich noch nie auf der Alm. Die junge Schwoagrin hat verschlafen. Ich habe die Kühe gemolken und wieder ausgetrieben. Da ist die Sennerin von der Niederalm heraufgekommen und hat mich gefragt: ‚Wie geht es dir?‘ – ‚Warum soll es mir schlecht gehen!?‘ Sie hätte mich gerne daheim beim Bauern verschuftet: ‚Du, deine Schwoagrin, hat einen Mordsrausch!‘“

Die Alm bot also auch die Möglichkeit zu heiterer Abwechslung. Dies allerdings selten.

Über ihre Arbeit und den kulturellen Wandel, den sie erlebt hat, erzählt die Sennerin noch: „Jeden Tag mußte ich nach dem Aufstehen in der Früh die Kühe, die die ganze Zeit im Freien waren, holen, um sie zu melken – ich hatte so acht Stück Kühe und über 20 Stück Jungvieh. Das war schon um fünf Uhr früh. Ich habe aus der Türe herausgerufen: ‚Kuhla, kemmts!‘ (Kühe, kommt!). Dann sind sie schon zuwi gekommen. Die Glockenkuh voran. Oft bin ich schon um drei Uhr aufgestanden, um die Kühe zu suchen. Nach dem Melken habe ich die Milch mit der Zentrifuge gerührt. Oberstes Gebot für eine Schwoagrin ist die Reinlichkeit. Bei der Milch muß es sauber hergehen. Ich habe Butter, Topfen und Steirerkäse gemacht. Jede Woche haben die Bauersleute sich diese Sachen geholt. Zwei oder drei Kühe sind sowieso wegen der Milch beim Haus geblieben." Die alte Sennerin kann sich nicht vorstellen, daß heute junge Frauen eine derartige Arbeit auf sich nehmen: „Heute geht niemand mehr auf eine Alm, die beschwerlich zu erreichen ist. Eine Junge fährt nicht mehr auf die Alm, weil oben die Zeit lang ist. Nur dorthin, wohin man schön mit dem Auto oder mit dem Traktor fahren kann, dorthin würde heute vielleicht eine gehen. Niemand würde heute so schwer arbeiten, wie wir früher es taten. Wer tut es sich heute noch an, mit einem schweren Buckelkorb auf einem kleinen Steigerl auf die Alm zu gehen und mutterseelenallein dort zu leben?" Das Leben auf der Alm war einfach und einsam, aber dennoch war die Sennerin auf Kontakte, wenn auch sporadische, zum Bauern angewiesen: „Am Samstag sind die Bauersleute zu mir heraufgekommen und haben Essenszeug gebracht, Brot, eine Braunschweiger Wurst und solche Sachen. Gelebt habe ich sehr sparsam: Brotsuppe, Milchreis und ähnliches. Von der Braunschweiger und vom Brot haben sie gleich die Hälfte selbst gegessen."

Von besonderen Ritualen war der Almabtrieb, also das Heimbringen des Viehs im September, auf alle Fälle beim ersten Schnee, umgeben. Die Sennerin hatte Zeit, sich um den Schmuck der Rinder beim Abmarsch von der Alm zum Dorf zu kümmern: „Während meiner freien Zeit habe ich die Kränze für die Kühe gemacht. Das muß jede Schwoagrin selbst tun. Heute noch mache ich (als Pensionistin) die Kränze für das Vieh, das heute am Fuß des Pyhrn weidet. Wie sie 1992 den Almabtrieb geplant haben, haben sie jemanden gesucht, der noch die Kuhkränze binden kann. Ich kann das noch, daher sind sie zu mir gekommen. Jetzt mache ich schon drei Jahre hindurch die Kränze. Vorher haben sie eine alte Schwoagrin gehabt, die die Kränze gemacht hat. Die haben aber nicht mehr hingehauen. Die Veranstalter haben sich schon geschämt für die Kränze. Jetzt haben sie mich gefragt.

Von Pyhrn wird das geschmückte Vieh jetzt jedes Jahr durch Liezen getrieben, das schaut schön aus. Jede Kuh hat eine Glocke. Die Fremden sind ganz narrisch drauf. Die Deutschen bleiben mit ihren Autos stehen, um die Kühe zu fotografieren." Dieser „Almabtrieb" ist eigentlich keiner, denn der Stall und die Wiese, wo sich die Kühe aufhalten, liegen im Tal. Er wurde aber zu einer alljährlichen Fremdenverkehrsattraktion: „Viele Schauer und Fotografen waren dabei, als wir mit den geschmückten Kühen bis nach Weißenbach durch Liezen gewandert sind. Es waren 14 Kühe. Jede Kuh hatte eine Glocke, und die Glocken waren aufeinander schön abgestimmt."

Den alten Almabtrieb, bei dem geschmückte Kühe und heitere Sennerinnen, die von ihren Bauersleuten begleitet werden, zu Tale wandern, gibt es nicht mehr. Das Jungvieh und vor allem die Jungstiere, die heutzutage auf der Alm sind, werden kaum geschmückt und bekränzt – höchstens für das Fernsehen – zu Tale gebracht. Sie werden für gewöhnlich auf dem Anhänger eines Traktors zum Bauernhof geführt, um möglichst bald verkauft zu werden. Für das Fernsehen und für Fremde wird freilich das Theater des Almabtriebes durchgeführt, wobei man sich vorher erkundigt, ob das Fernsehen auch tatsächlich kommt. Manchmal, wie ich erfuhr, wird sogar das Vieh, das während des Sommers in einem Stall war, knapp vor diesem Theater zur Alm gebracht, wo es geschmückt vor einem staunenden Publikum in das Dorf geführt wird. Aber grundsätzlich ist es vorbei mit dem alten Almleben, bei dem die Sennerin die Kühe noch gemolken, Butter und Käse gemacht hat. Wohl schenkt man heute noch auf Almen, aber nur wegen der Besucher, Milch aus und verkauft Käse, jedoch werden diese Produkte nicht mehr von der Sennerin in einsamer und harter Arbeit erzeugt. Die Milch, die es heute auf der Alm gibt, wird wohl in vielen Fällen vom Tal geliefert werden, um dem wandernden Fremden etwas bieten zu können. Die Beziehung zum Tier, die früher notwendig bestand, scheint heute verlorengegangen zu sein. Auf diese alte emotionale Bindung an das Tier geht die Sennerin auch ein: „Ich habe noch eine Beziehung zum Vieh gehabt. Wie ich zum A.-Bauern gekommen bin, hat mir der Bauer gesagt: ‚Du, Dirndl, wenn du in die Alm fährst, müssen die Viecher so für dich dasein, als wenn sie deine wären. Du mußt ihnen schöntun!‘ Das habe ich auch immer so getan. Ich war richtig verliebt in die Viecher. Einmal hatte ich eine besondere Glockenkuh. Wenn die gesehen hat, daß ich ein Zuckerl oder eine Schokolade habe, ist sie gleich zu mir gerannt. Ich habe ihr schöngetan. Wenn man einer Glockenkuh schöntut, kommt sie (zum Melken – die anderen kommen hinter ihr). Man soll die zur Glockenkuh nehmen, die am meisten über die anderen Kühe herrscht und die sich von den anderen nichts gefallen läßt. Ich war mit Leib und Seele bei den Viechern. 32 Jahre war ich bei den Rindviechern, bevor ich in die Fabrik ging.“

Und weiter erzählt sie: „Das letzte Mal bin ich 1967 mit den Kühen auf der Alm gewesen. Dann hat man die Kühe gleich unten lassen, auf einer Weide beim Pyhrn. Man hat sich so eine Sennerin gespart. Oben auf der Alm ist jetzt im Sommer das Jungvieh, aber dazu braucht man keine Sennerin mehr. Es genügt, daß einer der Bauersleute einmal in der Woche mit dem Traktor hinauffährt, um nachzuschauen, wie es dem Vieh geht.“

Oft haben Bauern, die sich zu einer Genossenschaft zusammengetan haben, gemeinsam für ihr Vieh eine Weide. Dies hat Tradition und bringt einige Vorteile. Eine Sennerin ist aber nicht mehr notwendig.

Für manche Sennerinnen war die Alm Symbol der Freiheit, ein Hort des Alleinseins und des Kontakts mit Tieren.

Genau in diesem Sinn meinte die bereits zu Wort gekommene Sennerin: „Es war eine wunderschöne Zeit auf der Alm. Es war aber auch eine harte Zeit. Schnell hatten wir bei schlechtem Wetter Schnee oben. Aber es war dennoch schön. Das Frühjahr habe ich gern gehabt, denn da ging es bald auf die Alm. Den Herbst mochte ich nicht, denn da war es zum Heimfahren. Ich habe das Heimfahren jeden Tag hinausgeschoben. Wenn es geheißen hat: ‚Fahren wir heim!‘, habe ich gesagt: ‚Nein, eine Woche warten wir noch.‘"

Im Laufe der Jahre verfielen viele Almhütten, jedoch nicht alle. Betriebsame Vereine oder geldkräftige Geschäftsleute aus der Umgebung oder aus den Städten kauften Almhütten auf, um sie zu Wochenendhäusern weit oben mit Zufahrtsstraße für das Auto oder zu Schihütten umzubauen.

Die Almhütte wurde also zu einem Gegenstand des Fremdenverkehrs. Dort, wo beispielsweise ein Nationalpark entsteht, ist man interessiert, die Bauern anzuhalten, ihre verfallenen oder verwachsenen Almhütten wiederherzustellen. Dafür gibt es, wie mir erzählt wurde, finanzielle Unterstützungen.

„Sie hauen mit dem Geld herum, viele Millionen werden so verplant. Es gibt Almförderungen. Manche lassen aber ihre Almen zuwachsen, wie eben die Bundesforste. Man fördert die Bauern, daß sie wenigstens das Gras mähen, wegen der Lawinengefahr, denn auf dem ungemähten Gras rutscht der Schnee", meinte ein Bauer.

Die Almen haben ihre ursprüngliche Funktion verloren, denn es besteht keine Notwendigkeit mehr, die Kühe aus dem Tal heraufzutreiben. Das Jungvieh ist an ihre Stelle getreten, aber für dieses braucht man keine Sennerin mehr. Der Bauer wird heute zunehmend zum Landschaftspfleger, der offensichtlich den Fremden alte bäuerliche Kultur, zu der wesentlich die Alm gehört, vorgaukeln soll.

Um ebendieser alten Almwirtschaft zu neuem Leben zu verhelfen, kam man auf die Idee, die auf der Alm gemolkene Milch vom Milchkontingent, an das der Bauer sich zu halten hat, auszunehmen. So gibt es vereinzelt wieder „echte Sennerinnen", die auf der Alm Kühe melken und diese Milch zusätzlich zum „Kontingent" verkaufen. Bei Almen dieser Art handelt es sich freilich um Ausnahmen, die den wandernden Feriengast erfreuen, dem man echte Almmilch und Steirerkäse – ein beliebter Käse, den die Sennerinnen der nördlichen Steiermark erzeugen – gegen gutes Geld aufwarten kann.

Getreide und Heu

Anbau

Zur bäuerlichen Welt, auch der im Gebirge, gehört im Sinne der Selbsterhaltung – der Autarkie – der Anbau von Getreide. Der klassische Bauer ist also ohne Getreide und die damit verbundene uralte Kultur, die ich hier schildern will, nicht vorstellbar.

Für die alten Bauern gehörte der Getreideanbau genauso zum Leben am Hof wie die Haltung von Vieh. Ein Abgehen vom Getreideanbau wäre für sie ein Abgehen von alten Überlieferungen gewesen, ohne die es kein Leben als echter (!) Bauer gibt.

In diesem Sinn verstehe ich folgende Äußerung eines alten Mannes, der die alten Bauern noch gut kannte: „Sogar hoch oben bei 800 Meter Seehöhe wurde Korn vom Korner angebaut. Das Korn wuchs mannshoch. Wenn die damaligen Bauern, der Korner, der Mausmaier, der Bugl in der Au und der Pöllbauer – sie waren richtige Kornbauern –, aus dem Grabe heute aufstehen und sehen, daß niemand mehr Getreide hier anbaut, die würden gleich sagen: ‚Helft uns, damit wir zurück ins Loch können, aus dem wir herausgekommen sind. Das Leben hat heute keinen Sinn mehr, denn von was sollen wir leben, wenn nichts mehr angebaut wird.‘ Die Höfe dieser Bauern, die selbstverständlich auch Vieh hatten, waren lebensfähig, denn die Bauern haben alles selbst produziert." Mein Gesprächspartner will damit offensichtlich auch andeuten, daß die alte Autarkie der Bauern ihren tiefen Sinn hatte, denn die Bauern konnten sich, und andere noch dazu, erhalten – auch wenn es rundherum wirtschaftliche Probleme gab.

Die frühere Autarkie des Bauern, der Vieh und Getreide hatte, garantierte Leben am Hof, auch wenn es ein bescheidenes war. Eine Bauerntochter meinte dazu wehmütig: „Das kann man sich nicht mehr in unserem Bergland vorstellen: ein Troatfeld (Getreidefeld). Es war herrlich, als es so etwas noch gegeben hat. Mir ist leid dar-

um. Um 1960 hat es sich mit dem Troat aufgehört. Heute gibt es die
alten Getreidefelder nicht mehr bei uns. An ihre Stelle sind langweilige Wiesen getreten."

Mit dem Getreideanbau hängt ein altes Wissen zusammen, das
bald gänzlich verschwunden sein wird. Ich will hier der Erzählung
eines Bauernsohnes, der in den fünfziger Jahren den Getreideanbau
erlernt und hart dabei gearbeitet hat, folgen: „Vier Getreidesorten
waren es, die wir angebaut haben: Korn (Roggen), Weizen, Hafer
und Gerste. Korn und Weizen nannte man Wintergetreide, weil
man es im Herbst anbaute, es wurde mit der Sichel geschnitten.
Hafer und Gerste waren das Sommergetreide, weil es im Frühling
angebaut wurde, es wurde mit der Sense gemäht. Zum Sommergetreide gehörte aber auch der Lanzweizen und das Lanzkorn, weil
im Frühjahr ihr Anbau war (Lanz-, Lenz für Frühling). Man hatte
dann Getreide, wenn das Wintergetreide ausgefallen war.

Das Korn wurde um Ägidi, den 1. September, gesät. Es hieß: ‚Zu
Ägidi sä's Korn, wart net bis morg'n.' (Säe das Korn, warte nicht bis
morgen.) Nach fünf bis sechs Tagen ging es rot auf, erst dann wurde
es grün. Weil das Korn zuerst rot treibt, meinte man früher, daß
Kain den Abel auf einem Kornfeld erschlagen hätte. Über den Winter wurde das Korn eingeschneit. Gegen Ende Juli haben wir es mit
der Sichel geschnitten. Es hieß: ‚Kornschnieder bringt das Leben
wieder.' Denn beim Kornschneiden mußte man so lange am Tag
arbeiten, bis es finster war. Man brauchte also wieder künstliches
Licht am Abend. Der Weizen wurde Ende September gesät, er ist
erst nach vierzehn Tagen aufgegangen. Geschnitten wurde er nach
dem Korn gegen Ende Juli. Der Hafer wurde gegen Ende März oder
Anfang April gesät. Wurde er etwas später im April gesät, so sagte
man zu ihm: Haferl, denn er war von einer schlechteren Qualität.
Wurde er aber erst im Mai gesät, so nannte man ihn Gsud, dieser
Hafer war besonders schlecht. Die Gerste wurde erst im Mai gesät.
Geerntet wurde die Gerste je nach Wetter gegen Mitte August und
der Hafer zu Bartholomäi, um den 24. August."

Für ein tiefes, altes Wissen spricht, was der frühere Bauernsohn über das Ackern und Eggen – denn je nach Getreide wurde anders geeggt – sowie über die Technik des Säens Interessantes zu sagen weiß: „Der Hafer muß tief in die Erde, damit er auch richtig aufgeht, daher hat man den Acker nach dem Ackern des Feldes erst nach dem Säen geeggt. Dies dafür zwei- oder dreimal je nach der Art der Erde.

Tief in die Erde soll auch die Saat des Weizens. Die Gerste soll weniger tief in die Erde, daher wurde nach dem Ackern geeggt und erst dann gesät und nun wieder geeggt.

Ebenso soll das Korn nicht tief in die Erde hinein. Auch hier wird nach dem Ackern geeggt, dann gesät und nun lediglich leicht geeggt.

Gerste säte man meist auf einem Acker, der vorher ein Kartoffelacker war. Auf einem Neubruch (neuer Acker), der vorher eine Wiese war, kam der Hafer. Das Haferfeld wurde im Herbst umgeackert, in dieses setzte man im Frühjahr die Kartoffeln.

Auch Korn und Weizen pflegte man auf einem Neubruch zu säen. Nach der Ernte ließ man das Feld zur Wiese werden. Diese blieb es für ein paar Jahre, um sie dann später wieder für ein anderes Getreide umzuackern. Wurde das Gerstenfeld umgeackert, so gab man Gras- und Kleesamen hinein für die spätere Wiese.“

Bevor geackert wurde, führte man Mist auf das Feld. Man machte Misthäufeln, die dann mit der Gabel verteilt wurden. Geackert wurde bei den größeren Bauern mit zwei Rössern, bei den ärmeren mit zwei Ochsen, die durch ein Joch miteinander verbunden waren. Der Pflug war zunächst ein gewöhnlicher Holzpflug, der später durch einen Pflug aus Stahl abgelöst wurde. Man nannte diesen wegen seiner bequemeren Art des Pflügens „Selbstgeher“, denn ohne viel Kraftanstrengung konnte man mit ihm die Furchen ziehen.

Einer besonderen Fertigkeit bedurfte auch die Aussaat des Samens, das Säen: „Alle fünf Schritte an der Breite des Ackers wurde ein Stöckerl gesteckt. Diese Stöckerln gaben die Linie an, in der der

Bauer der Länge nach zu säen hatte. Damit er besser die Richtung einhalten konnte, wurde ungefähr alle zwanzig Schritte wieder ein Stöckerl gesteckt. Der Bauer ging nun beim Säen etwas links vom rechten Stöckerl und säte gleichmäßig in die Fläche bis zum linken Stöckerl."

Beim Säen hatte der Bauer ein spezielles, um die Schulter gebundenes Sätuch um. Er hielt es mit der linken Hand, und mit der rechten säte er. Dabei hielt er die Finger auseinander, damit die Körner gleichmäßig zu Boden fielen.

Der gut säende Bauer war also ein *wahrer* Meister, er beherrschte eine uralte Kunst, die aber durch das Abgehen vom Getreideanbau und überhaupt durch die diversen Maschinen verschwand.

Die Größe der Getreidefelder waren je nach Bauer verschieden. „Bei uns waren die Getreidefelder", wie eine Bäuerin meinte, „nicht groß: vielleicht ein halbes Joch Weizen, ein halbes Joch Korn, ein viertel Joch Gerste und ein viertel Joch Hafer."

War nun das Getreide – Korn und Weizen – im Sommer hoch genug, ging man daran, es zu schneiden, wobei sich die Leute von den Höfen gegenseitig geholfen haben, je nachdem, bei wem das Getreide zuerst reifte. Das Schneiden selbst schildert eine Bäuerin so: „Die Schnitter haben nebeneinander Aufstellung genommen, manchmal waren es vier, manchmal auch zehn bis zwölf, die zu schneiden begonnen haben. Der eine war schneller, der andere langsamer. Ließ der eine Schnitter den anderen zurück, so sagt man dazu: Er hat ihn ausgeschnitten. Die Halme wurden mit der Sichel geschnitten. Es gab dazu gewisse Griffe. Die Halme, die man mit einer Hand umfassen konnte, nannte man eine Welle. Bei einem guten Schnitter war eine Welle gleich einer Garbe. Und Garben sollten gebündelt werden. Kinder benötigten drei bis vier Wellen für eine Garbe. Aufgabe der Kinder war aber auch, hinter den Schnittern herzugehen und die übriggebliebenen Ähren aufzuklauben."

Um die Garben zusammenzuhalten, mußten die Schnitter, manchmal auch die Kinder, sogenannte „Bandeln" aus Halmen flechten: „Auf diese Bandeln sind die Garben gelegt worden. Das war eine angenehme Arbeit, denn wir konnten uns dabei aufrichten und uns etwas von der gebückten Haltung (durch das Schneiden mit der Sichel) erholen. Auf die Bandeln ist jeweils eine Garbe gelegt und gebunden worden. Die so gebundenen Garben wurden aufgeböckelt und dann vom Bauern mit Pferd und Wagen abgeholt. So fuhr man zur Schöberstatt, wo dann die Garben auf einen geschälten, großen Baum, der Äste hatte, geschlichtet wurden. Fünf bis sechs Meter war er hoch. Hinaufgereicht wurden die Garben mit langen, zweizackigen Reichgabeln zu dem, der auf der Schöberleiter stand und die Garben um den Baum verteilt hat. War nun das Getreide hoch hinauf um den Baum, dann kam der aus Stroh fabrizierte Schabhut darauf." Hafer und Gerste, die mit der Sense gemäht wurden, wurden bloß zum Trocknen auf Stangen, durch die quer ein paar Stöcke gesteckt waren, getrocknet, ähnlich wie das Heu.

Eine wichtige Aufgabe bei der Getreideernte bestand für die Kinder auch darin, von einer nahe gelegenen Quelle oder vom Hof frisches Wasser für die am Felde Arbeitenden zu holen. Besonders an den heißen Tagen des Augusts war das frische Wasser ein Labsal. Auch Most erhielten die Leute, aber erst zur Jause. Und dazu gab es Bauernbrot. An diesen Tagen der Ernte ging es den bäuerlichen Leuten gut, es gab genug zu essen, denn ihre Arbeit krönte das bäuerliche Leben. Daher bereitete die Bäuerin auch prächtige Krapfen vor. Zu diesen gab es Zwetschkenpfeffer, eine Art Kompott aus gedörrten Zwetschken. Die Krapfen wurden auch den Taglöhnerinnen und Häuslweibern (Bewohnerinnen von Keuschen) am Abend nach der Arbeit für sich und ihre Kinder mit nach Hause gegeben. Sie selbst erhielten meist nichts bezahlt, denn ihre Arbeiten waren oft bloß Gegenleistungen für Arbeiten, die der Bauer für sie und ihre Familien verrichtet hatte.

War das Getreide reif, ist es eingeführt worden. Die Reife zeigte sich an der Festigkeit der Körner, meist nach sieben oder acht Tagen war es soweit.

Dann war es im Herbst einmal Zeit zum Dreschen.

In klassischer Weise wurde noch kurz bis nach dem Krieg bei manchen Bauern, bei den kleineren länger, das Getreide mit den Händen gedroschen, wie eine Bäuerin ausführt: „Ist das Getreide eingeführt worden, war es dann einmal zum Dreschen. Dazu kamen die Nachbarssöhne und -töchter. Wenn man zu dritt mit dem Dreschflegel droschen hat, ging dies nach dem Takt: ‚Stich – die Katz – ab.‘ Und wenn man zu sechst war, sagte man: ‚Wart a bisserl mit der Krapfenschüssel.‘ War nicht mehr viel von dem Getreidehaufen da, sind die Mäuse aufgetaucht. Man hat jetzt schauen müssen, daß die Katzen kommen, um die Mäuse zu erwischen. Übriggeblieben ist beim Dreschen das Gsod, das Stroh. Das ungereinigte Getreide kam in die Troatkammer, und in den Troatkasten kam das gereinigte.“

Reichere Bauern konnten sich allerdings schon vor dem Krieg eine Dampfdreschmaschine mieten. Diese wurde dann durch eine Maschine mit Dieselmotor abgelöst.

Ein Bauernsohn schildert das Dreschen mit der Dreschmaschine genau: „Es gab Dreschtage, an denen in unserer Tenne die Dreschmaschine bereitstand. Dort hat sie genau hineingepaßt. Diese Maschine hatte einen Dieselmotor und hat immer ordentlich gepumpert. Angetrieben wurde sie durch einen Riemen. Diese Maschine hatte einer Genossenschaft von Bauern gehört, sie ist durch Absprache schon vor dem Krieg gegründet worden, von so zehn bis fünfzehn Bauern. Die Reparaturen wurden gemeinsam erledigt. War man fertig mit dem Dreschen, kam die Maschine zum Nachbarn und so weiter. Damals war die Nachbarschaftshilfe noch sehr groß. Beim Dreschen waren daher immer so sieben oder acht Nachbarn dabei, um zu helfen. Ein Bauer war der Betreuer der Maschine. Und der war meist auch der Einlasser, nämlich der das Troat in die Maschine schob. Er war vom Staub immer schön schwarz im Gesicht.

Beim Dreschen hat es ordentlich gestaubt, so gestaubt, daß man die anderen nicht mehr genau sehen konnte. Alle waren dabei be-

schäftigt. Jeder hatte seine Aufgabe. In Binkeln, also in Säcken, hat
man das Korn zum Troatkasten getragen. Es gab damals den Vierer-
Troatkasten, in dem die vier Troatsorten gelagert werden konnten.
Dort hinein wurde das Troat geschüttet. Säuberlich waren so die
einzelnen Körner voneinander getrennt: die Gerste für die Schweine, der Hafer für die Pferde und Korn und Weizen für das Brotbacken. Den ganzen Tag ging es beim Dreschen dahin. Am späten
Vormittag haben wir schon geschaut, wie voll der Troatkasten ist,
langsam sind drinnen die Berge gewachsen. Das Stroh wurde von
anderen weggeräumt und auf den Stock (im oberen Teil der Tenne)
hinaufgefaßt. Das Spreu, das also um den Kern herum ist, wurde
durch ein Gebläse in eigene Säcke geblasen. Das Gsod sagte man
dazu. Man hat es den Viehern in den Stall zum Einstreuen gegeben.“

Der hier beschriebene Troatkasten ist ein altes Symbol einer berg-
bäuerlichen Kultur, die noch den Getreideanbau kannte. Aber bald,
Ende der fünfziger und am Beginn der sechziger Jahre, verlor er
seine Bedeutung, als allmählich die Bauern von der alten Tradition
des Anbaus von Getreide abgingen. „Der Vater war einer der ersten,
die mit dem Kornanbau aufhörten. Die anderen Bauern haben da-
zumal noch gesagt: Das ist kein richtiger Bauer, der kein Troat mehr
anbaut. Aber bald haben auch sie aufgehört, weil sie gesehen haben,
es rentiert sich nicht. Der Vater hat also einen Weitblick gehabt“,
schildert mir ein Bauernsohn. Und eine Bäuerin ergänzt: „Der Getreideanbau wurde immer unrentabler, denn das Troat wächst auch
bei uns im Gebirge nicht so gut. In manchen Jahren war es ganz
schlecht mit dem Getreide, überhaupt wenn es viel geregnet hat.
Das Troat braucht viel schönes Wetter. In den Ebenen draußen
wächst es auch besser. Als es einmal wieder mit dem Troat nicht
geraten hat (so um 1965), haben wir gesagt: ‚Bua, jetzt bauen wir
nichts mehr an. Das tut nicht.‘ So hat es angefangen mit dem Aufhören des Getreideanbaus. Es wurde immer weniger. Dann war es
ganz gar. Das Stroh, das wir immer gut gebrauchen konnten (als

Abfall), müssen wir heute kaufen. Damals in den fünfziger Jahren hatten wir bereits etwas Geld (von der Milch), nun konnten wir uns Getreide kaufen. Durch das Lagerhaus, das es als Genossenschaft schon vor dem Krieg gab, konnten wir das Mehl günstig kaufen. Das war eine gewaltige Umwälzung. Eigentlich ist es traurig [dieses Abgehen von der alten Selbstversorgung]."

Wohl wurde später in den sechziger Jahren Mais angebaut, aber lediglich als Silomais, ein nicht ausgereifter Mais, den man „silierte", um ihn an das Vieh zu verfüttern. Der Mais paßte aber nicht mehr zur alten bäuerlichen Kultur, diese hatte endgültig zu bestehen aufgehört.

Die Kuchl, die gute Stube und das gemeinsame Essen

Von besonderer, geradezu symbolischer Bedeutung war die gute Stube, in der sich das bäuerliche Leben abspielte. Hier empfing man die Gäste, und hier nahmen auch die Bauersleute samt ihren Dienstboten die Mittagsmahlzeit ein. Gekocht wurde bei manchen Bauern noch bis zum Anfang der fünfziger Jahre in der an die gute Stube anschließenden sogenannten Rauchkuchl, die man auch „offene Kuchl" nannte. Die meisten Bauern werden wohl schon in der Vorkriegszeit die Rauchkuchl aufgegeben haben. Bemerkenswert ist, daß keine Türe von der Rauchkuchl zur Stube führte. Um von der Kuchl in die Stube zu gelangen, mußte man – im Gegensatz zu heute – also über den Vorraum gehen. Der Grund mag wohl in dem rauchigen Gestank liegen, der von der Rauchkuchl ausging.

Von der Rauchkuchl konnte jedoch über ein Loch der eher primitiv gesetzte Ofen in der Stube geheizt werden. Dies geschah dadurch, daß im Winter die Glut vom Herd durch dieses Loch in den Ofen befördert wurde. Über dem offenen Feuer in der Rauchkuchl stand der sogenannte Goaßhaxen (Geißfuß), ein Dreifuß, auf den die Pfanne oder der Wasserkessel gestellt wurde. Die in der Pfanne zubereiteten Speisen waren eher einfach. Zum Brotbacken hatten die Bauern ohnehin einen eigenen Backofen, der meist außerhalb des Hauses lag. Für die alte Rauchkuchl benötigte man kein Feuerzeug oder Zündhölzer – solche Gegenstände besaßen die Bauern ehedem noch nicht –, denn die Glut wurde ständig gehalten. Dies geschah dadurch, daß nach dem Kochen Asche über die Glut gegeben wurde. Die Glut blieb so erhalten und konnte beim nächsten Kochen aufs neue entfacht werden.

Ein Tischler, der viel bei den Bauern herumkam, beschreibt diese Kuchl und die Mahlzeit mit ihrer alten Sitzordnung in der guten Stube prächtig: „Der P.-Bauer hat noch bis 1952 eine schwarze Kuchl gehabt, bei der der Rauch vom Ofen durch das Zimmer abzog und die ganze Kuchl dadurch schwarz war. Hier wurde nur gekocht, nicht gegessen, denn es hat oft furchtbar geraucht und gestunken. Aber trotzdem war das Essen gut. An die Stelle der Rauchkuchl kam dann in den fünfziger Jahren der Sparherd, bei dem der Rauch durch einen speziellen Kamin ins Freie geht. Die Kuchl war der Bereich der Frau. Auch Kachelöfen gab es damals schon, sie wurden von außen (vom Vorhaus) separat geheizt und standen in der guten Stube."

Der das offene Feuer der Rauchkuchl ablösende Herd war von viereckiger Gestalt und gemauert. Er wurde von der Seite durch ein Türl mit Holz geheizt und hatte eine große Herdplatte, auf der gekocht wurde. Seitlich erhöht am Rande des Ofens befand sich das sogenannte „Schifferl", eine Wanne aus Kupfer, in der Wasser vom Herd aus erhitzt wurde und durch einen kleinen Hahn abfließen konnte. Diese Öfen waren allerdings keine typischen Bauernöfen, sie gab es überall, sie strahlten jedoch eine gewisse Gemütlichkeit aus. Das Beheizen dieser Herde begann in aller Früh für das Frühstück und das warme Wasser. Das Anzünden entweder durch die Bäuerin selbst oder durch eine Magd war ein beinahe ritueller Akt. Man benötigte dazu Späne, die die Alten am Hof herstellten, und auch Geduld, damit die Flammen ihre Nahrung finden.

Die Tochter eines Müllers erzählte mir ähnliches, sie geht aber auch auf den Umbau von Kuchl und Stube ein: „Bis 1952 hatten wir eine Rauchkuchl. In der ist auch das Fleisch geselcht worden. In der Kuchl stand ein alter Tisch. Wir haben ihn und den Boden mit Aschenlauge gewaschen, damit sie nicht nach Rauch stinken. Dann haben wir umgebaut, dabei haben wir den Boden herausgerissen, er war nicht faul, sondern beinhart (durch den Rauch). Gegessen haben wir in der Stub'n. In der Ecke stand und steht heute noch der Tisch. Der Vater ist an der Wand (im Herrgottswinkel) gesessen, ihm gegenüber die Mutter und auf den Seiten die Kinder. 1952 bekamen wir den Kachelofen. Im Winter sind die Fenster nicht geöffnet worden. Es gab sogar eigene Winterfenster, die mit Eisenklammern festgemacht wurden. Damals hat man geglaubt, es ist gesund, wenn man im Winter die Fenster nicht öffnet. Heute vergeht kein Tag, an dem das Fenster nicht offen ist. Meine Mutter hat sich geärgert, als wir die alten kleinen Fenster herausrissen und größere eingesetzt haben. Und wenn wir die Fenster geöffnet haben, hat die Mutter immer geschimpft: ‚Es zieht, die Fenster sind zu weit offen!‘ Früher war es im Winter feucht in der Stube, wir haben ja Steinmauern, und die dünsten. Früher wird man gedacht haben, wenn man die Fenster aufmacht, dann kühlt es zu viel ab. Seit 1972 haben wir Kippfenster. Die werden nun beim Kochen und auch sonst aufgemacht, und trocken ist die Stube!"

Die alten Bauernstuben, in denen sich die Familie aufhielt, waren im Winter oft überheizt und hatten, weil während der kalten Monate kaum gelüftet wurde, einen eigenartigen Geruch. An diesen Geruch mußte sich der Eintretende erst gewöhnen, wie zum Beispiel mein Vater, der als Arzt auf Krankenbesuch kam. In der guten Stube stand meist auch ein Bett, auf dem der oder die Kranke lag. In diesem Bett kamen die Kinder zur Welt, und auf diesem wurde auch der Tote aufgebahrt.

Eine besondere Bedeutung hatten in den Stuben die Kachelöfen, von denen manche bereits in den ersten Jahrzehnten dieses Jahrhunderts gesetzt wurden, manche aber erst nach dem Krieg in den fünfziger Jahren. Um den Kachelofen lief eine Bank, auf der man gerne im Winter saß, um sich zu wärmen. Und in der Höhe war ein Holzgestänge angebracht, auf das man die nassen Roßdecken hing, aber auch die frisch gewaschene Wäsche.

Der wichtigste Bereich der guten Stube war der des großen Tisches. Bei den Mahlzeiten saß der Bauer als der Herr des Hauses im Herrgottswinkel, über ihm das Kreuz und zur Weihnachtszeit die Krippe. Diese Ecke der Stube lag meist genau gegenüber der Eingangstür. Daß diese Ecke die heilige ist, mag daran liegen, weil sie dem Eintretenden sofort ins Auge fällt und der dort Sitzende einen guten Überblick über die Stube besitzt. Und schließlich war diese Ecke mit dem Tisch der wärmste Teil des Raumes.

„In der Stube", schildert der bereits zu Wort gekommene Tischler weiter, „hielten sich die Bauersleute, aber auch die Dienstboten, das Gesinde, auf, wenn es Zeit zum Essen war. Beim Essen um den Tisch gab es eine bestimmte Sitzordnung. Bei dem Bauern, bei dem ich oft war, sind wir zu acht oder neunt um den Tisch gesessen, noch 1950. Der Tisch stand im Herrgottswinkel. Jeder hat seinen Platz gehabt. Im inneren Eck saß der Bauer, links von ihm die Bäuerin. Die Dirnen sind auf der Bank, einer beweglichen, gesessen, damit sie schnell aufstehen können. Sie mußten mit der Bäuerin servieren."

Bei größeren Bauern gab es neben der „großen Stube", in der die Knechte und Mägde ihre Mahlzeiten einnahmen, das sogenannte „Stubenstüberl", eine besondere „gute Stube", die dem Bauern und seiner Frau vorbehalten war und in der beide auch aßen. Für die Dienstboten war sie tabu. So erzählte mir ein Schulfreund, der um 1954 als junger Knecht arbeitete: „Erst als ich bereits ein halbes Jahr beim Lofer war, bin ich von ihm in das Stubenstüberl gebeten worden. Das war sein Heiligtum. Drinnen waren der Schreibtisch, ein Kachelofen, seine Jagdgewehre und Hirschgeweihe. Er hat mir nun gesagt, ich bekomme ab jetzt 50 Schilling mehr im Monat, also 80 Schilling, weil ich gesagt habe, ich höre auf mit dem Holzführen."

Im Allerheiligsten des Bauernhauses, im „Stubenstüberl" des Bauern, hatte der junge Knecht also erfahren, daß er ab nun einen höheren Lohn erhalten werde. Die Bitte des Bauern, in das Stüberl zu kommen, sowie die Eröffnung von der Lohnerhöhung hatten einen fast rituellen Charakter. Dem Burschen wurde so bewußt, der Bauer schenkt ihm ausnahmsweise seine Gunst. Er fühlte sich jedenfalls geehrt.

Wie es beim Essen in einer „guten Stube", an dem auch der Bauer teilnahm, zuging, erzählte mir eine Magd: „Vor dem Essen wurde gebetet. Und dann aß man aus einer gemeinsamen Schüssel der Reihe nach, vom Bauern angefangen bis zur Dirn. Später hatte dann schon jeder seinen eigenen Teller, in den aus einer gemeinsamen

Schüssel geschöpft wurde. Zu Mittag gab es meist Erdäpfelgulasch, Knödel, Semmelknödel. Fleisch – ein Geselchtes oder einen Braten – gab es eigentlich nur am Sonntag oder einem Feiertag. Sehr oft gab es Fleckerlspeise, aber auch einen Apfelstrudel, andere Strudeln und Buchteln. Zum Frühstück Brot und am Abend Brot und Milch oder Topfen."

Und ein ehemaliger Knecht ergänzt diesen Bericht aus seiner Erfahrung bei einem großen Bauern: „Zum Frühstück hat es meist einen Schmarren gegeben, eine Art Kaiserschmarren (aus Mehl, Wasser und Eiern), schön in Butter fett herausgebacken, aber ohne Zucker drauf. Und einen Kaffee dazu. Oder es gab einen Roggensterz. Man nimmt Roggenmehl, das wird gelint (angeröstet) und mit heißem Wasser zu einem Teig gemacht. Der Teig wird mit einem Hackerl ganz fein geschnitten. Zu Mittag gab es beim Loferbauern sogar manchmal Fleisch, Wildfleisch, denn er war ein Jäger, aber auch viel Schweinernes. Bei den anderen Bauern war es eher selten, daß es soviel Fleisch gab. Und auf d' Nacht gab es eine Mehlspeise. Am Dienstag gab es einen Feinputz und am Donnerstag einen Großputz, wie wir dort gesagt haben. Der Feinputz war ein Grießkoch und der Großputz ein Milchreis. Einmal gab es Omeletten, also Palatschinken: Gerade war ich mit der Arbeit etwas früher als sonst fertig und ging in die Stube, da standen auf dem Tisch die Omeletten. Ich konnte mich nicht zurückhalten: ruck, zuck habe ich drei gegessen. Nun sind die anderen gekommen in die Stube. Sie haben die Suppe gegessen und dann die Omeletten. Die waren schnell weg. Die Bäuerin ist gekommen und hat sich gewundert: Sind die Omeletten denn schon gar? Freilich. Sie hat dann noch welche gebracht. Sie hat gesehen, wie es mir schmeckt, und hat mir noch ein paar zur Seite gegeben. So bin ich auf 20 Omeletten gekommen. Dort beim Lofer ist es mir nicht schlechtgegangen. Ich war auch bei Bauern, da ging es mir nicht so gut. Zum Essen gab es Most. Den Most durften wir uns beim Lofer selbst vom Keller holen, wenn wir einen Durst hatten. Oft sind wir bloß schnell in den Keller gegangen und haben einen guten Schluck getrunken. Daß wir uns keinen Rausch antrinken, dafür hat der Lofer schon gesorgt. War einer zu lange im Keller, hat er schon geschrien. Wie ich beim Lofer war, ist auch einmal der Binder von Oberweng beim Lofer auf der Stör gewesen. Er hat drei Fässer für den Most gemacht. Ein Faß für 18 Eimer und zwei zu je 15 Eimer."

Zu den klassischen einfachen Speisen, wie sie typisch für die Rauchkuchl oder die Holzknechtshütte war, gehörte der bereits erwähnte Sterz. Dazu will ich noch den Sohn eines Holzknechtes sprechen lassen: „Zuerst kommt ein Mehl ins heiße Pfanndl, und man rührt es ein wenig herum, so wird es ein bisserl dunkel. Nun kommt das Fett, das Schmalz, hinzu. Das ist der Dunkelsterz. Läßt man das Mehl aber licht und gibt gleich das Schmalz hinzu, wird es ein heller Sterz, ein Muasl. Er ist nichts anderes als ein Mehlteig mit Salz. Also: Wasser, Mehl, Fett und Salz, das wird gebacken im Pfanndl und dann zerstoßen zu kleinen Brockerln. Wir haben das als Kinder oft gehabt. Zum Sterz nimmt man gewöhnlich Roggenmehl. Es gibt verschiedene Unterarten. Auch die sogenannten Spatzen, das sind Mehlnockerl, wurden ähnlich zubereitet. Beim Pacher, er kommt aus der Steiermark, gab es oft Steirerkas mit Spatzen zu Mittag. Meist trinkt man zum Sterz einen Kaffee. Der Vater hat gerne einen Eierschmarren, das ist ein Kaiserschmarren, oder einen Grießschmarren, aber auch ein Mehlmuasl, also einen Sterz, gegessen, dazu einen Kaffee.

Wenn er ins Holz ging, hat ihm die Mutter etwas Speck, Brot und als Mehlspeise einen Germschober (Germkuchen) und dazu einen selbstgemachten Ribiselwein im Rucksack mitgegeben. Die anderen Holzknechte hatten einen Most mit."

Beliebt bei Bauern waren auch Erdäpfel, Sauerkraut und Rüben. Darauf geht der Sohn eines Bauern ein: „Früher haben die Bauern fast alle Erdäpfel angebaut. Heute sind nur ganz wenige, die in kleinen Mengen Erdäpfel anbauen. Ich habe vor kurzem in der Gemeindezeitung geschrieben, daß es traurig sei, daß niemand mehr bei uns im Gebirge Erdäpfel anbaut. Dabei sind unsere Erdäpfel besser als die vom Waldviertel. Ich habe gerne Erdäpfel gegessen, genauso wie rote Rüben, die wir bis 1955 angebaut haben. Mit einem Rübenschneider sind sie geschnitten und eingesurt worden.

Als Vorspeise waren Rüben wunderbar, aber auch das Sauerkraut. Sauerkraut war eine beliebte Vorspeise bei den Bauern. Es hat ja geheißen: Das Kraut stopft die größeren Löcher – im Magen. Das Sauerkraut hat einmal den größten Hunger genommen. Zumindest die Vorspeise, also das Sauerkraut oder die Rüben, haben wir bis ungefähr 1955 noch aus einer gemeinsamen Schüssel gegessen. Hier und da gab es auch eine Brotsuppe. Das Fleisch, das es ohnehin selten gab, bekamen wir jedoch auf einem Teller serviert. Aber die Knödel waren in der Schüssel, aus der man sich selbst bedient hat. Jeder am Tisch hat seinen eigenen Löffel gehabt. Früher hat jeder seinen Löffel an eine Schlaufe unter der Tischplatte gehängt. Die Löffel haben wir nicht abgewaschen, es hat genügt, sie bloß abzuwischen. Die Jause am Nachmittag war oft eine Erdäpfeljause. Oder es gab ein Stückerl Geselchtes mit einem Stück Brot dazu. Hie und da hat die Mutter von Windischgarsten einen Wurstaufschnitt zur Jause mitgebracht. Das war etwas Besonderes. Oder es wurde in einer Schüssel ein Käse für die Jause gemacht. Drinnen war Kümmel. Nach 1960 hat sich da viel geändert. Vor allem als man aufgehört hat, selbst das Brot zu backen.“

Während des Sommers, wenn man so ab vier oder fünf Uhr früh gemäht hat, war man am frühen Vormittag bereits hungrig. Daher wurde schon um neun Uhr ein kräftiges Essen als Frühstück eingenommen. Dieses konnte aus einem fetten Sterz und frisch gekochter Milch bestehen. Die einfachen Speisen, wie der Sterz, die Spatzen oder ähnliches, die man vormals auch in der Rauchkuchl zubereiten konnte, verweisen auf eine alte bäuerliche Kultur. Für diese war die gemeinsame Schüssel ein wichtiges Symbol. Bei Tisch in der guten Stube kamen die Dienstboten und die Bauersleute zusammen, hier konnte man Gedanken austauschen, seinen Ärger anbringen, aber auch die Dinge erfahren, die für die tägliche Arbeit am bäuerlichen Hof wichtig waren. Bei der gemeinsamen Mahlzeit bestand auch eine feste Hierarchie, nach der man in die Schüssel langte. Zuerst kam der Bauer oder der Moarknecht dran und zum Schluß der junge Knecht und die junge Magd. Gerade letztere konnten sich nicht immer statt essen, vor allem dann, wenn der Moarknecht einen großen Hunger hatte.

Es hat sich viel geändert. Heute sitzt der Bauer – wenn die Kinder schon aus dem Haus und vielleicht zum Studium in der Stadt sind – alleine oder mit seiner Frau am Mittagstisch und nimmt das aus den im Supermarkt hastig erstandenen Dingen zubereitete Essen zu sich.

Es ist Ruhe eingekehrt am Bauernhof und in der guten Stube.

Pfarrersköchinnen
EUR 24,90
ISBN 3-205-77320-9

Wilderer-Kochbuch
EUR 14,90
ISBN 3-205-77257-1

Echte Bauern
EUR 23,80
ISBN 3-205-77017-X

Die alte Klosterschule
EUR 23,80
ISBN 3-205-99231-8

Rotwelsch
EUR 23,80
ISBN 3-205-98902-3

Landärzte
EUR 23,80
ISBN 3-205-99012-9

Sommergetreide
EUR 23,80
ISBN 3-205-98560-5

Wilderer
EUR 23,80
ISBN 3-205-99337-3

Die feinen Leute
EUR 24,90
ISBN 3-205-77003-X

Die Lust des Vagabundierens
EUR 23,80
ISBN 3-205-99381-0

Randkulturen
EUR 23,80
ISBN 3-205-98559-1

Bösewichte
EUR 23,80
ISBN 3-205-99089-7

Wiesingerstrasse 1, 1010 Wien, Telefon (01)330 24 27-0, Fax 330 24 27 320